中国人民公安大学
法学文库

网络慈善募捐创新及法律回应

WANGLUO CISHAN MUJUAN CHUANGXIN JI FULÜ HUIYING

沈国琴 ◇ 著

中国政法大学出版社

2023·北京

声　明　1. 版权所有，侵权必究。

　　　　 2. 如有缺页、倒装问题，由出版社负责退换。

图书在版编目（CIP）数据

网络慈善募捐创新及法律回应/沈国琴著. —北京：中国政法大学出版社，2023.9
ISBN 978-7-5764-1133-1

Ⅰ.①网… Ⅱ.①沈… Ⅲ.①互联网络－慈善事业－研究－中国②慈善事业－法律－研究－中国 Ⅳ.①D632.1-39②D922.182.34

中国国家版本馆CIP数据核字(2023)第193916号

出 版 者	中国政法大学出版社
地　　址	北京市海淀区西土城路25号
邮寄地址	北京100088信箱8034分箱　邮编100088
网　　址	http://www.cuplpress.com（网络实名：中国政法大学出版社）
电　　话	010-58908285(总编室) 58908433（编辑部）58908334(邮购部)
承　　印	固安华明印业有限公司
开　　本	880mm×1230mm　1/32
印　　张	9.125
字　　数	220千字
版　　次	2023年9月第1版
印　　次	2023年9月第1次印刷
定　　价	45.00元

序
Preface

  这几天我认真拜读了沈国琴教授的新作《网络慈善募捐创新及法律回应》一书。读的遍数越多，弥之越深，真是：

嚼火燃回慈善事，

唯见君雅才是云。

辛勤耕耘见真才，

散发弥香填心池。

  国琴教授早就嘱我为该书写几句序文，当时，略有迟疑，一是年岁朽也，二是信息滞后，恐词不达意，有碍大方。但，又无可推辞。我和国琴教授既是同门同事，也是信念同道。

  我认识国琴教授是在我退休之后，回到北大法学院当"打工仔"时相识，我方知道，她是中国社会科学院法学研究所博士出身，我也曾在该所工作过几年，算是同事。我退休后到北大法学院非营利组织法研究中心时，她也恰巧到这个中心当兼职研究员，算是同道之友。我初见她时，国琴教授是一位温雅而专业娴熟的学者，处之越久，仰之越深。友情越重，此至之托，不可说不。

  为此，我在学习该书时，首先感受到的是，作者在慈善的话题下，做出了大文章，从"公法-私法-社会法"的讨论中，引发"国家-市场-社会"的思考。又从理论高度，法律视角，引申出

网络慈善募捐创新及法律回应

种种感触：

1. 该书满含浓浓的时代气息。这个主题是时代的话题，是科技发展的必然，是慈善募捐新的平台、新的模式。

在互联网技术迅速发展的时代浪潮中，慈善募捐也适应时代诉求，网络慈善募捐应运而生。我们在生活中见过网络慈善募捐的内容，耳闻过网络慈善募捐的个案，甚至有过因网络募捐而引发的种种议论。从趋势看，网络慈善募捐在快速的发展，社会影响力在快速地提升，具有场景化、可视性、参与便捷、即时支付等特点特色。谓之"参与式慈善""快乐慈善""人人慈善""小额慈善""拇指慈善"，等等。人们对互联网慈善、对网络慈善募捐有着美好的期待。

但不容忽视的是，在网络慈善募捐快速发展的进程中，也出现了很多问题。2016年颁布的《中华人民共和国慈善法》（以下简称《慈善法》）对网络慈善募捐的发展给予了积极的回应，在实践发展中不断提升。但也需要理论上的支撑，不断总结，不断完善。显然，这些都是互联网出现后所带来的时代话题。《网络慈善募捐创新及法律回应》这本专著既是在上述背景下展开研究的，又把上述问题作为研究的对象，敏锐地捕捉到慈善领域内的时代话题，在互联网发展时代大背景下紧紧围绕网络慈善募捐进行理论上的深入。就此而言，这本专著有强烈的问题意识，紧扣时代的脉搏，研究正当其时，值得肯定。

2. 这本书具有鲜明的专业特色。网络慈善募捐作为一种重要的社会现象，对其进行研究的视角可以是多样的。《网络慈善募捐创新及法律回应》选择从法学角度进行观察和研究，对慈善组织、网络募捐平台以及捐赠人之间的法律关系进行了专业性的细致分析，从中可以看到作者作为法学研究者在推动慈善募捐制度建设中的努力。该书深入分析了慈善法的法律属性，指出必须将慈善法放在社会法大框架内进行阐述。这一观点很有价值，很有启发意义。一方面宪法中对公民"物质帮助权"作出了明确规定,其义务主体既包括国家,也包括社会,社会满足公民个体"物质帮助权"实现的途径显然也需要通过慈善事业来完成。对于慈善事业的发展而言,认识到这一点是必要的;另一方面有助于对网络慈善募捐中的各方关系作理性归类,通过分析"公法—私法—社会法"的关系,明确慈善法作为社会法调整网络慈善募捐的重要性。

该书将社会法思想贯穿在整个分析之中,认真总结了2016年颁布的《慈善法》所确立的网络慈善募捐制度,发现了其中存在的问题,提出了解决的思路。其中尤其是对"指定制度",网络募捐平台公法义务的合理设置等提出了独特的专业意见。这本专著是法学专业人士从专业角度所展开的分析和论证,有专业特色,属实不易。

3. 该书有磅礴大气的理论呈现和深入厚实的理论分析。慈善事业是党建设社会主义事业的重要组成部分,其在第三次分配中发挥重要作用。党的十九届四中全会公报首次提出"重视发挥第三次分配作用,发展慈善等社会公益事业"。党的十九届五中全会通过的《中共中央关于制定国民经济和社会发展第十四个五年规划和二○三五年远景目标的建议》再次强调,"发挥第三次分配作用,发展慈善事业,改善收入和财富分配格局"。在党中央高度重视慈善事业在第三次分配中重要作用的背景下,慈善事业的发展有了更为广阔的空间和舞台。基于此研究慈善领域内的相关问题有高度、有价值、有贡献。《网络慈善募捐创新及法律回应》一书在第三次分配的框架里展开对网络慈善募捐的研究,不仅有专业的深度,而且有站位的高度;不仅从历史维度出发分析了网络慈善募捐发展的历史背景,指出在慈善事业的积极价值和作用得到社会普遍肯定和重视的时代,网络慈善募捐迎来了其高歌猛进的美好时光;而且在充分认识第三次分配的意义和价值的基础上,分析了网络慈善募捐应当遵循"自愿"原则的内涵,也分析了慈善组织在第三次分配中应当承担的责任，并特别指出慈善事业的发展需要专门化和组织化程度高的慈善组织发挥组织保障作用；不仅强调应积极推进网络慈善募捐立法制度的完善，而且也清醒地认识到了法律本身的局限性，强调法律之外要素的重要性。在法律这种强制性他律规则的建设之外，还要重视慈善组织和慈善行业的自律，更要重视对整个社会慈善文化的培育，最终走上一条慈善募捐的善治发展之路，慈善事业发展的善治之路。该书的这些理论呈现出"国家-市场-社会"纵横交错的互动关系，有磅礴大气之感。

网络慈善募捐是个很现实的问题，但是能够由此推及对一些基础理论问题的思考和讨论，比如慈善法的属性问题、慈善法治建设如何应对新技术发展问题、国家干预私法关系的正当性和依据、网络慈善募捐的法治与善治的关系等，都能引导读者对更为根本的问题去思考和追问。在阅读中思考，在思考中阅读。

向沈国琴教授致敬！

陈金罗

2023年2月25日于北京

目 录
Contents

001	序
001	导　论
001	一、研究背景
013	二、研究现状
023	三、研究方法
025	四、研究意义及目标
035	第一章　网络慈善募捐概念界定
036	第一节　慈善募捐的概念及其构成要素
036	一、慈善募捐的概念
048	二、慈善募捐的构成要素
061	第二节　关于网络慈善募捐的理解
062	一、网络慈善募捐的界定
067	二、网络慈善募捐的全方位透视
072	三、网络慈善募捐的特点
077	第三节　网络慈善募捐与相关概念的区别
077	一、网络慈善募捐与网络个人求助
083	二、网络慈善募捐与公益众筹
085	小结

086	研习案例:"白雪可乐"诉讼案
090	第二章 网络慈善募捐的创新
091	第一节 网络慈善募捐的创新做法:慈善募捐结构的重构
092	一、直接劝募型网络慈善募捐结构,同时引入创新元素
095	二、赋权社会公众启动捐赠的网络募捐:多方参与的募捐结构的形成
098	三、以熟人网络为中心进行扩散的募捐结构
100	四、其他网络募捐创新方式
101	第二节 网络慈善募捐运行实践的特点
101	一、募捐平台运营主体的特点:互联网企业风骚尽显
108	二、网络慈善募捐运营方式的特点:商业运营模式的引入
111	三、网络慈善募捐中慈善项目的特点
113	第三节 网络慈善募捐的创新发展之于慈善事业的贡献
113	一、为各种慈善力量提供展现的机会和便利的通道:人人慈善型社会的到来
118	二、改变了慈善组织运行理念与运行方式
121	三、推动慈善与社会融合,发挥引导公众关注公共事务的功能
124	小结
125	研习案例:民间组织牛博网私自开展慈善募捐被查封账号

130	第三章　纳入社会法规范视野中的网络慈善募捐
131	第一节　网络慈善募捐法律规范的发展历程
131	一、无法律规范的自由发展时期（2004年~2010年）
133	二、法律规范分散确认时期（2010年~2016年）
136	三、《慈善法》明确规定时期（2016年~）
142	第二节　网络慈善募捐应纳入社会法规范的范畴
142	一、关于社会法的认识
147	二、慈善法具有社会法的属性
153	三、网络慈善募捐的社会法规制：基于慈善法具有社会法属性的分析
163	第三节　网络慈善募捐社会法规制的基本原则
163	一、互联网资源的可及性原则
165	二、矫正实质上的不平等，保障意志真实的原则
166	三、信息公开透明与隐私保护平衡原则
167	四、可救济性原则
168	小结
170	研习案例："同一天生日"网络慈善募捐事件
175	第四章　网络慈善募捐社会法规制的具体展开
176	第一节　网络慈善募捐中慈善组织与捐赠人、受益人关系的法律调整
176	一、慈善组织的法律属性：分析慈善募捐各方主体之间的关系的基础
186	二、慈善募捐法律关系中各方权利、义务：基于法律属性及其财产性质的分析
193	三、网络空间慈善募捐中的问题及法律的回应

202	第二节　募捐平台与平台使用者间合理法律关系的构建
202	一、合理法律关系构建的基础：基于对募捐平台属性的认识
208	二、募捐平台与平台使用者间合理关系的建构
215	三、我国网络募捐平台与平台使用者间关系制度的完善方向
221	第三节　公权力合理介入网络慈善募捐行为的分析与构想
221	一、国家公权力介入私法关系的类型及其理论分析
227	二、指定制度的批判：基于公权力合理介入私法关系的理论
232	三、公权力规制网络慈善募捐的理性回归
235	小结
237	研习案例："置顶费"事件
242	第五章　余论：网络慈善募捐的善治之路
242	第一节　网络慈善募捐善治的行业自律和社会监督
243	一、推动网络慈善募捐善治的行业自律
253	二、推动网络慈善募捐善治的社会监督
257	第二节　网络慈善募捐善治的基础：慈善文化的培育
258	一、慈善文化是推动网络募捐善治的根基所在
260	二、培育慈善文化，促进慈善网络募捐走向善治
264	小结
264	研习案例：知乎"大V童瑶"网络诈骗案件
269	参考书目
278	后　记

导论

一、研究背景

党和国家高度重视慈善事业的发展，推动其在第三次分配中发挥中流砥柱的作用。党的十九届四中全会公报中特别指出，"重视发挥第三次分配作用，发展慈善等社会公益事业"。党的十九届五中全会继续坚持这一方向，在《中共中央关于制定国民经济和社会发展第十四个五年规划和二〇三五年远景目标的建议》中强调，发挥第三次分配作用，发展慈善事业，改善收入和财富分配格局。积极发挥第三次分配的作用必然有助于整个社会形成团结互助，共同向善的氛围，推动社会的可持续发展。其中，慈善的确有着巨大的可为空间。

在互联网发展的背景下，慈善事业与互联网这一活跃的力量联系在了一起，形成了引人注目的新的慈善形象。我们可以看到，"互联网+慈善"模式正在快速地发展，甚至在某些特定时刻、特殊的事件里热闹着、喧嚣着，推进人们的参与、关注和讨论，譬如，自2015年开始"99公益日"年年推动着社会捐赠的热潮；2017年"小朋友画廊"慈善项目刷爆朋友圈；2016年发生的"罗尔事件"引发热议；2017年"同一天生日事件"受到广泛关注；等等。从"互联网+慈善"的发展来看，网络慈善募捐是其中极为重要的内容之一。网络慈善募捐逐渐成为慈善组织募捐的重要方式,受到社会的普遍关注。这种社会现象也逐渐成为学界关注与研究的热点内容,诸多学科将其纳入研究范围之中。本书则主要从法学角度对网络慈善募捐进行观察、思考和分析。

21世纪初,我国网络慈善募捐开始出现并且逐渐形成了其特有的品质。这并非偶然的产物,而是特定历史背景下特定的历史现象。在我国慈善事业发展的历史进程中,"慈善"含义被重新认识,从被误解、污名到肯定、确认慈善的积极价值和作用的过程中,网络慈善募捐有了发展的一席之地。认识这一背景对于理解网络慈善募捐至关重要。网络慈善募捐的成长当然与网络技术的发展密不可分,因此也有必要将其放在以电子计算机的发明和应用为标志之一的第三次科技革命的发展框架中加以认识,如此才能对慈善与网络技术结合所形成的网络慈善募捐有恰当的判断和分析。

(一)在"慈善"正名史中迎来网络慈善募捐的一席之地

慈善在中国历史上早有踪迹,也产生过重要的影响,关于我国传统社会慈善史研究的成果能够充分展示这一点,比如学者周秋光、曾桂林的研究就指出:慈善在我国历史上可以追溯到先秦时期。[1]这意味着生活在中国这片土地上的人们从来不曾缺少对社会的关注、对慈善的热心,这也是当代人积极推动慈善事业的历史基因。当然,不容否认,晚清之前的慈善不同于近代以来所形成的慈善。近代以来,我国的慈善事业有了新的特点:一者,从慈善组织发展来看,表现出组织化、专业化以及宗旨公益性等特点。如学者孙善根以宁波市为个案分析民国时期的慈善事业时就曾指出"以利益与价值共享为构成原则的新社会单位——现代社团得以产生,其中以改造社会、谋求地方社会公共利益为宗旨

---

[1] 参见周秋光、曾桂林:《中国慈善简史》,人民出版社2006年版,第65~68页。

导 论

的公益团体又占相当比例"。[1]二者,从慈善制度发展来看,开始向制度化和法制化方向发展。进入近代之后,慈善领域内大量的法律规范面世,如1928年国民政府内政部颁布的《各地方救济院规则》《管理各地方私立慈善机关规则》,1929年颁布的《监督慈善团体法》,1932年颁布的《各地方慈善团体立案办法》,等等。

新中国成立之初,对慈善的认识出现了一些偏差,慈善曾被认为是虚伪的、消极的且社会效果存疑的。在1991年出版的《中国大百科全书》中对"慈善事业"所作的界定就体现了这样的思想。从同情、怜悯或宗教信仰出发对贫弱者以金钱或物品相助,或者提供其他一些实际援助的社会事业……带有浓重的宗教和迷信,其目的是做好事求善报;慈善者通常把慈善事业看作是一种施舍……它只是对少数人的一种暂时的、消极的救济……它的社会效果存有争议。[2]基于此种认识,慈善被边缘化、被丑化,甚至完全被社会所排斥。有统计显示,到1994年为止,《人民日报》几乎没有使用过"慈善"这个词。[3]在这个阶段,慈善的独立性一度被取消,慈善事业被纳入社会事业之中进行统一计划管理。1951年中央政府颁布了《中华人民共和国劳动保险条例》(已被修正),在国家保障制度中国家承担了社会福利方面的全部责任,排除了民间社会资源的参与,实际上也可以说是政府用福利的形式取代民间的慈善,即将过去民间所办的慈善内容都由政府一一

---

[1] 孙善根:《民国时期宁波慈善事业研究(1912-1936)》,人民出版社第2007年版,第88页。
[2] 转引自玉苗:《论现代公益事业与传统慈善的关系》,载《学会》2014年第8期。
[3] 《改革开放30年:志愿精神形成 慈善走入全民时代》,载http://www.china.com.cn/economic/zhuanti/ggkf30/2008-10/22/content_16648871.htm,最后访问时间:2018年5月6日。

包办起来。[1]这导致慈善事业的发展一度停滞。

改革开放之后，国家社会一体化的局面开始改变，社会对慈善的需求渐被认可。慈善事业的发展逐渐恢复了起来，主要表现为：慈善组织开始设立，慈善活动开始以正面形象出现在公众面前，慈善方面的法律制度建设也提上日程。在这一过程中，社会不断修正着对慈善的认识，为慈善正名的历史大幕终于拉开。1981年7月28日，新中国成立后的第一个国家级公募基金会即中国儿童少年基金会正式成立；1989年3月中国青少年发展基金会成立，并于同年10月建立"希望工程"[2]。在这期间，针对此类组织及其活动的法律规范也开始出台，如1988年国务院颁布了《基金会管理办法》、1989年颁布了《社会团体登记管理条例》等。

1994年4月，以"慈善"为名的社会组织终于登上了历史的舞台。该年，中华慈善总会成立，之后各地慈善会也纷纷设立。中华慈善总会成立后，各地都在酝酿、筹备层次各异、规模不一的慈善组织。至2000年，全国已有26个省、自治区、直辖市成立了省级的慈善会、协会或总会，并作为团体会员加入中华慈善总会。[3]这之后，不仅以"慈善"为名的组织大量出现，慈善活动开始受到关注，而且慈善募捐也进入人们的视野。1998年8月16日，中华慈善总会、中国红十字会、中央电视台联合举办了中国第一个电视募捐专场晚会。一下子就筹集了3亿多元的善款和物资。[4]从这些变化可以看出，慈善开始以阳光的、积极的形

---

[1] 参见周秋光、曾桂林：《中国慈善简史》，人民出版社2006年版，第369页。

[2] 参见吴玉章主编：《中国民间组织大事记》，社会科学文献出版社2010年版，第40页。

[3] 参见周秋光、曾桂林：《中国慈善简史》，人民出版社2006年版，第388页。

[4]《改革开放30年：志愿精神已形成慈善走入全民时代》，载https://www.cnr.cn/yetz/200810/t20081029_ 505136569.html，最后访问时间：2018年5月6日。

导 论

象出现在大众的视野中。其间，法律制度开始向完善的方向发展，如1998年国务院颁布新的《社会团体登记管理条例》（已被修改）；同年颁布《民办非企业单位登记管理暂行条例》；1999年全国人大常委会颁布《中华人民共和国公益事业捐赠法》（以下简称《公益事业捐赠法》）；2001年财政部、国家税务总局等发布一系列有助于慈善捐助的文件和法规，2004年国务院颁布《基金会管理条例》等。尤其是《基金会管理条例》的出台大大促进了慈善事业的发展。此后，基金会数量快速增加、基金会所涉及领域大幅扩展。[1]慈善事业在社会发展中的积极价值和作用获得高度认可，2004年9月党的十六届四中全会决议明确指出，要"健全社会保险、社会救助、社会福利和慈善事业相衔接的社会保障体系"。从这一表述中可以看出，慈善事业不再被并入社会福利之中，而是具有了独立的价值。

虽然慈善事业获得了飞速的发展，但是以慈善为名的法律规范迟迟未能出台。民政部2004年即已经有了慈善立法规划，并提出2005年正式启动立法工作。但前期进展较慢，历经十年之久，2016年《慈善法》才正式登上法律的舞台。慈善法立法历时较久，在这期间，我国经济快速发展，以计算机的发明和应用为标志之一的第三次技术革命深刻地影响着人们的生活，人们社会生活的空间较之前开阔了许多，人们对慈善活动的认识也与之前大不相同，网络慈善也开始进入人们的生活。这些对慈善法的出台都有直接的推动作用，"慈善立法，十年磨一剑。之所以在近期提速，原因在于随着社会和经济发展，我国慈善事业迎来蓬勃发展的时期"。[2] 2016年《慈善法》的出台是我国慈善事业发展的重

[1] 基金会在2004年之后快速发展的具体表现可参见吴玉章主编：《中国民间组织大事记》，社会科学文献出版社2010年版，第38~39页。
[2] 《人民日报：慈善法开启民间与政府共同为社会筑底的时代》，载https://opinion.huanqiu.com/ article /9CaKrnJUG2Y，最后访问时间：2020年10月3日。

005

要节点，是慈善事业在我国深厚积累的必然结果，同时也标志着社会公众和官方对慈善的认识形成了一定的共识，标志着我国慈善事业开始成为我国社会主义建设事业的重要组成部分。党的十九届四中全会、五中全会将慈善事业纳入第三次分配的框架内，这为慈善事业的发展指明了方向，必将推动慈善事业的加速发展。

正是在慈善得到正名并获得合法化的过程中，网络慈善募捐开始出现，并快速发展起来。离开对慈善的认同，就不会有慈善募捐的生存空间，也不会有网络慈善募捐的一席之地。因此，理解慈善，对于理解网络慈善募捐意义重大。

1. 慈善得到正名并获得合法化的过程就是慈善社会化的过程

慈善正名的过程中释放出了社会力量参与社会建设、解决社会问题的巨大空间，慈善最终进入社会空间，而不再被吸纳到国家体系中由国家"包办"。慈善募捐为社会公众参与社会建设、关注社会问题提供了重要的途径。

慈善正名的过程处于中国社会主义市场经济被确立并快速发展的时期，市场经济的确立推动了经济的发展，市场也开始发挥自身调节资源流动和财富分配的角色，结果使社会财富总量大幅度增加，其中掌握在个人和市场主体手中的财富也在急剧增加。但同时，市场的发展带来很多社会问题，诸如贫富差距、环境污染、教育不均衡、社会弱势群体缺失关注等问题。这些变化使得慈善发展走社会化的道路有了基础，也有了需求，一则，社会财富的积累为社会力量参与解决社会问题提供了物质基础，物质财富第三次分配就以自愿捐赠的方式出现了。二则，对于所出现的社会问题，单凭国家的力量无法有效应对，需要动员社会力量参与其中。

理解慈善的社会化特点，对于理解网络慈善募捐的社会动员特点极其重要。网络慈善募捐就是通过网络的力量动员社会力量参与社会问题的解决，网络慈善募捐无法动用国家强制性力量进行摊派，是公民自愿的选择。如果慈善社会化未能得到社会的认可，网络慈善募捐也就无法展开。可以看出，网络慈善募捐是慈善社会化的产物。当然，另一方面，网络慈善募捐也是慈善社会化实现的重要途径。

2. 慈善得到正名并获得合法化的过程推动了慈善的专门化、组织化

中国历史上慈善是一个含义极其模糊的概念，其含义有时所涉极其宽泛，将慈善与个人的善心善念联系在一起，并未把专门化、组织化的慈善区分出来；但有时又极其狭窄，传统意义上的慈善多指扶贫济困式的"小慈善"。[1]而近代以来，慈善制度中的慈善具有了特定的含义，并且呈现扩大的趋势。我国在制定慈善法的过程中对"慈善"含义的确定过程就展现了对现代慈善理念的认识过程。对于慈善究竟采用"小慈善"含义还是"大慈善"含义经过反复的讨论，最终选择了"大慈善"的概念，从"济贫救困"扩展到"教育、科学、医疗、文化、体育、环保和社会服务等领域"。[2]这种变化被视为慈善本身在社会中作用的巨大变化，是一次巨大的慈善理念与公共伦理的升华。在相当长的历史时期，由于我国社会需要解决温饱问题，只能将慈善定义为解决贫困问题，因而只能是国家救助政策的补充。一旦将慈善的范围扩大到教育、医疗、文化、体育、环保和社会服务等领域，

---

[1] 参见周红云：《公益慈善的制度环境与转型发展》，载《中国社会组织》2016年第11期。

[2] 《慈善法》对慈善作了界定，并对其范围进行了列举。其第3条规定，本法所称慈善活动，是指自然人、法人和其他组织以捐赠财产或者提供服务等方式，自愿开展的下列公益活动：（一）扶贫、济困；（二）扶老、救孤、恤病、助残、优抚；（三）救助自然灾害、事故灾难和公共卫生事件等突发事件造成的损害；（四）促进教育、科学、文化、卫生、体育等事业的发展；（五）防治污染和其他公害，保护和改善生态环境；（六）符合本法规定的其他公益活动。由此可以看出，慈善的含义大大扩张。

慈善事业就自然和社会发展与提升有机地结合起来。[1]当慈善定义的范围扩大之后，慈善的专门化、组织化的要求愈加明确突出。

在专门化、组织化的发展进程中，慈善服务社会的能力在增强，同时满足社会多元化发展要求的能力也在增强。募捐不仅仅是资金的聚集，也是慈善捐赠人对自己感兴趣的慈善项目的选择和表达，因此，募捐就成为社会多元化表达的重要途径之一。网络慈善募捐更易于建立起慈善组织与捐赠人之间的关系，专门化、组织化的慈善组织选择网络方式进行募捐成为时代之必然。

（二）在"互联网+"的背景下认识网络慈善募捐

互联网是这个时代最大的特点，它像一根神奇的魔法棒，使许多现实空间难以做到的事情在网络空间得以实现。并且，随着越来越多的人参与到互联网之中，使得网络不可避免地影响着每个人的生活，低头族、约车系统、外卖叫餐、"双十一"狂欢等已悄然成为人们生活中的常态。我们正在经历着以电子计算机的发明和应用为标志之一的第三次科技革命，[2]并享受着这次革命带给我们的便利、喜悦与挑战。我国网络用户群庞大，且不断上升。从2016年和2021年的统计数据就可以清晰地看到这一点，截至2016年12月，中国网民规模达7.31亿……互联网普及率达到53.2%。[3]到2021年，网民规模又有明显上升，截至2021年6月，我国网民规模达10.11亿，较2020年12月增长2175万，互

---

[1] 参见王振耀：《期待慈善法催生"大慈善"》，载《人民日报》2016年3月10日，第5版。

[2] 三次科技革命是近代以来的产物，一般认为第一次科学技术革命发生在18世纪中期到19世纪，以蒸汽机的发明与使用为主要标志；第二次科学技术革命发生在19世纪70年代到20世纪初，以电力革命为标志；第三次科学技术革命发生始于20世纪40年代，以原子能、电子计算机、空间技术和生物工程的发明和应用为主要标志的信息控制技术革命。

[3] 《第39次中国互联网络发展状况统计报告》，载http://mt.sohu.com/20160805/n462678473.shtml，最后访问时间：2017年2月21日。

导　论

联网普及率达 71.6%。十亿用户接入互联网，形成了全球最为庞大、生机勃勃的数字社会[1]。互联网的出现与普及，不仅使传统行业谋求通过互联网实现转型，使社会大众传统生活方式发生巨大改变；而且政府也高度评价互联网的重要价值和意义，主动迎接互联网所带来的巨大创新空间，推动互联网向更广阔的领域延展。2015 年十二届全国人大三次会议上，李克强总理在政府工作报告中首次提出了"互联网+"行动计划，提出制定"互联网+"行动计划，推动移动互联网、云计算、大数据、物联网等与现代制造业结合，促进电子商务、工业互联网和互联网金融健康发展，引导互联网企业拓展国际市场。

互联网具有传播速度快、各方主体联络便利、无权威中心、能够方便地实现自我展现和参与、上下等级之间的压迫性力量被消解并且能够立体公开地呈现各种场景等特点。移动互联网的出现，使得上述特点更加突出，第一，移动互联网最大的特点是去中心化。所有的中心不再是中心，解放人心，创造动力。第二，移动互联网去层级化。解放人力，创造效力。第三，移动互联网累计大数据，改变思维模式，创造奇迹。[2] 这些特点使得通过互联网进行慈善活动、慈善宣传、慈善募捐具有与传统慈善极为不同的表现，网络慈善募捐领域的创新也是基于上述特点而展开的。

"互联网+"时代的出现带来了诸多领域新的变化，在慈善领域内互联网的出场同样给人以耳目一新之感。"互联网+慈善"逐渐展现出了自身独特的魅力，比如在慈善信息传播、慈善理念宣传、慈善募捐的社会动员以及慈善项目运作的透明化和监督等方

---

[1]《第 48 次中国互联网络发展状况统计报告》，载 https://www.mpaypass.com.cn/download/ 202108 /27112 008. html，最后访问时间：2017 年 2 月 21 日。

[2] 参见何道峰：《谈互联网+公益构建》，载 https://www.nxyg.org/index.php? m = Content & C = index & a = show & catid = 7 & id = 6035，最后访问时间：2017 年 2 月 21 日。

面，互联网的作用都不容小觑。对此，有研究者特别指出，互联网慈善的未来可能会朝着以下三个方向演进：通过结合社交网络等平台，增强公益资讯的传播能力，同时也为公益组织提供了筹募渠道与方式，让慈善的"正能量"更加广泛和深刻地影响更多的人；通过提供公益项目网站及运营工具，例如云计算能力，帮助公益组织降低信息化成本，推进公益组织业务信息的透明化和及时化；普通民众通过公益平台等互联网新媒体形式，及时有效获取公益项目执行进度，从而加强对公益事业的信任，有效改善我国社会的公益环境。[1] 其中，慈善组织通过网络进行慈善募捐成为网络时代慈善领域内的重要现象，网络带给慈善募捐的渠道价值和作用得到了普遍认同。网络慈善募捐带来的价值和作用表现在以下方面：

一是通过网络参与慈善，参与募捐的数量急剧上升。到2016年，关于网络慈善及募捐方面的数据开始在互联网发展状况中有了统计数据。《第39次中国互联网络发展状况统计报告》统计数据显示，截至2016年12月，有32.5%的中国网民使用过互联网进行慈善行为，规模达到2.38亿。[2] 这一趋势呈现持续发展的态势，民政部的数据显示，2018年网民点击、关注和参与慈善超过84.6亿人次，一些基金会的网络募捐已占捐赠总收入的80%以上。[3]

二是网络慈善募捐带给慈善以新的特点、新的形象。与互联网共生的透明、公开、平等对待等特点也向慈善组织提出了新的

---

[1] 参见曹惺璧：《互联网如何颠覆传统慈善》，载 http://tech.china.com.cn/news/20140828/137737.shtml，最后访问时间：2017年3月8日。

[2] 中国互联网络信息中心（CNNIC）：《第39次中国互联网络发展状况统计报告》，载 http://www.cac.gov.cn/2017-01/22/c_1120352022.htm，最后访问时间：2018年12月6日。

[3] 《民政部：去年中国网民参与互联网慈善超84.6亿人次》，载 http://www.chinanews.com/gn/2019/07-29/8909875.shtml，最后访问时间：2019年1月20日。

要求，慈善组织无法再使用行政命令方式展开活动，并且必须对项目的执行公开透明。因此，慈善组织往往会反馈慈善项目执行情况，供捐赠人监督。募捐和后期的公开捆绑在一起，"透明慈善"成为互联网慈善的重要特点。除此之外，因互联网的特点而形成的"小额慈善""快乐慈善""人人慈善""多元参与慈善"等形象逐渐确立了起来。

网络慈善募捐带来许多新的价值和理念，但同时也向传统的法律制度提出了挑战，主要表现在以下方面：

1. 新的法律关系主体出现，法律对其如何定位，如何解决新出现的问题。在网络慈善募捐发展的过程中出现一种新的力量，《慈善法》将其称为"互联网公开募捐信息平台"[1]。这种平台具有连接慈善组织和慈善捐赠人的功能。在网络慈善募捐发展演进的过程中，很多组织设计出了许多新的募捐方式，比如淘宝网推出了公益网店；微信运动推出了"行走捐"；百度"公益1小时"推出了"祝福捐"；猫眼娱乐推出了"打榜捐"；腾讯公益推出了"配捐"；上海联劝公益基金会推出了"一起捐"等。网络慈善募捐平台在慈善募捐法律关系中成为非常独特的一方主体，在网络慈善募捐出现、壮大的进程中扮演了重要的角色。我国《慈善法》第23条在确定网络慈善募捐合法地位的同时，又在第3款规定慈善组织通过互联网开展公开募捐的，应当在国务院民政部门统一或者指定的慈善信息平台发布募捐信息，并可以同时在其

---

[1] "互联网公开募捐信息平台"这一名词首先出现在《慈善法》第23条第3款。关于互联网公开募捐信息平台的界定则规定在《慈善组织互联网公开募捐信息平台基本技术规范》中。互联网公开募捐信息平台（Online Fundraising Platform）被界定为，通过互联网为具有公开募捐资格的慈善组织发布公开募捐信息的网络服务提供者。从这一概念解释来看，"互联网公开募捐信息平台"这一名词与概念解释之间存在一定的距离，这一名词表述并不恰当，未能展示出网络募捐平台所具有的"在线募捐支付功能"。本书认为，更为合适的表达应当是"网络慈善募捐平台"，本书统一使用该名词。

网站发布募捐信息"。从该规定可以看出，指定制度使网络募捐平台具有了合法的身份和地位，同时也获得了垄断地位。在这样的背景下看网络慈善募捐，不得不特别关注网络募捐平台的法律地位、其与相关主体的法律关系，以及法律所构建的"指定制度"的含义及背后的国家和社会关系等问题，这些都构成本书的重要内容。

2. 网络慈善募捐给慈善制度增加更多新鲜内容的同时，也面临着如何合理界定、如何规范、如何引导社会理性捐赠等问题。在互联网与慈善链接的发展进程中，曾经出现过大量引起社会广泛关注的事件或者案件，如"罗尔事件""陈易卖身救母事件""杨六斤事件""一点公益"案、"白雪可乐"案、"置顶费事件""汶川地震期间牛博网募捐事件"等。这些事件或者案件之所以引发社会的广泛关注，其原因在于，面对网络慈善募捐这一新兴的社会事物时，人们对其认识必然有一个争议和讨论的过程，其中很多问题亟待澄清和解决，比如什么是网络慈善募捐、网络慈善募捐与个人求助之间有何不同，网络众筹的性质是什么，网络慈善募捐各方主体之间的权利、义务是什么，如何监管网络慈善募捐，如何减少骗捐、诈捐现象，如何保护个人隐私等。对于上述问题的思考和讨论不断推动着相关制度的构建。本书对这些问题都充满了巨大的兴趣，在关注问题、关注制度构建时，也反思制度构建本身是否合理的问题。

3. 网络慈善募捐制度的建设既需要面对体系化、结构化问题，如确立网络慈善募捐关系各方主体的权利和义务；也需要对具体的问题有解决能力，为解决具体的现实问题形成明确规则，比如小额捐赠的票据问题、网络慈善募捐的管辖问题。就第一个问题而言，小额捐赠在传统社会基本不存在，但是在互联网时代，其成为一种常见现象。网络为一分、一角、一元的小额捐赠提供了便利。但是，如果每笔小额捐赠，甚至一分、一角、一元的捐赠都要开具税票的话，不仅数量巨大，而且成本提高，对于慈善组织来讲可能也是不堪重负的。就第二个问题而言,是对传统法律之中规定的"地域管辖"的挑战。根据《社会团体登记管理条例》《民办非企业单位登记管理暂行条例》《基金会管理条例》的规定,对慈善组织采取地域管辖的原则。但是网络慈善募捐使得这些法律制度中所设置的分级按地域进行管理的方式失去了意义,通过网络地方慈善组织亦能够在全国范围内形成募捐宣传的覆盖效应。对此,《慈善法》给予了积极的回应,在其第 23 条第 2 款中规定,慈善组织通过互联网进行公开募捐的,一般应当在其登记的民政部门管辖区域内进行,但是确有必要在其登记的民政部门管辖区域外进行的,应当报其开展募捐活动所在地的县级以上人民政府民政部门备案。这实际上确立了慈善组织跨区域进行募捐的制度。互联网参与到慈善募捐之中带来了募捐方式的改变、募捐范围的扩大,同时也带来了公权力对募捐行为管理方式的改变,本书正是在这样的背景下之下展开的。

综上,跨越历史的低谷,慈善之光重回社会,《慈善法》十年一剑终成正果,"互联网+"正当其时。但是,"互联网+募捐"在带来众多惊喜的同时也带来一系列的问题,这样的历史背景为本书提供了重要的时代话题,"网络慈善募捐的创新及法律回应"就是在这样的背景下研究起航的。

二、研究现状

关于网络慈善募捐的研究是在慈善研究的大框架下展开的,对慈善研究的热度直接影响网络慈善募捐研究的热度。截至 2021 年 9 月,以"慈善""慈善募捐""网络募捐"为关键词在中国知网进行搜索,可以发现,关于慈善募捐、网络募捐的研究与慈善正名史的发展历程密切相关。1994 年、2004 年以及 2016 年是我国慈善事业发展的重要转折点,与此相关,关于慈善的研究也在这些节点之后呈现快速发展的趋势。具体研究状况如图 0-1 所示。

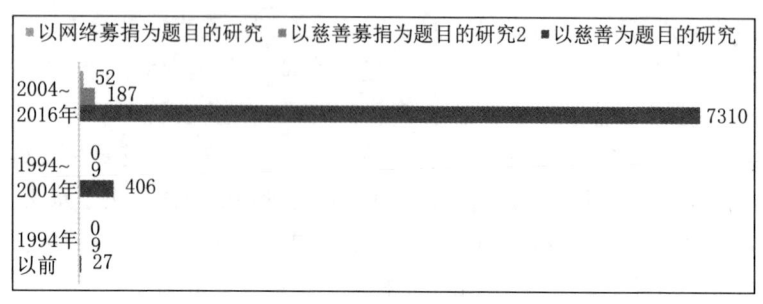

```
■ 以网络募捐为题目的研究  ■ 以慈善募捐为题目的研究2  ■ 以慈善为题目的研究
2004~      52
2016年     187
                                                              7310
1994~      0
           9
2004年     406
1994年     0
以前       9
           27
```

图 0-1：与慈善、慈善募捐、网络募捐相关的研究数量趋势图（基于中国知网的资料）

总结慈善研究，大致可以分为四个阶段：

第一个阶段是在 1994 年以前，关于慈善的研究非常少，基本上处于研究空白状态。

第二阶段是从 1994 年至 2004 年。1994 年慈善组织登堂亮相，这直接引发了对慈善的研究，但是研究内容尚不深入，像慈善募捐这么细致的问题尚未引起研究者的兴趣。这一阶段关于慈善的研究主要集中在三个方面，一是对西方的慈善发展进行正面的描述和介绍；[1]二是开始对中国传统慈善的发展梳理和总结；[2]三是对新中国慈善事业的发展满含希望地进行展望，提出许多建设

---

[1] 对西方慈善发展正面描述和介绍的研究不少，典型的如唐钧：《海外慈善事业的社会地位和作用》，载《中国民政》1995 年第 6 期；朱传一：《美国的民间慈善结构》，载《中国民政》1996 年第 12 期；顾信文：《美国的慈善事业》，载《现代外国哲学社会科学文摘》1998 年第 8 期；王则柯：《慈善事业在美国》，载《经济社会体制比较》1999 年第 6 期；陈娟、陈勇：《略论近代早期英国商人的慈善活动》，载《武汉大学学报（人文科学版）》2002 年第 5 期。

[2] 关于中国传统慈善的研究主要集中在明清之后，典型的如王卫平：《明清时期江南地区的民间慈善事业》，载《社会学研究》1998 年第 1 期；黄艳：《晚清省港民间慈善组织之比较》，载《广东史志》2000 年第 3 期；廖良梅：《社会慈善家群体对近代中国社会的影响》，载《长沙大学学报》2003 年第 3 期；毕素华：《民国时期赈济慈善业运作机制论》，载《江苏社会科学》2003 年第 6 期；方福祥、顾宪法：《试论明清慈善组织与会馆公所的关联》，载《档案与史学》2003 年第 6 期。

性意见。[1]

第三个阶段从2004年开始至2016年。2004年国务院颁布《基金会管理条例》。同年，党的十六届四中全会决议中写入慈善。2005年慈善被纳入立法规划。这些都使得关于慈善的研究出现激增的现象，并在随后的研究中进入相对稳定的状态。随着研究的不断深入，慈善领域内具体的制度和细化问题开始受到学界关注。慈善募捐、网络募捐的研究也进入了研究者的视野，[2]成为研究的重要论题之一，并在之后进入了相对快速的发展期。但从整体而言，在对慈善研究的框架中，关于募捐及网络募捐研究的比例还是太少，与其在慈善中的地位不相称。

第四个阶段从2016年开始至今。2016年《慈善法》颁布，这是我国慈善事业发展史上的重大事件，推动我国慈善事业发展进入新时期。在这一背景之下，有关慈善方面的研究更呈现蓬勃发展之势，研究的纵深发展和精细化方向更为突出。募捐及网络募捐成为整个慈善研究中的重要内容之一，研究占比大大增加。以"慈善""募捐""网络募捐"为关键词进行检索发现，2016年至2021年9月之间，以慈善募捐为研究对象的文献占慈善研究

---

[1] 不少学者开始积极关注新中国的慈善事业及其发展，典型研究有：《崔乃夫谈中国慈善事业》，载《民政论坛》1995年第4期；何晓玲：《中华慈善事业这幼苗必将长成参天大树——访中华慈善总会会长崔乃夫先生》，载《中国社会工作》1996年第1期；吴贵民：《慈善事业在中国》，载《三月风》1996年第4期；闫革：《慈善事业：充满希望和爱心的事业》，载《中国社会工作》1996年第5期；郑功成：《论慈善事业》，载《中国社会工作》1997年第3期；孙铭浩：《慈善事业：中国社会保障的配套工程》，载《理论导刊》1998年10期；王振山：《我国慈善事业的改革发展之路》，载《改革与开放》2003年第7期。

[2] 较早的研究有刘平：《募捐问题的立法对策》，载《检察风云》2005年第9期；冷传莉：《社会募捐中捐款余额所有权问题探析》，载《中外法学》2006年第2期；郑磊、王海栗：《社会募捐财物所有权之类型化研究》，载《怀化学院学报》2007年第1期，等等。

文献的 10.3% 左右，以网络募捐为研究对象的文献占 3.5% 左右。具体如图 0-2 所示。

募捐及网络募捐研究占比

■ 慈善　■ 募捐　■ 网络募捐

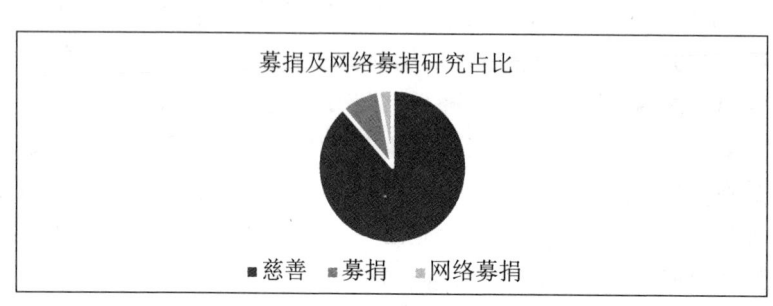

图 0-2：2016 年～2021 年 9 月间关于募捐、网络募捐的研究占慈善研究的比例（基于中国知网的资料）

本书的焦点是慈善募捐，主要针对网络慈善募捐的法律规制进行研究。梳理慈善募捐相对不长的研究历史可以发现，该领域的研究有不少涉及慈善募捐的实务操作，包括慈善募捐和筹款的策略、方法和技巧等，[1]还有就是实务中的法律问题，即慈善组织募捐过程可能涉及的法律风险及相应的防范风险的建议。[2] 在实务操作研究之外，有一些理论阐释和制度机理分析方面的研究。这些研究主要涉及以下方面：从权利视角对慈善募捐展开的分析，分析慈善募捐的范围及其边界；[3] 对于慈善募捐是否需要设置准

---

〔1〕 国内翻译出版的慈善募捐、筹款操作指南方面的著作有：[美] 彼得·弗朗金：《策略性施予的本质：捐赠者与募捐者实用指南》，谭宏凯译，中国劳动社会保障出版社 2013 年版；[美] 金姆·克莱恩：《成功筹款宝典》，招晓杏、张嘉译，广东人民出版社 2016 年版。国内学者对这方面进行研究的有褚蓥：《新募捐的本质：新理念、新方法、新募捐》，知识产权出版社 2015 年版。

〔2〕 参见北京致诚社会组织矛盾调处与研究中心：《中国基金会接受捐赠、慈善募捐的法律风险及其防范建议》，载《中国社会组织》2019 年第 9 期。

〔3〕 参见吕鑫：《慈善募捐的自由与限制——美国经验的启示》，载《浙江学刊》2011 年第 4 期。

入制度，设置怎样的准入制度等问题进行研究[1]；对于慈善募捐的监管制度的建设状况、发展中的问题及制度完善进行研究。[2]还有一些研究从整体上去认识慈善募捐问题，既有历史梳理，也有基础理论分析，还有当代募捐制度建设的利弊得失的分析。[3]这些研究是认识网络慈善募捐的基础，具有重要价值。

从21世纪初开始，网络慈善募捐作为慈善募捐的一种方式开始受到了社会的广泛关注，不少慈善组织尝试采用此种方式进行募捐，网络募捐平台不断出现且壮大起来，捐赠人通过网络进行慈善捐赠的比例越来越高。在这样的时代背景之下，对网络慈善募捐法律规制的研究也成为学界重要的研究对象。当前研究的核心主要集中以下方面：

1. 关于网络慈善募捐的认识和界定以及网络慈善募捐的发展状况。网络慈善募捐自开始出现，就陷入慈善组织募捐和个人募捐所遵循的规则是否应当一致的问题讨论中。在传统的研究中，慈善组织的募捐一般被称为慈善募捐或者公益募捐，个人募捐被称为社会募捐。但是网络募捐出现之后，很多研究者不对二者进行区分，统称为网络慈善募捐，并统一进行研究。[4]这种研究是

---

[1] 参见李炳安、李慧敏：《公共慈善募捐准入：规制与放任——以我国地方公共慈善募捐准入制度为参考》，载《江海学刊》2015年第3期；贾西津：《资格还是行为：慈善法的公募规制探讨》，载《江淮论坛》2017年第6期。

[2] 参见吕鑫：《我国慈善募捐监督立法的反思与重构——全程监督机制的引入》，载《浙江社会科学》2014年第2期。褚蓥：《自由权视角下慈善募捐管理体系之重构》，载《四川师范大学学报（社会科学版）》2013年第2期。

[3] 参见蔡科云：《中国慈善募捐法制建设研究》，中国社会科学出版社2017年版；杨道波、李永军：《公益募捐法律规制研究》，中国社会科学出版社2011年版；王勤瑶、江俊伟：《慈善募捐事业：发展历程、问题与对策》，载《中共山西省委党校学报》2013年第5期；袁志丽：《完善我国慈善募捐法律制度的设想》，载《湖北警官学院学报》2015年第6期。

[4] 此类文章有不少，比较有代表性的如向鹏：《关于完善网络募捐监管法律制度的思考》，载《华南理工大学学报（社会科学版）》2017年第3期；郑婧伶、

否妥当，值得思考。《慈善法》出台之后，与社会募捐相应的一个概念出现，即个人求助。这引发了很多学者对网络慈善募捐和个人求助之间联系与区别的研究，[1] 同时，随着网络慈善募捐发展，有了其发展的轨迹，积累起了大量的数据和案例。研究者也开始关注对这些数据和案例进行汇聚与分析，包括数据分析和个案分析。[2]

2. 关于网络慈善募捐的监管。在网络慈善募捐发展进程中，实践中出现了不少问题，包括人们普遍关注的骗捐、诈捐等问题不断出现。这导致整个社会对网络慈善募捐的监管也较为关注。很多研究从问题出发，研究网络募捐监管的应对策略。[3] 对此，有学者提出传统思路下单一主体和单一手段的法律监管已经难以适应网络募捐的发展，应将网络与慈善有机结合，采取多元主体和多元手段的法律治理[4]。也有学者提出通过慈善组织网络募捐的反馈机制推动社会监督力量的介入。[5]

（接上页）徐炳全：《浅议电子商务与网络慈善的联姻——从淘宝个人募捐第一案谈网络募捐的发展》，载《广西经济》2012年第12期。

[1] 这方面的代表性文章如刘佳琳、马卫东：《论"互联网+"时代下慈善募捐与个人求助》，载《社科纵横》2018年第8期；张北坪：《大学生"网络求助"：时尚背后的困境——以某大学学生"卖身救母"事件为例》，载《青年研究》2006年第11期；李斯文：《传统慈善捐赠与网络个人求助：一个文献综述》，载《劳动保障世界》2017年第24期；曾亚妮：《个人募捐与个人求助》，载《人民法院报》2016年9月9日，第2版。

[2] 参见韩俊魁、邓锁、马剑银：《中国公众捐款——谁在捐，怎么捐，捐给谁》，社会科学文献出版社2021年版；卢玮静等：《互联网募捐平台：价值与运作机制》，清华大学出版社2021年版。

[3] 参见朱虹、吴楠：《〈慈善法〉背景下中国网络募捐的现状、困境及其应对》，载《社科纵横》2018年第10期；黄春蕾：《协同治理视角下我国网络募捐监管体系研究》，载《东岳论丛》2017年第10期。

[4] 参见陈思：《网络募捐监管方式的反思——以〈慈善法〉的相关规定为视角》，载《贸大法律评论》2016年第00期。

[5] 参见徐宇珊：《完善慈善组织网络募捐的反馈机制》，载《开放导刊》2017年第3期。

导 论

3. 关于网络募捐平台的主体定位和法律态度问题。在网络慈善募捐中，网络募捐平台成为一种新的力量出现在公众的视野中，对其法律地位如何认定，对其应当采用何种法律态度，是否应当监管，应当如何监管等问题都接踵而至。有学者对网络募捐平台的法律地位进行分析，指出此类平台可以分为，企业承担社会责任的方式、联合劝募组织和职业劝募机构，基于不同的组织性质，研究者认为对其规制除了从网络服务提供商的视角进行考量之外，还需要从不同组织性质的角度予以关注。[1]虽然《慈善法》对募捐平台作了相关规定，但是研究者普遍认为规范远远不够，并且规范内容本身存在诸多问题，从现行网络募捐平台监管体制来看，《慈善法》和《公开募捐平台服务管理办法》只对这些部门的监管职责进行了非常粗线条的规定，职责范围不明确、权责之间不匹配、自由裁量权过大等体制问题依然存在。[2]对于这些问题，学者们提出了不同的解决思路，一种思路认为，应当建立监管合力，并与社会监督相结合，建立信息共享、联查协查、联合惩戒等协同监管机制，形成监管合力。除了依靠行政监管之外，还必须依据社会共治的原则，广泛引导公众和媒体参与网络募捐平台监管，充分发挥行业自律组织、独立审计机构、第三方评估机构的柔性监管作用。[3]另一种思路则认为，应当进行全面规范，规范网络募捐平台认证标准、厘清区域管辖权限、设置独立监管部门、明确信息泄露风险责任，规定信息公开范围，处罚欺诈行为，完善税收优惠政策，合理处置剩余财产等，以建立规范化的管理

---

[1] 参见金锦萍：《〈慈善法〉实施后网络募捐的法律规制》，载《复旦学报（社会科学版）》2017年第4期。
[2] 参见叶托：《网络募捐平台发展亟待监管跟进》，载《光明日报》2016年10月3日，第6版。
[3] 参见叶托：《网络募捐平台发展亟待监管跟进》，载《光明日报》2016年10月3日，第6版。

体系。[1]

从国外对慈善募捐法律规范的研究来看，英美法系的研究与我国有所不同。英美法系在长期的慈善实践及司法裁判实践中形成大量的慈善筹款规则，因此，慈善募捐一般放在慈善筹款的框架中进行研究，慈善募捐的法律规范多是对慈善案例的总结和分析。[2]在对案例进行分析和研究中，涉及慈善募捐的概念、慈善募捐权的性质等方面的问题，其中特别关注对慈善募捐权所具有的表达功能的研究，将法律是否应当限制慈善募捐中的募捐成本的问题纳入表达自由的框架内进行论述和分析。[3]

从国外网络慈善募捐的发展和规范来看，慈善组织通过网络进行募捐已被普遍认同和采用，但是法律规范建设也刚刚起步，对其是否需要有一套不同于其他募捐方式的法律规则制度，仍处于探索之中。英国对网络慈善募捐并没有特别的规定，而是根据传统法律和行业协会的规则进行规制，如英国《慈善法》（Charities Act 1992、1993、2006）、《慈善组织（劝募）条例》[Charitable Institutions (Fundraising) Regulations 1994]、《数据保护法》(Data Protection Act 1998)、《消费者保护（远程销售）条例》[Consumer Protection (Distance Selling) Regulation 2000]、《隐私与电子通信条例》(Privacy and Electronic Communications Regulations 2003)、《保护消费者免于不公平交易条例》(Consumer Protection from Unfair Trading Regulations 2008)等都是对网络慈善募捐进行规

---

[1] 参见李健：《互联网公开募捐平台规范管理研究》，载《社会科学辑刊》2018年第3期。

[2] See Bruce R. Hopkins & Alicia M. Back, *The Law of Fundraising*, Wiley, 2002. Roger Bennett, *Nonprofit Marketing and Fundraising: A Research Overview*, Routledge, 2019. Bruce R. Hopkins, *The Tax Law of Charitable Giving*, Wiley, 2010. Wesley Lindahl, *Principles of Fundraising: Theory and Practice*, Jones & Bartlett Learning, 2009.

[3] See Bruce R. Hopkins & Alicia M. Beck, *The Law of Fundraising*, Wiley, 2002.

制的重要依据。

美国研究者指出,网络募捐作为慈善救助的一种新形式已经在美国多个州法律规范性文件中得到认可,对网络募捐依法加强监督和管理是重要的。[1]在实践中,联邦层面关于慈善组织税法并无针对互联网募捐的特别规定,地方层面出现了不同的实践。在美国的州立法中,大部分规定了电话和直接邮件劝募,许多州将传统法律适用于互联网募捐中。但是也有七成的州的官员认为,传统法律无法适用于互联网募捐。[2]由于并未达成联邦层面的共识,美国通过行业指导规则监管的方式出台了"查尔斯顿规则"(Charleston Principles),用于指导关于互联网募捐的规范。全国州级慈善监管官员协会(National Association of State Charity Officials,NASCO)于2001年3月通过,并于2005年最终发布了对慈善组织网络募捐行为进行指导的"查尔斯顿规则"。[3]从性质上来看,这一规则并非法律,对全国州级慈善监管官员协会也无约束力,仅有指导性意义,但是这属于首次对各州的网络募捐监管作出指引,表明对于网络募捐法律规制的探索也成为美国社会关注的重要问题之一。

从前述梳理可以看出,通过互联网进行的慈善募捐已经成为全球性作法,自然也成为全球性话题。但是由于这一话题在各国

---

[1] See Marco Castillo, Ragan Petrie & Clarence Wardell, "Fundraising through online social networks: A field experiment on peer-to-peer solicitation", *Journal of Public Economics*, Vol. 114, 2014, pp. 29-35.

[2] See Mal Warwick, Ted Hart, Nick Allen, *Fundraising on the Internet: The ePhilanthropy Foundation. Org's Guild to Success Online*, Jossey-Bass, 2002, p49. Ted Hart, James M. Greenfield, Michael Johnston, *Nonprofit Internet Strategies*, John Wiley & Sons, 2005, p286.

[3] See "The Charleston Principles: Guidelines on Charitable Solicitations Using the Internet",载http://www.doc88.com/p-2764352477025.html,最后访问时间:2021年12月3日。

都属于新话题，已经制度化的成熟经验并不多，因此在研究过程中可供借鉴和学习的成熟做法并不多。这对国内的研究者而言，既是机遇也是挑战。由于没有太多的现成经验可以学习，因此研究必须基于基本的原理，基于慈善、互联网以及募捐等制度本身的内在逻辑。综观我国的研究，虽然已经形成一定的研究力量和研究成果，但是与慈善领域其他方面的法治建设相比，显得太少。一方面，现在的研究以文章为主，尚没有一部对于网络慈善募捐发展及法律规范专门进行系统研究的专著，这是一个空白点；另一方面，现有的研究过于分散。现有研究对网络募捐中的有些问题虽有所涉足，但是研究并不深入，未能从基本理论角度将问题分析清楚，比如完善网络募捐剩余款物的归属制度的问题虽有很多讨论，但是对于剩余款物的性质、个人网络求助和网络慈善募捐的剩余款物的性质有何不同并无理论上的深入讨论，导致对制度建设并无实质影响力。另外，在现有的研究中还有很多问题没有被关照到，比如关于网络慈善募捐中各方主体的权利、义务划分问题；网络慈善募捐法律规范发展史的历史梳理问题；网络慈善募捐法律规范的价值取向问题；网络慈善募捐在慈善法中的地位问题；等等。总的来看，关于网络慈善募捐法律规范的研究投入与其迅速发展的速度是严重不相符的，亟待更多的研究资源进入该领域。

网络慈善募捐是一个极为有趣的社会现象，网络慈善募捐法治建设是一个充满张力的研究领域，它关联着国家、市场和社会之间关系的合理界分，关联着公法、私法的边界和衔接，关联着对新技术使用过程中形成的规范的认识与重构。这样有生命力的研究话题，有必要投入更多的精力认真对待。本书正是在认识到现有研究投入不足的基础上展开，期望本书的研究在一定程度上能够弥补这种不足。

三、研究方法

本书所采用的方法主要包括语义分析方法、规范分析方法、案例分析方法和历史分析方法，具体如下：

1. 语义分析方法。这种方法对于明确研究对象，减少交流分歧具有重要的价值。哈特将其引入了法学研究的领域，他认为，对于任何形式规范性的社会结构，经验科学的方法是没有助益的，在此需要的是"解释学"的方法，它对于受规则支配的行为的刻画，与这类行为在其参与者眼中的意义相符。[1]法律规范是法学研究的核心内容之一，法律规范的自身特征决定了阐明特定词语的含义是法学研究展开的基础。本书围绕网络慈善募捐的创新做法及法律回应展开分析，其中涉及对慈善、募捐、慈善募捐、网络慈善募捐等基本概念的界定。而理论界和实务界对这些概念的认识多有不同，因此有必要将其界定清楚。网络慈善募捐理论和制度中的很多问题都有赖于对基本概念的认识，譬如网络上慈善组织与个人合作募捐问题，微信募捐是否属于公开募捐的问题，网络筹款方式的属性问题，与网络个人求助、网络慈善众筹等相关概念的区分问题等。认识清楚这些概念为整本书理论的展开以及如何推动制度上的完善确定了明确的指向。因此，语义分析方法是本书展开的逻辑起点。

2. 规范分析方法。本书采用了规范分析的方法，在现有慈善法律体系的框架内对网络慈善募捐展开规范化分析。慈善法律体系是一个以慈善法为核心，最终可以诉诸至最高法的体系内容，因此，在慈善法解释不具有正当性时，必须寻求更高位的法，甚至宪法的解释。正如凯尔森所言，法律规范的有效性在于得到另

---

[1] See H. L. Hart, "Introduction", *in Essays in Jurisprudence and Philosophy*, Clarendon Press, 1983, p13.

一项更高层次法律规范的认可,最后推导至宪法规范的授权。[1]与网络慈善募捐相关的很多制度的设置都需要在整个慈善法律体系的框架内观察和审视,如对互联网公开募捐信息平台指定制度的分析就需在弄清楚网络慈善募捐权的基础上展开,而网络慈善募捐权具有基本权利的属性。这意味着首先需要在宪法的框架内对网络慈善募捐权的基本内容,以及其与公权力之间的关系研究清楚。而这些都需要规范分析方法来完成。

3. 案例分析方法。慈善领域内,尤其是网络慈善募捐领域内的案例的数量尚不多,有些甚至仅仅是社会普遍讨论的事例,并非严格意义的法律上的案例。但是从研究的角度来看,现有的不多的案例中所呈现出来的问题很有理论讨论的空间,展示了慈善领域内问题的独特性。对于一些受到社会普遍关注和讨论的事例,本书也将其纳入研习案例的范围,尽管这些事例并没有走上诉讼之路、成为名副其实的诉讼案例,但是其中反映出来的问题与基础理论密切相关,与慈善募捐法律制度建设也密切相关。这些都是本书考虑将一些案例和实践中的事例遴选出来进行讨论的根本原因。同时本书针对部分案例采取了特殊的安排,将某些典型案例单独置于理论研究之后进行具体分析,以揭示其中的问题,并将其与基础理论结合,分析解决问题的思路和未来制度的设计。

4. 历史分析方法。慈善是一个有着历史厚重感的概念,它是贯穿人类历史发展的重要线索之一。真正地认识慈善需要从历史的发展线索中体会和把握,在国家和社会关系的互动过程中、市场与社会的分离和合作发展进程中,理解慈善的价值和意义,理解慈善对于未来社会发展的意义。网络慈善募捐虽然是一个有着丰富时代特点和内涵的新的社会现象,但是推动其蓬勃发展的力

---

[1] 参见[奥]凯尔森:《法和国家的一般理论》,沈宗灵译,中国大百科全书出版社1996年版,第143页。

量仍然孕育于社会之中，仍然需要回望国家-市场-社会间互动关系的历史演进，需要通过回望来理解网络慈善募捐所带来的变化和未来可能的走向。网络慈善募捐法律规范是一种调整型法律规范，而非建构型法律规范。这说明网络慈善募捐的行动是先于法律规范的，网络慈善募捐是人们通过网络对社会事务的自觉参与、对社会问题的自觉思考，而法律介入的目的仅在于预防和惩治在网络慈善募捐中出现的侵权或者危害社会的行为，而非剥夺或者减少相对人的权利。在历史分析框架中我们可以清晰地看到这些。

从历史的角度理解当下，甚至预见未来，这是历史本身的意义所在。历史分析方法则从历史的角度出发，去理解各种制度产生的来龙去脉；历史分析的视角能够揭示网络慈善募捐蓬勃发展背后更深层次的社会原因，进而有助于分析法律规制的正当性及其边界。这些都是本书选择历史分析方法的原因所在。

四、研究意义及目标

选取"网络慈善募捐创新及法律回应"进行研究是在《慈善法》出台的大背景下进行的。这虽然算是较新的题目，但也算是个"小"题目，切入点较小。不过从这个小的切入点深入下去，我们却能在这个问题背后看到很多深刻的大的理论问题，让我们思考慈善的本质是什么，思考法律制度在慈善事业的发展中起什么样的作用，通过对这些问题的思考能够引发对"国家、市场和社会关系"这样更宏大问题的思考和追问。这些都是研究的价值和意义所在。

（一）有助于推动对理性慈善的思考

慈善容易让人共情，甚至在某些慈善活动或者宣传的瞬间，令人完全失去思考的能力，成为一位纯粹感性的人，而投入无限的情感。互联网的加入，在某种程度上更加强化了慈善的"非理性"成分，常常会因为看到慈善募捐的信息页面，而心头一热，指头一动就把钱捐了出去。捐赠时不曾理性思考太多的细节，往往为后续的很多问题埋下伏笔。而这样的非理性行为所推动的慈善往往并不持久。同时，也为网络上的骗捐行为提供了机会，而最终导致劣币驱逐良币，假慈善驱逐真慈善，进而导致社会对网络慈善的普遍不信任，慈善网络信任机制的崩塌。这恐怕是整个社会都不愿意看到的结果。正是因为观察到了这些现象、这些问题，让我们不得不思考如何才能实现慈善中的理性行为，通过理性促进慈善的可持续发展。

在很多人的观念中，总认为是否选择捐赠、面对慈善项目是否冲动，这些都是个人的行为，制度无能为力。其实，这种观点是片面的，对于理性能力的培养，制度有着举足轻重的作用，并且网络慈善募捐为这种慈善理性的发展提供了重要的技术手段，法律规范必须利用这种手段实现法律指引的功能。这正是本研究重点研究的内容之一。

首先，慈善理性需要实现制度理性对个人理性的指引。在慈善与网络衔接的进程中，引起社会最大关注的莫过于慈善募捐与个人求助的关系问题，大量的网络个人求助都被记在慈善募捐的名下，大量的个人求助类型的骗捐、诈捐也被视为网络慈善募捐中存在的问题。尽管专业人士一再强调二者之间的区别，但是社会大众还是很难对二者进行区分，或者对个人的捐赠本身就是很多捐赠主体在对慈善组织无法信任的情况下一种无奈的选择。针对这种情况，法律规范是否能够有所作为，本书围绕这一问题展开了研究，并给予了必要的回应。通过研究发现，在制度上要求募捐平台为社会主体选择慈善捐赠还是民事捐赠提供可选择的通道，这种方法对于减少非理性行为有所助益。要求在选择通道进行捐赠前，明确告知捐赠人二者的区别，告知捐赠人不同捐赠行为的不同法律效果，包括成本问题、监管问题、剩余款项的处理问题等。捐赠主体在知情的情况下进行选择就减少了盲目性，减少了非理性成分，促进社会主体形成理性分析能力。甚至，可以利用网络交流、沟通、协商的功能，推动个人网络求助中双方当事人通过网络进行签约，约定相关内容，减少未来的纠纷。无疑，这对于推动个人理性的成长更有帮助。

其次，慈善理性需要必要的制度设计"强迫"个人进行理性思考。在讲求捐赠数量的市场比拼中，即使是慈善组织，其本身也没有动力去提醒捐赠人冷静地、理性地进行捐赠。在慈善捐赠中，需要注入一支冷静剂，而扮演冷静剂的应当是理性的制度。在这一点上，英国的做法非常值得学习，英国现行法中有一些关于涉及100英镑或100英镑以上（不论是捐款还是产品或者服务的价格）情况冷静期制度的规定。[1]我国的一些慈善网络平台也开始有这样的设计，如腾讯公益平台设计的类似"冷静器"的操作方式，即用户捐赠前，会弹出一个"透明度提示"（冷静器）的消息框，点击确认知情后，才能进行下一步的捐助。[2]但是，我国的相关法律制度并没有的此类强制性规定，这意味着是否使用此类操作程序仅仅是募捐平台根据自身意志决定的。我们的法律制度建设完全可以做得更细致一些，利用网络用户与平台"交流"的功能，设置此类制度，达到让捐赠人自主思考、冷静思考的目的。

个人的慈善理性很多情况下源自制度理性的引导和培育，因此首先要求我们的慈善制度是一种理性的制度。我国2016年出台的《慈善法》就在推动理性制度方面作出了积极的贡献，被给予了高度的评价，慈善法从无到有的过程是中国开门立法的一次典

---

[1] See Charities Act 1992, s. 60（4）（5），and 61（1）（2）（3）（6）. 转引自李德建：《英国慈善法研究》，法律出版社2017年版，第182~183页。

[2] 参见《腾讯公益"冷静器"上线后，捐款热情为何不降反升》，载 http://news.tom.com/201905/4151970 128. html，最后访问时间：2019年6月1日。

范之作。[1]《慈善法》在制定过程中广泛征求民意，充分发挥人大代表的参与作用，据全国人大统计，2008年以来，共有全国人大代表800多人次提出制定慈善法的议案27件、建议29件。[2]《慈善法》的制定充分体现了民主立法的特点，对于《慈善法》的制度理性设计意义重大。但不容否认的是，在《慈善法》中仍然存在着制度惯性的影子，影响了该法对新生事物进行规范和调整的理性态度；另一方面也存在对新生事物认知和把握不足的问题，也影响着该法的合理设计。就制度惯性而言，虽然国家一直在推进放松对社会的管控，但是国家管控的思维仍然或多或少地影响着《慈善法》的立法内容，导致制度中出现很多想放开却难以完全放开的问题，有学者就公募权进行分析后指出，国家管控思维主导下，《慈善法》对公募权的有限放开表现出明显的被动性和纠结属性，并由此造成其在募捐规制实践中的效度与限度双重面向。[3]还有的制度甚至恢复了简单粗暴的管控方式，出现了和法治发展相违的制度，针对网络募捐平台设计的"指定制度"就是如此。就对新事物出现后的认识和把握不足来看，对网络募捐平台的制度设计就有这方面的表现，对平台的性质未能充分深刻地认识，对网络慈善募捐法律关系各方主体的权利、义务分配有一些不合理的地方。基于对这些问题的思考，本书期待我国的《慈善法》能够得到进一步的完善，减少权利、义务的不合理配置，最终通过"制度之善"推动实现"社会之善"。

（二）有助于推动慈善法的社会法属性的思考

慈善法属于社会法已经成为社会共识，但是对于这一命题并

---

[1] 参见《慈善法，开门立法的典范》，载http://news.ifeng.com/a/20160312/47816771_0.shtml，最后访问时间：2019年5月1日。

[2] 参见《慈善法，开门立法的典范》，载http://news.ifeng.com/a/20160312/47816771_0.shtml，最后访问时间：2019年5月1日。

[3] 参见赖伟军：《慈善募捐规制中的国家与社会：兼论〈慈善法〉的效度和限度》，载《中国非营利评论》2019年第1期。

导论

没有体系化的认识,也没有在制度建设中得到应有的贯彻。随着"对网络慈善募捐创新及法律回应"这一主题研究深入,愈加感觉到对慈善法的社会法属性这一基础理论问题进行深入研究的必要性。

在 2016 年出台的《慈善法》中,我们看到更多的是私法和公法的简单组合,未能看到太多慈善法作为社会法所发挥的功能。网络慈善募捐及其法律规范是一个很好的透视前述问题的切入点,尤其是在遇到网络募捐平台的属性认定以及行为规范规定等内容时,对其进行深入思考和研究特别有助于认识慈善法的社会法属性。

社会法并不是公法规范和私法规范的简单组合,它是针对"公民社会权"的保障而出现的,是为解决社会问题而制定的,它所调整的社会关系既不像私法那样是平等主体之间的关系,也不像公法那样是具有管理和服从关系的不平等主体之间的关系,它所调整的是存在优势地位和劣势地位的双方主体之间的社会关系。因此,在什么情形下要给予充分的空间、支持平等协商,在什么情形下要给予必要的公法干预、矫正不平等的社会关系,这显然不能照搬公法或者私法原有的经验。在矫正不平等社会关系时,我们既对法律干预和公权力干预有着过多的期待,又对法律干预和公权力介入是否会过度充满担忧,因此如何设计合理的干预制度并保证法律和公权力干预度是恰当的,这是一门复杂的学问。其中既要尊重社会的自发秩序,又要对自发秩序进行必要的干预,但干预又必须是谨慎的。甚至奉行自生自发秩序的哈耶克也强调,自生自发的发展"并不能证明它将永远是善法,甚或也无法证明它的某些规则就可能不是非常恶的规则",因而也会陷入一种"仅凭自身的力量所不能摆脱的"困境,因此,需要"以刻意审慎的立法对其进行纠正"。[1]立法上审慎恰当的设计要求社

---

[1] 参见[英]弗里德利希·冯·哈耶克:《法律、立法与自由》,邓正来等译,中国大百科全书出版社 2000 年版,第 135~136 页。

会法必须清晰认识社会关系中优势地位者和劣势地位者,确定如何矫正实质上不平等的社会关系,以及矫正的方法是什么等问题。慈善法所具有的社会法属性决定了其必须面对各种实质上的不平等,设计必要的制度进行矫正。

对网络慈善募捐创新及法律回应的研究能够深刻体会"矫正不平等社会关系"的真正含义。网络募捐平台出现以后,网络募捐平台与平台使用者之间形成实质上严重的不平等关系。网络平台在各自的"领地"上先行予以厘定私人权益、设定交易程序、规制交易关系,从而就使得某些网络交易平台自发产生了能够有效替代法律制度的私人秩序。[1]网络募捐平台也具有其他平台同样的地位,其成为平台规则的制定者,同时又是平台的管理者,而且还是契约一方,这决定了在契约约定的过程中,其完全处于掌握话语控制权的一方。在这样的关系中,完全适用私法进行调整显然是行不通的;而慈善募捐平台与平台使用者之间又不存在基于公权力的管理和服务关系,因此适用公法进行调整亦不可行。这就需要具有社会法属性的慈善法。通过慈善法为募捐平台规定特别的义务,要求其制定的平台运行规则必须包含立法的强制要求,或者强制内容,即使是平台与慈善组织签订契约时也应当是"有限的自由",这种自由受法律的限制。尤其诸如慈善组织的进入规则、排序规则、隐私保护规则、信用评价规则、权利救济规则等都不能任由网络募捐平台任意设置,而应当为其确立必须遵循的基本要求。

我国的《慈善法》中对网络慈善平台给予了必要的关注,也配套出台了一系列针对网络募捐平台的规范性文件,包括《公开募捐平台服务管理办法》《慈善组织互联网公开募捐信息平台基

---

[1] 参见高薇:《互联网争议解决的制度分析——两种路径及其社会嵌入问题》,载《中外法学》2014年第4期。

本管理规范》(以下简称《管理规范》)、《慈善组织互联网公开募捐信息平台基本技术规范》(以下简称《技术规范》)等。但是从这些法律文本的规定来看,慈善法的社会法属性被忽略了,慈善法不仅没有抑制网络募捐平台的强势地位,而且强化了这种地位,赋予了其一定的监管权,使本来不平衡的关系愈加不平衡。通过研究"网络慈善募捐创新及法律回应"这一主题,慈善法应当具有的社会法属性开始被关注。我们必须在分析清楚社会法的本质,分析清楚社会法与私法、公法的区别之后才能清楚如何从社会法的角度去规范网络慈善募捐的行为。由此看来,研究网络慈善募捐的意义远不止实现对其合理制度的构建,更深刻的价值在于以此为切入点深刻认识公法、私法和社会法分类的意义和各自的特点,更深入地认识慈善法的社会法属性的价值何在。

从现有理论研究来看,慈善法具有社会法属性这一理论问题在研究上未能深入主要有两个方面的原因,一是这一问题本身与社会法本身的研究尚未成熟。公法和私法理论已经都非常成熟,但是关于社会法的含义和边界问题尚在争论之中,形成了"第三法域"论、社会保障论、调整特定关系论、保护弱者论、扶权论等。正是因为社会法难以形成共识,难以形成相对成熟的解释体系,导致社会法领域内的诸多问题讨论并不深入,甚至有些话题未能展开讨论。结果必然影响到相应的制度建设。

二是慈善法未能将社会法的基本原理和精神贯彻下去。社会法是否作为部门法虽然尚在争论之中,但是不容否定的是社会法理论丰富了法律体系的内容,对于特定社会关系的调整必不可少。在社会法中至少有这样一些值得关注的地方:(1)宪法上的"社会权"在具体法律规范中得以落地;并且在国家之外,社会本身对于保障"社会权"实现有重要价值。在慈善法领域内这种表现更为突出,社会本身参与对社会问题的克服和解决的行动之中,"社会权"不再只是个人和国家之间的事,它也包含了社会自身的积极参与。（2）在具体的社会关系中除了平等的社会关系和"显性"不平等社会关系之外，一种特别的社会关系开始受到关注，即实质上的不平等关系。在社会法的这些基本特质里，我们的理论发展和制度建设应当有更多的建树。但是，在社会法中，除劳动法发展顺应了这两个方面的特质，相应的法律规范有其实质上的社会法特点之外，社会法中其他子法，尤其是慈善法，"罔戴了社会法的帽子"，却未能按照社会法的要求进行相应的制度构建。本书期待有更多的研究者进入这方面的研究，共同推动慈善法理论的发展和兴盛，推动慈善法中的相关制度，包括网络慈善募捐制度的合理构建。

（三）有助于推动国家、市场和社会关系的思考

从托克维尔到哈贝马斯，一种关于国家、市场和社会分离的现代生活框架被描绘了出来，社会被用来指称构建在国家、市场、家庭之外的领域，特别是指国家权力和市场利益之外的社会自组织系统。[1]对我国而言，国家、市场和社会的分离开始于我国社会主义市场经济体制的构建，在市场成长的过程中，有矫正政府失灵和市场失灵作用的非营利部门也随之出现和成长起来。

政府与非营利部门的分离意味着政府与非营利部门之间不再是内部的管理关系，成为一种外部治理关系。关于这种关系，有很多的讨论，但从必要性角度论证者居多，认为它们之间的关系包括以下三种，一是互补关系，即非营利部门与政府根据各自的优势进行积极合作；二是补充关系，即非营利部门对政府"拾遗补缺"的作用；三是对抗关系，即非营利部门作为公众利益的代表，向政府争取权益。[2]基于对这些关系的认识，人们认识到非

---

[1] See Helmut K. Anheier, William B. Parent, *Non-governmental Organization Theory, Management, Policy. Center for Civil Society*, UCLA, 2002.

[2] See Helmut K. Anheier, William B. Parent, *Non-governmental Organization Theory, Management, Policy, Center for Civil Society*, UCLA. 2002.

营利部门成为整个社会结构中不可或缺的一部分。"必要性角度的论证"为非营利部门的存在提供了正当性分析。但法学的使命在于思考"必要性"之后的问题，即当非营利部门成为重要的社会结构的"在场"力量时，政府是否对其进行监管，怎样的监管是恰如其分的？研究网络慈善募捐也必然面对这一问题，也因此成为思考公权力如何介入非营利部门的重要切入点。更有意思的是，网络募捐平台的出现使得市场要素与非营利部门紧密地联系在了一起，并且产生了一种新的实质上不平等的社会关系。政府公权力如何对待这种不平等的社会关系成为对政府治理能力的重要考验。要分析清楚政府如何对待这种不平等的社会关系是科学合理的，首先就必须分析清楚在法治框架里政府公权力的外部治理手段有哪些，各自的特征是什么，在什么情况下使用哪种手段是合理的等。由此看来，对网络慈善募捐创新及法律回应的问题分析必然上升到对国家和社会关系的分析，在国家和社会合理关系的基础理论中才能找到恰当的法律规范道路。这为研究我国《慈善法》规定募捐平台时所确立起来的"指定制度"提供了重要的理论分析工具。

市场与非营利部门的关系非常紧密，非营利部门本身就有一部分是为克服市场失灵而出现的，因此其具有弥补与矫正市场带来的诸多社会问题的作用；另一方面，非营利部门还表现出对市场资源的依赖性，非营利部门中慈善组织的筹款无疑与市场资源的供给密不可分。市场组织与非营利组织紧密地联系在一起，这种联系表现在：市场主体或因履行社会责任而响应慈善组织的募捐进行捐赠；市场主体或寄期望于在产品销售中增加"慈善"要素而与慈善组织进行合作；市场主体或渴望在捐赠后获得慈善项目的冠名而获得声誉上的传播等。这些同样在慈善与网络的结合中大量存在，但哪些属于募捐，哪些属于募捐之外的筹款，行为属性的认识会对双方权利义务的确定产生很大影响，也会对国家公权力的介入方式产生很大影响。很显然，对网络慈善募捐的行为属性分析首先需要对非营利组织和市场组织发生联系的各种行为的属性进行分析，这无疑会推动对市场和社会间关系研究的深入展开。

综上，网络慈善募捐及其法律规范虽是一个小话题，但是循着这个话题推进进行分析，我们会发现在这一话题的深处蕴含着一系列重大的理论问题，把这些理论问题研究清楚，网络慈善募捐法律规范的问题才能分析清楚，相关的制度建设也才能得到科学合理的构建。

第一章 网络慈善募捐概念界定

募捐,与慈善相伴而行的名词,深深嵌刻在人们的生活之中。并且,随着慈善事业法治化进程的推进,慈善募捐也被纳入法律规范之中,成为专门的法律概念。但是在法律上对其专门的界定却出现得较晚。1988年国务院出台的《基金会管理办法》中开始出现了"募捐"这一名词,但并未使用"慈善募捐",也未对其进行明确界定。[1] 2004年《基金会管理条例》出台,代替了《基金会管理办法》。《基金会管理条例》对募捐作了较之前相对详细的规定,区分了公募基金会和非公募基金会,并对公募基金会的募捐行为作了法律上的规制,但是对于何谓"慈善募捐"仍无明确规定。直到2010年才在地方性法规中出现了对"慈善募捐"的法律界定。2010年出台的《江苏省慈善事业促进条例》对"慈善募捐"作了明确界定。之后不少地方的地方性法规对"慈善募捐"也作了规定。2016年我国第一部《慈善法》出台,其中包含了对慈善募捐的专章规定,首次以法律形式对"慈善募捐"作了明确界定。

但值得注意的是,《慈善法》中慈善募捐的概念存在着一定

---

[1]《基金会管理办法》第4条规定,基金会可以向国内外热心于其活动宗旨的企业事业单位、社会团体和其他组织以及个人募捐以筹集资金,但必须出于捐赠者的自愿,严禁摊派。在该条中出现了"募捐"这一名词,但并未对其进行解释。

的缺陷，界定过于粗略，导致有一些问题未能解释清楚，并且制定法本身的抽象性和概括性，也导致仅仅阅读概念难以回答许多与慈善募捐相关问题，比如慈善募捐与个人求助如何区分；慈善募捐中是否可以包含慈善组织的运行成本；慈善募捐与慈善营销如何区分；等等。针对这些情况，本书尝试对慈善募捐概念及其所包含的要素作具体分析，以使其内涵和外延都明确起来。

网络慈善募捐是慈善募捐的一种方式，但是这种方式因为互联网的加入变得复杂起来，因为募捐平台的出现使法律关系主体的权利、义务的确定也变得复杂起来，因此本书在慈善募捐研究的基础上亦对网络慈善募捐进行详细研究，以明确该概念的含义，通过含义的界定将其与网络个人求助以及其他相关概念区别开来。

第一节　慈善募捐的概念及其构成要素

募捐在成为法律概念之前即已出现。根据《说文解字》上的解释，"募"最早的含义是指在太阳即将下山，人们结束农活，聚集在打谷场上闲聊的时候，招收人员的活动，"捐"即弃也，从手肙声。与募相结合的"捐"意指捐助、献纳。"募捐"两字的结合表达了广求捐助的含义。因此，各种各样的请求捐助的行为都可以被纳入募捐的范围之内。基于不同角度的认识，募捐可以有不同的分类。慈善募捐只是募捐的一个种类而已，其被纳入慈善法的调整范围之内。为什么慈善募捐会被纳入慈善法调整的范围之内？慈善募捐与其他类型的募捐有些什么不同呢？慈善募捐到底是指什么？这正是本节要解决的问题。

一、慈善募捐的概念

关于慈善募捐的概念，人们有不同的观点和认识。总的来看，《慈善法》颁布之前，主要是学理上的探讨。在学理的探讨中，一般将慈善募捐等同于公益募捐，大致有以下观点。第一种观点将其作非常宽泛的界定，认为基于"善意目的"的募捐就是公益募捐，即从法律角度上理解，募捐应属于赠与的特殊形式，指一定的单位或组织本着公开自愿的原则和形式向社会公众或者特定群体为了对特定或不特定人的善意目的而发起的捐资钱财及物品的行为。[1]第二种观点将其缩小至"公益目的"，认为公益募捐是为了特定的公益目的，募捐者主动以某种方式动员社会公众而募集资财的行为。[2]

《慈善法》颁布之后，慈善募捐有了法律上的概念，该法第21条第1款规定，本法所称慈善募捐，是指慈善组织基于慈善宗旨募集财产的活动。但也有学者认为这一法律界定过于原则，因此又总结了一个相对详尽的概念，慈善募捐是指，特定的募捐主体为了发展慈善公益事业或为帮助不特定的人，依法向其他特定或者不特定的捐赠人募集财产并使用的行为。[3]

分析上述概念可以发现，这些界定为我们理解慈善募捐提供了某方面的视角，有其特定的价值和贡献。研究者的表述从"善意目的"向"公益目的"的转变，是一个非常重要的进步。慈善募捐的确是公益的目的，这是理解慈善募捐和个人求助之间的重要差别。而在《慈善法》的表达中，公益目的蕴含于慈善目的之中。就这点而言，无论是法律界定还是学理研究都是有共识的。但是，这些概念存在着界定不周延的问题，其共同的问题是：慈善募捐向社会发出捐赠请求的前提是什么？性质为何？用途是否

---

[1] 参见任文启：《呼之欲出的社会公益募捐法》，载《西部法学评论》2008年第3期。

[2] 参见杨道波、李永军：《公益募捐法律规制研究》，中国社会科学出版社2011年版，第25页。

[3] 参见蔡科云：《中国慈善募捐法制建设研究》中国社会科学出版社2017年版，第4页。

唯一？毕竟募捐是号召别人捐赠财产，那么是自愿还是非自愿呢，是有偿还是无偿呢，募捐财产的用途只能用于公益目的，还是也可以用于慈善组织自身发展？这些问题必须界定清楚。若此类问题不能表述清楚的话，将会带来适用过程中很多行为无法清晰认定性质的结果。

根据《慈善法》的规定，慈善募捐有公开募捐和定向募捐之分，其中定向慈善募捐是一个相对简单的问题，受到各方面关注的主要是公开慈善募捐。本书也集中在对公开慈善募捐进行界定与研究。

本书吸收以前概念界定的共识点，并关照未能纳入概念之中的"自愿与否""有偿与否""募捐财产是否可用于慈善组织自身发展"等问题，形成本书关于"公开慈善募捐"的概念。在本书中如不作特定限定，统一使用"慈善募捐"指称"公开慈善募捐"。本书所称慈善募捐就是指有募捐权的慈善组织为了慈善目的或慈善组织本身的发展向不特定的社会公众发出的自愿无偿捐赠的请求。

对于"公开慈善募捐"概念的理解需要重点关注四个方面的特性，即坚持公益性、尊重自愿性、遵循无偿性以及明确受慈善法调整的特性。

(一) 坚持公益性

仅就募捐而言，并不是有募捐权的慈善组织的专利，个人和大量的没有募捐权的组织也可以募捐，只不过有募捐权的慈善组织的募捐往往被称为"慈善募捐"。这意味着必须找到慈善募捐与非慈善募捐的核心差别才能将二者区别开来。这需从募捐的目的说起，募捐目的是区别不同性质募捐的核心所在。一般而言，募捐基于三种目的，一是为了"自益"；二是为了"他益"；三是为了"公益"。对比这三种目的可知，前两者属于纯粹平等主体之间的行为，一般由民法调整；而第三种目的，即基于公益目的

的慈善募捐则因公权力的介入，而纳入慈善法的调整范围之内。（具体差别可参见图1-1）

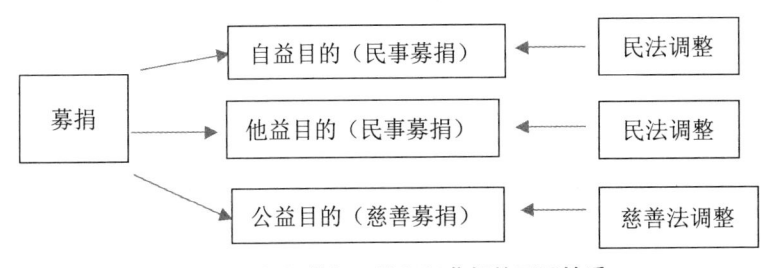

图1-1：根据募捐目的剖析募捐的不同性质

首先，为"自益"目的者，往往是个人为了自己或者近亲属而进行的募捐行为。这种行为在《慈善法》出现之前，被视为社会募捐的一种类型。《慈善法》颁布之后，它被称为"个人求助"。无论其名称为何，这种行为都不应是法律所禁止的，法律应当容许其存在。其原因在于，一则，保证个人向社会寻求社会救助的实现。个人求助是个人或者家庭出现困难时，向社会发出寻求帮助的请求。在人类社会中从未断绝的"乞讨"其实就是个人求助的典型表现。至今为止，尚未出现彻底消灭贫困的地方，贫困者向社会寻求救助就成为必然的现象。如果一个社会不允许无法生存下去的个人自由地寻求社会救助，那将会使很多人陷入"绝境"，这不符合个人生存权的基本要求。二则，避免个人在获得社会救助时受到慈善组织的压制。虽然慈善组织是国家之外保障个人社会权实现的主要力量，个人可以向慈善组织寻求帮助，但是如果这种救助的渠道被慈善组织所垄断，个人寻求慈善组织帮助时可能会受到慈善组织的压迫和限制。因此必须允许个人在慈善组织之外寻求社会的帮助，以保障个人或者社会救助的自由；同时也能保证个人某些特殊的价值和主张能够被社会听到和发现。

当然，我们还应当清楚的是，这种行为虽为法律允许，但并不必受慈善法的调整，而是受民法的调整。因为，一方面个人求助是平等主体之间发生的关系，属于民法的调整范围；另一方面个人求助是个人或家庭出现困难时的民事行为，而非职业化行为，并不需要资格准入的规定。我国《慈善法》对个人求助并无限制也无明确规定，就这一点而言，本书认为这是妥当的，个人求助的确不属于《慈善法》的调整范围。

2019年1月1日实施的《浙江省实施〈中华人民共和国慈善法〉办法》专门对个人求助进行了规定，个人为了解决本人或者近亲属的困难，也可以向社会求助。这部慈善领域的地方性法规首次对个人求助进行了规定，但是这并非要将其纳入慈善法的调整范围之内，实际上仅仅是对社会上形成的"慈善法是否禁止个人求助"的疑问的回应。在这里要特别注意的是，个人求助虽然出现在了地方性慈善法规之中，但其仍然属于民事规则，这一点毋庸置疑。

其次，为"他益"目的者，往往是第三人为某个具体的个人而进行募捐行为。当这种行为未成为第三人的职业化行为，第三人并不从中获得稳定的收益，而仅仅是帮助他人发布募捐信息的行为时，其性质与个人求助类似，只不过是个人借助了第三人的力量而已。因此，这种募捐行为也应由民法调整。

最后，为"公益"目的者，并不是为了特定的人，而是为了不特定人的公益目的。这种行为在《慈善法》出现之前，被称为"公益募捐"；《慈善法》颁布之后，则被称为"慈善募捐"。这种行为不适合再由民法所调整，而应由慈善法所调整，原因在于：一则，慈善募捐的公益目的使得募捐不只是简单的募集的行为，而是包含了募捐、接受捐赠、管理捐赠财物以及将捐赠财物用于公益目的等诸多环节，这些是公益募捐必须涉及的环节，此环节的存在使公益募捐远远超出了私人自治范围，进入公共视野的范围之内。[1]这也为慈善募捐从民法调整进入慈善法调整奠定了基础。二则，慈善募捐公益目的之设置使得单凭个人的力量难以实现该目的，需要更多专业化、组织化的力量组织、参与、运行，因此，一般要求慈善组织才有资格为"公益目的"进行募捐。当慈善组织出现之后，其相对于募捐人、受益人而言，虽然形式上地位平等，但是存在着实质上的优势地位。在交往过程中劣势地位者无法实现与优势地位者的平等对话，自由意志无法充分表达，在这种情况下，就需要有公权力的干预。因此，无法完全依赖民法进行调整，具有公私混合性质的慈善法对慈善募捐进行调整成为必然。三则，慈善组织作为专门以慈善事业为志，有慈善宗旨的组织，通过募捐而撬动社会公共资源，其需要对社会公共资源的社会用途负责，法的强制性义务会因此而出现，这种规定一般不会出现在民法之中，而是由具有社会法属性的慈善法来完成。

基于募捐目的所作的区分只在于说明不同类型的募捐受不同性质法律的调整，而非要对个人基于自益和他益目的进行募捐的行为予以禁止。因为，个人求助不仅是个人权利的重要内容，而且有助于提高公民的理性意识，在个人募捐和组织募捐之间进行理性权衡，作出符合自己愿望的捐赠行动。

(二) 尊重自愿性

慈善事业的发展往往被定位为第三次分配领域的发展，对此虽然也有不同的观点，如郑功成先生将慈善领域的发展定位为多种不同经费来源的组合，包括了三次分配的混合型收入分配方式。但郑功成先生的观点并没有否定募捐所针对的第三次分配这一经费来源，强调混合型的经费来源包括"自愿付出的部分"。这部分是慈善组织从社会获得的自愿捐赠，它是社会成员通过社会产

---

[1] 参见刘志敏、沈国琴：《公权力介入公益募捐行为的正当性及其边界》，载《国家行政学院学报》2014年第4期。

品的初次分配和再次分配而获得相应份额后自愿付出的份额，从而属于社会产品的第三次分配。[1]慈善募捐就是号召、呼吁或者请求社会进行"自愿捐赠"，将自己从第一次或者第二次分配中所获得部分捐赠给慈善事业。由此看来，第一次分配是由市场决定的，或者基于劳动，或者基于其他市场要素而进行分配；第二次分配是基于国家强制力，以税收方式进行；第三次分配则基于"自愿"，社会成员完全基于自由意志决定是否向慈善事业进行捐赠。第三次分配是建立在自愿性的基础上，奉行"道德原则"，以募集、自愿捐赠和资助等慈善公益方式对社会资源和社会财富进行的分配。[2]这意味着，慈善组织募捐时必须尊重人们的自由意志，由人们的自由意志决定其财富是否转移给慈善事业。因此，慈善组织只能发出"号召""呼吁"或者"请求"，不能以任何方式强迫捐赠。

从慈善法原理来看，慈善募捐对自愿性的尊重属于基本常识，但是在我国还必须继续强调。这主要是因为在我国慈善事业发展历程中，慈善曾经一度被政府所吸收，在恢复发展之初，很多慈善组织有官方支持的背景，甚至有些慈善组织有"趋官化"[3]的特点。慈善组织"趋官化"的结果是公权力不断干扰慈善发展的社会化和专业化，在募捐领域内就表现为不尊重"自愿性"原则，利用公权力强制要求社会主体进行捐赠。而有些慈善组织由于在公权力的庇护下太久，也害怕走社会化道路，仍然在募捐时寄希望与公权力相结合，强行达到募捐指标。这些都是与慈善事业发展的规律和目标相违背的。由此看来，基于我国慈善事业特殊的发展历程，仍然有必要继续强调慈善募捐尊重自愿性的原则，

---

[1] 参见郑功成：《当代中国慈善事业》，人民出版社2010年版，第32页。
[2] 参见商文成：《第三次分配：一个日益凸显的课题》，载《兰州学刊》2004年第4期。
[3] 参见郑功成：《当代中国慈善事业》，人民出版社2010年版，第182页。

督促慈善回到其应有的轨道上。我国《慈善法》在这一点非常值得肯定,在条文中明确进行了表态,其第 32 条规定,开展募捐活动,不得摊派或者变相摊派,不得妨碍公共秩序、企业生产经营和居民生活。该条对"摊派"和"变相摊派"是明确禁止的,要求慈善组织在募捐中不能采取任何强制手段,包括不能动用公权力进行强制的手段,慈善组织募捐只能发出请求社会公众自愿捐赠的请求、号召或者呼吁。

慈善募捐尊重"自愿性"原则不仅反对利用各种方式强行募捐,禁止摊派和变相摊派,而且反对欺骗和误导。募捐的目的除了募集财产之外,还在于引发社会公众对社会问题的思考,因此任何自主思考、自由表达有不恰当影响的强制、欺骗、误导等方式都是对慈善组织自身所倡导的理念的背离。慈善组织对"自愿性"的尊重不仅应写在具体的条文里,而且应当表述在慈善募捐的法定概念中。如此方有助于对慈善募捐概念的全方位理解。

(三) 遵循无偿性

细观慈善组织的筹款方式往往可以发现其性质非常复杂。慈善募捐与慈善组织的其他筹款方式的本质区别在于"是否无偿",慈善募捐的本质是"请求他人的无偿捐赠",因此"有偿"还是"无偿"是区分慈善募捐与其他筹款方式的重要指标。纯粹地以获得对价的方式从慈善组织那里获得产品的方式很容易辨识,这是"销售",而非募捐。但在实践运行中存在着大量的慈捐赠人并不获得对价,却会以某种方式使对方获得好处或者利益,一般将之称为"提供回报"。区分慈善募捐与其他慈善筹款方式的区别主要表现为是否"提供实质性回报",慈善募捐是指那些"不提供实质性回报"的筹款。筹款方式包括以下几种:

第一,设立慈善冠名基金的方式是否为慈善募捐。设立慈善冠名基金是指慈善组织向社会发出劝募的意思表示,并承诺可应捐赠人的要求,按照捐赠人设计的名称为其资金命名,同时按照

043

捐赠人的个人意愿对基金进行专款专用管理，用于规定的慈善公益活动以及项目。[1] 这种方式对于激励企业、社会公众捐赠都有积极的促进作用。我国《慈善法》上对此没有规定，但是地方层面的规范中有相应的规定，如《宁波市慈善事业促进条例》《江苏省慈善事业促进条例》规定的慈善募捐方式中都包含了"冠名基金"。实践中这种方法正在被广泛地使用，并且曾被用于募集大额资金的冠名基金现在越来越向小额化方向发展，如2015年洛阳市慈善总会出台的《洛阳市慈善总会慈善冠名基金实施管理办法（试行）》规定慈善冠名基金起捐额度为个人（家庭）每年1000元、单位（团体）每年1万元。[2] 南京慈善总会则于2017年推出冠名基金全自助模式，则规定个人只需100元就可设立，企业只需500元即可设立。[3] 河南省慈善总会甚至推出10元冠名的"小额冠名基金"，这种爱心基金个人每月10元为起捐点，单位每月100元为起捐点。[4]

尽管在实践中，有人将设立慈善冠名基金视为"出售冠名权"，有类似"出售"的性质。但是，从实质上来讲，慈善组织并没有给予获得冠名权的个人或者组织以实质性的回报，只是其名称、logo或者其指定的名称、logo被用于其捐赠的基金，使捐赠的个体或者组织有一种荣誉感，对于企业来讲也有宣传的作用。因此，一般认为设立慈善冠名基金属于"无偿"的范围，是一种慈善募捐

---

〔1〕 参见马萍：《慈善冠名基金管理问题研究》，载《财会学习》2017年第4期。

〔2〕 参见《一次性捐款1000元可设个人冠名慈善基金》，载《洛阳日报》2015年2月13日，第2版。

〔3〕 参见张璇璇、唐悦：《南京冠名慈善基金实现全自助 只需100元就可设立》，载《新华日报》2017年7月31日，第5版。

〔4〕 参见李肖肖：《河南慈善首创个人小额冠名基金 月捐10元可命名》，载http://photo.dahe.cn/2014/12-22/103970970.html，最后访问时间：2018年2月8日。

方式。

　　第二，慈善组织与第三方进行演出、比赛、销售等方面的合作，但是第三方仅承诺将收入的部分转移给慈善组织，这种行为是否属于慈善募捐？在这种方式中，慈善组织的合作对象是营利组织，慈善组织的合作促进了营利组织的收益，同时其也从这些收益中获得一部分利益，一般将之称为"公益营销"或者"慈善促销"。很多研究者特别关注此种方式，最早对公益营销作出界定的是瓦拉达拉金（Varadarajan）和梅农（Menon）。他们在1988年发表的《公益营销：营销战略和企业慈善的调整》，认为公益营销是规划及执行营销活动的过程，当顾客参与满足组织与个人的目标使企业获取收益时，企业承诺捐出一定比例的金额给特定慈善事业的活动。[1]不过，这一概念较多地在商业领域内探讨和使用，并被认为是企业承当社会责任的一种方式，如2006年菲利普·科特勒在《企业的社会责任》中就将"公益事业关联营销"列为企业承担社会责任的一种方式。[2]当然，也有不少学者在慈善领域内研究"公益营销"或者"慈善促销"，将其视为慈善筹款方式之一，公益营销是指商业组织借用慈善组织品牌推销自身产品或者服务的过程，在此过程中慈善组织将根据其与商业合作伙伴之间的协议获得商业合作伙伴的捐赠。[3]

　　我国《慈善法》中虽然也涉及慈善与商业合作方面的规定，但规定在"慈善捐赠"一章之中，对于慈善组织采用这种方式进

---

[1] See P. Rajan Varadarajan, Anil Menon, "Cause-Related Marketing: A Coalignment of Marketing Strategy and Corporate Philanthropy", *Journal of marketing*, Vol. 52, 1988, p. 52.

[2] 在菲利普·科特勒的研究中，将"公益营销"或"慈善促销"称为公益事业关联营销，这些词语之间的含义基本相同。参见［美］菲利普·科特勒、南希·李：《企业的社会责任》，姜文波等译，机械工业出版社2011年版，第7~9页。

[3] 参见金锦萍：《"一点公益"：公益营销还是公开募捐?》，载《金融法苑》2017年第1期。

行筹款的行为性质并未进行界定。[1]一般认为公益营销或者慈善促销并非慈善募捐。有学者专门对公益营销与慈善募捐进行了区分，认为二者之间的区别表现在以下方面，一是目的不同；二是主体不同；三是捐赠方不同；四是适用的法律不同。[2]这种区分对于认识慈善募捐有一定的意义，但是并没有揭示出二者之间的实质差别。要区分二者的不同应当从慈善组织筹款角度进行认识，其本质上的不同在于"是否有实质性回报"，有实质性回报的是慈善促销，没有实质性回报的是慈善募捐。慈善组织与商业机构合作促进商业机构商品的销售或服务的提供，商业机构从获取的利润中分割一部分转移给慈善组织，在这个过程中，商业机构存在着回报的要求，其实等于让慈善组织为其商品或者服务作广告。美国学者霍普金斯在界定慈善促销（charitable sales promotion）时就明确指出，商业组织从事与募集资金，或与慈善组织价值追求相关的贸易或者商业活动的主要目的是营利，而慈善组织实际上为商业合作者的商品、服务、娱乐节目或者其他事务做广告，并从中获得一定的收益。[3]根据上述分析，慈善促销并非慈善募捐方式。弄清楚慈善促销是否属于慈善募捐在各国意义不同，在我国往往意味着慈善促销中慈善组织并不必然需要慈善募捐资格，但是在美国则往往意味着是否享受免税待遇，是否被确定为"无关经营"所得，对慈善组织免税待遇有很大的影响。

---

[1]《慈善法》第37条规定，自然人、法人和其他组织开展演出、比赛、销售、拍卖等经营性活动，承诺将全部或者部分所得用于慈善目的的，应当在举办活动前与慈善组织或者其他接受捐赠的人签订捐赠协议，活动结束后按照捐赠协议履行捐赠义务，并将捐赠情况向社会公开。

[2] 参见金锦萍：《"一点公益"：公益营销还是公开募捐?》，载《金融法苑》2017年第1期。

[3] See Bruce R. Hopkins & Alicia M. Beck, *The Law of Fundraising*, Wiley, 2002, p60.

(四) 明确受慈善法的调整

慈善募捐的法律属性决定了其应当归属什么性质的法律规范进行调整。关于慈善募捐行为的法律性质学界有不同观点，有代理行为说、无因管理说、信托关系说、赠与合同说、名义受赠说、捐赠合同说以及利他赠与合同说等。[1]这些观点均停留在私法的框架内去认识，无法对慈善募捐属于慈善法调整范畴作出合理解释。有研究者指出慈善募捐有着极为独特的特点，一是，公益募捐的目的是公益的或者慈善的；二是，公益募捐中捐赠人捐出财物后会发生财物所有权的变更；三是，公益募捐包含一整套过程，包括劝募、接受捐赠、管理捐赠财物以及将捐赠财物用于公益目的行为。[2]正是因为这些独特的特点，使得慈善募捐被纳入具有社会法属性的慈善法的调整范围之内。除此之外，探寻慈善募捐产生的本源特征，能从一定意义上揭示慈善募捐纳入慈善法调整范围的根本性原因。从最初起源来看，构建于英美法系的信托关系说是慈善募捐的最初形态，符合委托人-受托人-受益人的结构形式。但是由于在慈善募捐中受托人由专业化、组织化形式的慈善组织担任，受益人是不特定的社会公众，这导致受益人无法像普通信托那样对慈善组织进行监督，且慈善组织与受益人的地位开始变得悬殊，形成实质上的优势和劣势地位关系。基于这样的变化，开始要求慈善组织承担更多的公法义务，同时公权力也开始介入进行监督，综观各国慈善募捐制度，大多朝着这个方向发展。

慈善募捐走出私法的视野，朝着社会法规制的方向迈进。不能用原有的民法中的捐赠合同、信托关系等去界定慈善募捐行为，应当将其作为一种独特的行为属性固定下来，形成独特的内涵内

---

[1] 参见冷传莉：《募捐行为法律性质之探讨》，载《贵州大学学报（社会科学版）》2004年第4期。

[2] 参见刘志敏、沈国琴：《公权力介入公益募捐行为的正当性及其边界》，载《国家行政学院学报》2014年第4期。

容。其独特性表现在：

第一，慈善募捐主体受到法律高度关注，往往会设置专门的准入制度，确立一定的准入条件，这意味着只有符合准入条件者才能进行慈善募捐。

第二，慈善募捐的财产属性具有独特性。一般将慈善募捐的财产称为"独立目的财产"，对于这种性质的财产，捐赠人、作为受托人的慈善组织以及受益人都没有完全的所有权，而是只享有某些特定的权利内容，这需要借助《慈善法》去进行合理分配。

第三，慈善监管具有独特性。本来存在平等主体之间的类似信托的社会关系，由于其公益性目的，受益人的不确定性，使得慈善组织被严格监管成为常态，募捐财产向社会公众进行公示成为各国慈善法制度中必要组成内容。

在慈善法中，慈善募捐行为的独特性被清晰地展现了出来，未来慈善募捐制度的完善必将循着这一思路推进展开。

二、慈善募捐的构成要素

慈善募捐包括四个方面的构成要素，即慈善募捐的主体、用途、对象以及方式。

（一）慈善募捐的主体

构成慈善募捐法律概念的首要要素是慈善募捐的主体，解决谁有资格筹集并使用社会资源的问题。关于此问题形成不同的学术观点：

第一种观点对募捐主体作了最广义的理解，主张募捐主体应具有开放性，认为所有的个人与法人，甚至包括商业机构也具有募捐的资格。公开募捐不需要任何特定的主体资格，换言之，"募捐资格"不设立行政许可。个人和法人都天然有资格公开募捐。[1]现

---

[1] 参见贾西津：《资格还是行为：慈善法的公募规制探讨》，载《江淮论坛》2017年第6期。

代社会很多国家的慈善事业发展实践中虽然看到的是慈善募捐主体是慈善组织，人们也往往把捐款捐给慈善组织。但必须理解，这只是市场理性选择的结果，却不是法律资格限制的产物。[1]

第二种观点没有使用慈善募捐的概念，而是使用公益募捐的概念，甚至将政府部门也纳入公益募捐主体的范围。这种观点认为公益募捐的主体相对广泛，包括"依法设立、并取得公益募捐资格的公益性社会组织""公共利益的重要代表者之一——政府部门"以及"公益性非营利事业单位"。[2]

第三种观点主张把慈善募捐主体限定在合法登记的慈善组织或非营利组织范围之内，并要求合法登记的慈善组织或者非营利组织取得募捐许可。我国《慈善法》中明确规定慈善组织通过许可获得慈善募捐资格的方式。还有学者认为应区分大型慈善组织和小型慈善组织采用不同的方式获得慈善募捐资格，要求大型慈善组织应获得登记许可，对小型慈善组织则相对宽松，可以允许其他尚未获得公共募捐资格的小型慈善组织通过备案制在特定情况下进行募捐。[3]

第四种观点主张慈善募捐资格向非营利组织开放，而这种非营利组织并非必须获得登记。如在美国每个州的慈善劝募法原则上要求慈善组织必须获得劝募许可才被允许进行募捐，但是法律规定有一些特殊性质的组织或者规模小的募捐可以不经许可而进行。如教会及其他宗教组织、教育机构（特别是高等教育机构）、图书馆、博物馆、健康服务组织、会员组织、政治组织、退伍军

---

[1] 参见贾西津：《资格还是行为：慈善法的公募规制探讨》，载《江淮论坛》2017年第6期。

[2] 参见杨道波、李永军：《公益募捐法律规制研究》，中国社会科学出版社2011年版，第25页。

[3] 参见李炳安、李慧敏：《公共慈善募捐准入：规制与放任——以我国地方公共慈善募捐准入制度为参考》，载《江海学刊》2015年第3期。

人组织、红十字会这样的特定组织内部进行的筹款等,还有就是小规模的募捐(美国各州对于多大规模为小规模有不同的规定,但一般规定人数不超过10人,或者获得的筹款1年不超过10 000美元。募捐款项如果超过法律规定的数额,则应当在30日内向相关部门报告)。[1]

上述四种观点从不同的角度对慈善募捐主体进行了界定,有些观点已经不再被普遍接受,如第二种观点中所谈到的"政府部门亦可成为募捐主体"的观点已经不再被接受;有些观点则有继续讨论的空间。其中第一种观点论及甚至市场主体也可以有募捐资格,虽然其论证起点与论证逻辑都符合募捐行为客观发展的进程,但是论者也指出市场理性选择的结果是把款项捐给慈善组织,因此,在制度设计时完全可以把这种市场理性的选择转化为具体的规定,减少市场不断的试错所带来的巨大代价。因此,综合各国制度规定来看,一般将慈善募捐的主体限定为慈善组织或非营利组织。至于是否给公益性非营利事业单位(如学校、医院等)以募捐权,则各国情形有所不同。我国的公益性非营利事业单位主要依赖行政拨款以及收费运转,一般没有公开募捐的权利。最后,慈善组织获得慈善募捐资格是否必须以合法登记为限,本书认为有其合理之处:一是公开募捐一般是向捐赠人发出无偿捐赠的请求,捐赠是没有任何物质利益回报的,与营利领域内的投资完全不同,因此由具有非营利属性的慈善组织进行募捐较为合适;二是公开募捐所获得的捐赠属于社会公共资源,而这部分资源又与捐赠人发生了分离,因此必须由能够被外部力量所监督的组织来利用和分配。合法登记就是公权力作为外部力量进行监管的重要手段之一。只有合法登记的慈善组织才具备慈善募捐主体资格

---

[1] See Bruce R. Hopkins & Alicia M. Beck, *The Law of Fundraising*, Wiley, 2002, pp61-71.

这一要求从历史发展逻辑和社会发展逻辑来看是能够被接受的。但对于我国，我们特别关注的问题是，合法登记在我国门槛太高，导致很多组织无法登记为慈善组织。我国《慈善法》上规定慈善组织必须登记，并且登记时必须选择组织形态，或采用基金会形式，或采用社会团体、社会服务机构等形式，这意味着"双重许可"的准入机制仍然存在。不过从发展趋势上来看，将"双重许可"改革为"直接登记"值得期待。2016年8月中共中央办公厅、国务院办公厅联合印发的《关于改革社会组织管理制度促进社会组织健康有序发展的意见》中就指出，提供扶贫……助医、助学服务的公益慈善类社会组织，直接向民政部门依法申请登记。我们期待尽快修改相关登记条例，构建慈善组织直接登记制度。使更多的社会组织进入慈善领域，并获得慈善募捐资格。

在我国，还有一个值得关注的问题是慈善募捐资格的获得与慈善组织合法身份的获得并不统一，除了依据法律、行政法规可以在登记时获得公开募捐资格的慈善组织之外，《慈善法》要求慈善组织只能在取得合法登记身份满2年的才可以申请获得慈善募捐资格。[1]慈善组织身份与慈善募捐资格的分离背后看不到任何正当性理由，人为增加了慈善组织获得慈善募捐资格的难度，增加了慈善组织动员社会资源解决社会问题的难度，属于公权力的不正当介入。建议未来《慈善法》对这部分内容进行修改完善，实现慈善组织身份与慈善募捐资格的合一，也实现公权力对所有慈善组织的平等对待。

（二）慈善募捐的用途

慈善募捐的用途也是慈善募捐的构成要素，关注的是慈善组

---

[1]《慈善法》第22条第1款规定，慈善组织开展公开募捐，应当取得公开募捐资格。依法登记满二年的慈善组织，可以向其登记的民政部门申请公开募捐资格。民政部门应当自受理申请之日起20日内作出决定。慈善组织符合内部治理结构健全、运作规范的条件的，发给公开募捐资格证书；不符合条件的，不发给公开募捐资格证书并书面说明理由。

织基于什么目的进行募捐，所募捐赠的用途是什么的问题。这个问题的核心是慈善组织为慈善宗旨的募捐活动中，是否包含为慈善组织自身的发展而进行的募捐。最终问题会转变为慈善组织运行成本的问题，也就是所募款项能否用于慈善组织的运行成本。

对于慈善募捐所获得捐赠是否可以用于慈善组织本身发展的问题，我国相关法律制度中的规定经历了跨时代性的转变，主要涉及三个阶段：

第一个阶段从1988年颁行《基金会管理办法》到2004年颁行《基金会管理条例》为止，明确要求"成本"只能从利息等收入中列支，实际上禁止从募捐款项中支出。在这个阶段，普遍认为，慈善募捐与慈善组织的运行成本之间无任何关系，慈善募捐只能用于慈善目的，慈善组织本身的运行费用要从其他收入中开支。国务院1988年颁布施行的《基金会管理办法》就是这一思路，其第9条规定，基金会工作人员的工资和办公费用，在基金利息等收入中开支。1999年颁布实施的《公益事业捐赠法》亦持此观念，在其第23条中规定，公益性社会团体应当厉行节约，降低管理成本，工作人员的工资和办公费用从利息等收入中按照国家规定的标准开支。

第二个阶段从2004年颁行《基金会管理条例》到2010年《江苏省慈善事业促进条例》的出台，删除了"成本"只能从利息等收入中列支的规定，但由于未对慈善募捐作明确规定，因此募捐的款项中是否包含"成本"则含义模糊。2004年国务院颁布《基金会管理条例》后，对基金会运行成本的规定有了巨大的突破，不再禁止从募捐财产中列支基金会运行成本，只是规定了运行成本在总支出中的占比。《基金会管理条例》第29条第2款规定，基金会工作人员工资福利和行政办公支出不得超过当年总支出的10%。但是，由于《基金会管理条例》未明确规定慈善募捐的概念，相应地对于慈善募捐的目的也未曾讨论。

第三个阶段从 2010 年江苏省颁布《江苏省慈善事业促进条例》至今。在这期间，明确规定了慈善募捐的目的，但是这一目的本身是否包含慈善组织的运行成本并无规定；同时具体条文中规定慈善募捐中可以包含成本。从《江苏省慈善事业促进条例》开始，"慈善募捐"的概念成为明确的法条内容，其第 21 条第 1 款规定，条例所称慈善募捐，是指本条第二款、第三款规定的组织（以下称具有募捐主体资格的组织）基于慈善宗旨面向社会开展的募集捐赠活动。2012 年颁布的《上海市募捐条例》也有明确内容，其第 3 条第 1 款规定，本条例所称募捐，是指基于公益目的，向社会公开募集财产的劝募行为。[1] 从这些地方性法规规定的内容来看，募捐的目的或是"慈善宗旨"或是"公益"。但是这些目的是否包含慈善组织发展所需要的成本并不清楚。另一方面，在这些地方性法规定的具体规则设计中一般认可并明确规定了慈善组织本身的运行成本，如《江苏省慈善事业促进条例》第 13 条第 1 款规定，慈善组织开展慈善活动，可以根据实际需要，列支必要的工作经费和工作人员的工资。《上海市募捐条例》中对此则规定得更加明确，其第 23 条第 1 款规定，因募捐、开展公益活动所产生的工资、办公费用等必需的工作成本，国家规定可以在募集财产中列支的，募捐组织不得超出国家规定列支；国家没有规定的，应当控制在已经公布的募捐方案所确定的工作成本列支项目和标准之内；已在财政拨款中列支的工作成本，不得在募集财产中列支。从上述具体条文内容来看，慈善募捐概念没有对是否包含成本作出明确规定，这显示法律仍然难以态度鲜明地

---

[1] 这个阶段地方层面对慈善募捐进行法律规制的立法规定较多，但并非每部地方性法规都对慈善募捐进行了界定，如 2010 年颁布的《湖南省募捐条例》、2012 年颁布的《广州市募捐条例》都未规定慈善募捐的概念，仅仅规定了法的适用对象。

支持慈善募捐的目的之一就是为了支持慈善组织本身的发展。2016年《慈善法》中条文也延续了各地方的做法。

　　从这三个阶段的发展历程可以清晰地解读出国家与社会关系的流变过程。改革开放之后，虽然逐渐出现了政府与市场分离，但是政府与社会之间的关系仍属于一体化格局。这一格局的重要体现就是当时的非营利组织普遍具有官方背景，甚至其本身就是政府的重要组成部分。早期成立的公益组织几乎全部带有官办色彩，甚至是在政府体系内进行运作。[1]以至于有些学者谈及这些组织时，明确指出其具有典型的"官民二重性"。[2]随着市场经济建立与逐步推进，政府与社会之间的一体化格局开始被批判，非营利组织与政府组织之间的显著差别开始逐步显现。作为非营利组织类型之一的基金会也经历了同样的发展历程，早期基金会也多为政府部门设立，各种开支得到政府支持，甚至本身就是财政全包的事业单位，募捐也多以行政命令方式解决，募捐成本基本上可以忽略不计，因此相关的法律对慈善组织的运行成本并不关注就可以得到合理解释了。随着政社分离的推进，基金会开始逐渐与政府部门脱离，原先财政资源的流入，行政手段的使用等在逐渐地改变，基金会本身的运行成本问题开始凸显出来。2004年《基金会管理条例》中关于"成本列支"规定显然就是对这一发展的回应。但是，传统的观念和制度仍然具有强大的惯性力量，一方面是基金会等慈善组织转型得不彻底，有些官方背景的基金会仍然与政府有着千丝万缕的联系；另一方面社会中仍然存在着"零成本"慈善的观念，认为慈善募捐就应当将募捐的收入全部

---

　　[1] 参见卢玮静、刘程程、赵小平：《市场化还是社会化？——中国官办基金会的转型选择》，载《中国非营利评论》2017年第2期。

　　[2] 参见王颖等：《社会中间层：改革与中国的社团组织》，中国发展出版社1993年版，第2~4页。

用于受益人，不能用于慈善组织本身。[1]当然，正如研究者所言，公众对公益运行成本概念的不认同和不支持，绝不是公益机构现有运行方式混同于政府的原因，而是这种运行方式的结果。[2]这些都导致无论是《慈善法》之中，还是地方层面对慈善募捐的专门规定中都对"慈善募捐"的概念作了简单化处理，仅强调慈善募捐的目的是"慈善宗旨"或者"公益"，至于为了"慈善组织发展"的目的却完全忽略。这导致法律规定上前后之间的矛盾，也不利于引导社会形成对慈善募捐目的的理性认识，不利于慈善组织慈善募捐活动的展开。我国特殊的发展背景导致人们对慈善组织的认识存在片面性，也导致法律的规定保留历史的痕迹。但从慈善组织展开慈善活动的基本逻辑以及法教义学的分析来看，应当将"慈善宗旨"解释为包含"慈善组织自身的发展"，募捐的款项可以用于支付慈善组织发展所需要的成本。

第一，从慈善组织开展慈善活动的基本逻辑来看，从慈善募捐到慈善活动的展开都需要有基本成本的支出。慈善募捐并不能自动启动，慈善募捐成功之后慈善活动的展开，都需要人力、物力、财力等各方面资源要素的投入，必然会产生成本和费用支出。由于慈善募捐属于社会力量动员社会资源解决社会问题的努力，与国家利用税收资源解决社会问题有本质上的不同，其成本和支出费用无法通过税收体系予以弥补，慈善组织只能从其所筹集的财产中支付成本。这就意味着慈善组织自身的存在和发展有赖于社会资源的筹集，其中也包含募集的财产。

第二，从法教义学角度进行分析，慈善募捐法律概念中所涉

---

[1] 关于慈善或公益是否需要成本一直是存在争议的，从持续的争议可以看出"零成本"慈善或公益的观念仍然有一定的市场。参见王亦君：《"公益需要多少成本"的争论背后》，载《中国青年报》2015年10月28日，第8版。

[2] 参见姚晓迅：《公益机构运行成本问题》，载 http://www.ynprojecthope.org/html/523.html，最后访问时间：2017年12月10日。

及的"慈善宗旨"包含慈善组织的自身发展。从《慈善法》的整体来看，慈善组织是其中重要的组成部分。尤其在我国，对慈善组织采取了与基金会、社会团体以及社会服务机构等组织形式相结合的方式，这些组织都必须经过许可才能合法存在，才能从事《慈善法》上所框定的慈善活动。由此看来，慈善事业的发展很大程度上依赖于合法慈善组织的慈善活动，这意味着慈善组织的发展与慈善事业的发展息息相关。慈善宗旨中应当包含慈善组织自身的发展壮大。从《慈善法》的具体条文规定来看，前后均贯穿着对慈善组织成本支出的肯定，如《慈善法》第24条、第56条以及第60条等条文中都涉及这方面的规定。通过这些条文的内容来看，法律一方面认可慈善组织的整个运行，包括公开募捐环节也是存在成本的。如其第24条规定慈善组织制定募捐方案时需要把"募捐成本"包括其中；另一方面强调虽然存在成本，但是应当节约成本，并强制性规定成本的最高限额。其第56条规定，慈善组织应当"降低运行成本"；第60条明确规定了成本在总支出中的比例，年度管理费用不得超过当年总支出的10%。[1]慈善组织的运行成本问题是人们关注慈善组织的重要问题之一，如在美国就曾出现过因为州法规定对慈善组织运行成本的限制而引发合宪性审查的案例，绍姆堡（Schaumburg）案、芒森（Munson）案、赖利（Riley）案等都是这方面的典型案例。通过这些案例所建立起来的规则是：慈善组织所募集的财产可以用在合理的成本支付上。

从慈善募捐的目的看，其必然包含两方面内容，一是直接的慈善目的，二是慈善组织自身的存在和发展。这种观念应当在慈善募捐的概念中明明白白地表述出来，而不是隐藏在慈善组织的

---

[1] 基于对慈善组织的规模、慈善活动类型等差别的考虑，《慈善法》在10%的支出之外也作了一些特殊的规定，特殊情况下，年度管理费用难以符合前述规定的，应当报告其登记的民政部门并向社会公开说明情况。

成本支出和管理费中表达。美国学者霍普金斯对慈善募捐概念界定时就指出慈善募捐的目的包括用慈善组织发展，慈善募捐就是直接或间接地提出的募集金钱、债权、财产、财政帮助或者其他有价值的东西的请求，或者将金钱、债权、财产、财政帮助或者其他有价值的东西用于慈善目的或者有助于慈善组织发展的请求。[1]总的来看，无论从国家与社会关系发展趋势来讲，还是从国际经验来讲，慈善募捐的目的不仅包含慈善目的，而且包含促进慈善组织发展的目的，只有厘清这一问题才能在制度上合理规定慈善组织发展和运行的成本，避免法律条文之间的矛盾。

（三）慈善募捐的对象

慈善募捐的对象也是慈善募捐的重要构成要素，关注的是慈善组织可以向哪些人进行募捐的问题。对此，已经形成比较一致的共识，一般认为，慈善募捐可以区分为公开募捐和定向募捐两种类型。这种区分的依据是募捐对象是否为不特定的社会公众，如果募捐对象是不特定的社会公众，则为公开募捐；如果慈善募捐对象是特定的，则是定向募捐。这个区别从表面来看非常容易理解，但是，何谓"特定"，何谓"不特定"，两者之间的区别还是较为模糊的。我国《慈善法》为此对二者进行区分，在其第28条第2款中规定，慈善组织开展定向募捐，应当在发起人、理事会成员和会员等特定对象的范围内进行，并向募捐对象说明募捐目的、募得款物用途等事项。但很明显的是，若将定向募捐仅限定在发起人、理事会成员和会员这些特定对象中，法律上关于定向慈善募捐的规定实际上也就没有多大意义了。

要弄清楚特定范围的边界在哪里，就必须弄清楚为什么要区分公开募捐与定向募捐。对二者进行区分能够确定是否需要动用

---

[1] See Bruce R. Hopkins & Alicia M. Beck, *The Law of Fundraising*, Wiley, 2002, p55.

公权力对慈善募捐进行监管。而动用公权力对慈善募捐进行监管的初衷在于：一则，募捐项目是否真实可靠，捐赠人查实较为困难；二则，捐赠人较为分散，并无太大的监管动力；三则，捐赠之后捐赠人与捐赠财产发生了分离，失去了对捐赠财产的控制力，不像营利组织中的股东有利益关联关系、表达意见的制度与途径；等等。如果上述问题通过社会本身就可以解决，公权力的介入就不仅没有必要而且会成为一种负担。一般而言，熟人社会中的募捐即使也存在捐赠人分散、捐赠财产权转移等特点，但往往并不需要公权力介入就能够保证募捐项目的真实性、募捐财产用于募捐目的等方面的要求，其原因就是熟人社会自身的运行机理。熟人社会中彼此熟识，信息传播途径短，有虚假信息能够及时被发现并被迅速散播，虚假信息在熟人社会中往往无处容身；募捐财产是否用于募捐目的的信息也会迅速传播，并且募捐者一旦不按照募捐目的使用募捐财产，失信于人，在熟人圈就会无法抬头、无法容身。可以说，熟人社会本身的特点决定了熟人社会的募捐监督能够发挥极为有效的作用。但是与之相反，陌生人社会的募捐则监督乏力，需要借助国家公权力的介入。

鉴于上述分析，定向募捐主要应针对熟人社会中的募捐。针对特定的人，在特定的地方的募捐都应当被纳入定向募捐的范围，比如小型社区慈善组织在社区内的募捐，慈善组织针对特定人群邀请发起的慈善晚会上的募捐等。

与定向募捐相对应的就是公开募捐，主要是面向不特定的社会公众所进行的慈善募捐，这类慈善募捐所面对的是陌生人社会，人们之间彼此不熟悉、不了解，甚至不认识，熟人社会中对募捐所形成的压力机制均失灵，因此需要引入公权力对公开募捐进行监管。监管的方式一方面是可以设立许可制度，通过许可筛选符合条件的慈善组织；另一方面进行许可后的监管，通过动态的过程性监管方式保证慈善组织按照捐赠人意愿和法律要求运行。

(四) 慈善募捐的方式

慈善募捐的方式是指慈善组织通过何种方式、手段进行募捐。只要不为法律所禁止，均可采用。常见的方式包括：

1. 公共场所募捐。公共场所募捐方式在英美是重要的法律规制对象，如英国《2006年慈善法》第三编第一章公共慈善募捐部分有相关内容的明确规定，界定了公共场所，并对公共场所募捐设立特别规则。[1] 美国则通过一系列的判例形成"公共论坛"理论。区分了"传统的公共论坛""指定的公共论坛"和"非公共论坛"三类，在这三类地点开展的慈善募捐受到了不同程度的限制："传统的公共论坛"所受限制最小，只要募捐内容合法、募捐方式合理就可以进行募捐，一般包括诸如公园、广场等地方；"指定的公共论坛"，这些地方本身是为了表达某些观点而设置的，因此进行募捐则必须考虑该地点的本身之目的并符合其管理规定，如市政议会厅、学校的教室等；"非公共论坛"的地方，虽然为公共场所，但并非表达意见的场所，如举办特定活动的特定场所、交通道路等地方，一般会禁止在这些地方进行募捐。当然涉及具体地方。判断其性质时还需要在个案中反复权衡。[2] 我国的法律规范对公共场所募捐问题的关注一般较少涉及人员的宣传与号召，而是主要规定在公共场所设置"募捐箱"，如《慈善法》第23条第1款的规定以及《湖南省募捐条例》第8条第（二）项的规定。

2. 入户募捐。入户募捐方式也是英美法中重要的规范对象，英国《2006年慈善法》第三编第一章公共慈善募捐部分对此亦有

---

[1] 关于英国公共场所募捐的条文规定可参见《非营利组织法译汇（三）：英国慈善法》，金锦萍译，社会科学文献出版社2017年版，第180~201页。

[2] 关于美国判例所形成的公共场所募捐规则的介绍可以参见吕鑫：《慈善募捐的自由与限制——美国经验的启示》，载《浙江学刊》2011年第4期。

明确规定。[1]我国《慈善法》中并未列举"入户募捐方式",现实生活中也较少遇到。不过地方性的规定中涉及对这种情形的间接规定,如《湖南省募捐条例》第8条第(三)项规定,两名以上的工作人员持募捐人有效证件劝募。列举的这种情形虽然没有明确针对入户募捐,但从法条的含义中可以看出其包含持有效证件入户募捐。根据该项规定,入户募捐的基本要求应当包括进行劝募的人员数量,证明劝募者有劝募权的有效证明。

3. 通过广播、电视、报刊等传统媒体进行募捐。这是一种与大众媒体相结合进行募捐的方式,这种传统的募捐方式获得普遍认同。

4. 通过互联网进行募捐。这种方式早在法律规制之前就广泛地出现了。我国《慈善法》将这种方式列举在公开募捐的方式之中,该法第23条第1款第(三)项规定,公开募捐包括通过互联网等媒体发布募捐信息。这种募捐方式就是本书研究的核心内容,在后文会对其进行全面深入的研究和分析。

5. 与第三方合作进行演出、比赛、销售等,第三方承诺收费或者销售所得全部捐赠给慈善组织,这种行为一般被认为是募捐。我国法律上也有对应的表达,一般称之为"义",如《慈善法》第23条第1款第(二)项的规定,"举办面向社会公众的义演、义赛、义卖、义展、义拍、慈善晚会等"也属于公开募捐的方式;地方层面的规定也多对此进行列举,如《湖南省募捐条例》《宁波市慈善事业促进条例》《江苏省慈善事业促进条例》等也规定了"义演、义赛、义卖、义拍"的方式。这种行为中由于第三方并没有要求回报,而是将所有的收入全部转移给了慈善组织,显然符合"募捐"的本质,是一种募捐方式。

---

[1] 关于英国入户募捐的条文规定可参见《非营利组织法译汇(三):英国慈善法》,金锦萍译,社会科学文献出版社2017年版,第180~201页。

另外，还有电话募捐，邮寄劝募信息等方式募捐等。

前面分析了慈善募捐的内涵和慈善募捐的构成要素，将二者结合起来进行理解，有助于全方位立体化理解慈善募捐。在慈善募捐概念的背后，我们看到了国家和社会间的互动关系；看到了社会生活中慈善组织所扮演的角色和发挥的作用；看到了社会对慈善组织认识态度的变化；看到了慈善组织与其他组织、个人之间多样复杂关系的存在；等等。

第二节　关于网络慈善募捐的理解

互联网正在成为一种重要的慈善募捐渠道被广泛地使用。21世纪初，我国的慈善组织也开始逐渐尝试使用互联网拓展慈善资源。随着网络慈善募捐的规模越来越大，募捐额度越来越多，我国的相关法律规范也开始关注这种行为，一方面肯定了这种行为的合法地位，另一方面也开始关注如何规制这种行为，以避免网络慈善募捐无序发展而引发社会问题。

我国对网络慈善募捐方式进行法律规制首先从地方规定开始，如《江苏省慈善事业促进条例》第 24 条、《宁波市慈善事业促进条例》第 21 条、《广州市募捐条例》第 13 条、《上海市募捐条例》第 8 条、《湖南省募捐条例》第 8 条等条款都涉及网络慈善募捐的内容。法律层面的规定则以 2016 年出台的《慈善法》为标志，该法规定在"互联网上发布募捐信息"是公开募捐的一种方式。但是，这些法律规范中关于网络募捐的表述有所不同，或者直接使用"网络募捐"，或者使用"互联网站等媒体上发布募捐信息"，或者使用"互联网等媒体发布募捐信息"。《慈善法》则使用"互联网等媒体发布募捐信息"这一表述。各种不同的表述是否恰当，网络慈善募捐的概念到底该如何界定，这些是本节重点讨论的问题。

一、网络慈善募捐的界定

本书认为,在法律规范中"网络募捐"这一表述简洁明了,有助于积累沉淀概念本身内在的含义。但是因缺少"慈善"的字样,则易与个人求助混淆,因此建议使用"网络慈善募捐"。

至于何为"网络慈善募捐",则需要结合互联网这一崭新的技术手段的特点加以界定。

法律规范中多使用"互联网站等媒体上发布募捐信息"或者"互联网等媒体发布募捐信息"等表述来描述网络慈善募捐。这种描述方式未能充分考虑互联网的特殊性所在,将慈善组织的网络信息公开与慈善组织的网络慈善募捐混同在一起,不利于慈善组织利用网络开展慈善活动。本书综合分析互联网的特点以及慈善组织利用网络的行为类型,将网络慈善募捐界定为:有公开募捐资格的慈善组织在具备支付功能的网站或者平台上发布慈善募捐信息,请求社会公众自愿无偿捐赠的行为。

要弄清楚网络慈善募捐的含义,首先需要将网络慈善募捐和传统募捐方式进行对比进行分析。利用广播、电视、报刊等传统媒体进行募捐的特点表现在:(1)可供慈善募捐使用的传统媒体具有资源稀缺性特点。广播、电视、报刊都是第三方运行的平台,募捐组织要发布募捐信息并非易事,往往需要与这些媒体进行沟通与协商,而这些媒体的版面、播放时段等资源等都属于稀缺品,因此在这些媒体上进行募捐的机会有限,成本较高。(2)募捐信息发布与捐赠人的捐赠存在时间差。在广播、电视、报刊等传统媒体上进行募捐的核心内容就是发布募捐信息,其中往往包括募捐的项目、请求或者恳请捐赠的内容以及收取捐赠款的银行账号。捐赠人若想捐赠,必须根据募捐信息中所提供的银行账号进行捐赠。这意味着,募捐行为与捐赠人看到募捐之后的捐赠行为是完全分离的,难以同时发生。

利用网络技术进行募捐使得募捐特性发生了巨大的改变。首先，媒体资源不再是稀缺资源，任何慈善组织都可以建立自己的网站。在我国这同样非常容易，只要根据《非经营性互联网信息服务备案管理办法》申请备案即可。这意味着慈善组织完全有能力、有机会在自己的网站上发布慈善信息，而不必依赖于第三方资源。当然，根据现在《慈善法》的规定，慈善组织进行募捐首先应当到国务院民政部门统一或者指定的慈善募捐平台上进行募捐。[1]并且，即使要通过第三方网络平台发布慈善信息，也不会出现在传统媒体时代那样因为资源有限而导致发布慈善信息拥堵的现象。其次，随着互联网技术的发展，网络具有了自媒体功能，发布慈善信息是极其容易的一件事；另一方面，随着互联网技术的发展，网络支付平台开始大量出现。网络支付平台的出现使得募捐具有了即时性，捐赠人在看到募捐信息时就可以通过网络支付平台进行捐赠。这不仅使支付便捷，而且减少了捐赠人的捐赠成本，因为按照传统银行账号汇款方式往往会出现异地或者跨行要收取手续费的问题，通过网络平台支付没有任何手续费。并且在移动互联网出现并发展的过程中，微信支付、手Q支付的问世，使得通过移动端进行慈善捐赠更为便捷。在这样的背景下，公布慈善募捐信息与通过网络支付平台进行募捐之间出现了很大的差异，我们必须正视这种差异，而这种差异在传统媒体上并未出现过。这种差异督促人们思考仅仅在互联网上公布慈善募捐信息是否能称得上是"募捐"。厘清该问题需要从下面两个方面着眼：

第一，发布慈善信息不能与慈善募捐画等号。

慈善组织发布慈善信息的目的一般来讲有两个，一是进行募捐，二是履行信息公开义务。如果公布慈善募捐信息的行为就是募捐，慈善组织本来可以利用网络履行信息公开义务的积极性将

─────────
[1] 这是《慈善法》第23条第3款的规定，后文会专门对此制度展开分析。

被打击。对于慈善组织而言，对各类慈善信息进行披露是展现其诚信，并借此获得社会公众信任的重要保障。而慈善募捐信息无疑是慈善信息的核心内容之一，无疑也属于公开范围之内。并且，法律规范往往也将其规定为慈善组织强制披露的义务。如我国《慈善法》第69条第2款规定，慈善组织必须在县级以上人民政府民政部门统一的信息平台上发布慈善信息，并对信息的真实性负责。第71条还特别规定，慈善组织应当依法履行信息公开义务。第73条第1款规定，具有公开募捐资格的慈善组织应当定期向社会公开其募捐情况和慈善项目实施情况。从中可以看出，慈善募捐情况也属于信息公开的对象。根据上述逻辑，如果在网络上发布慈善募捐信息就是慈善募捐，那么只要履行公开包括慈善募捐在内的信息的义务就是募捐，很明显这种逻辑是不通的。

美国对于网络慈善募捐的认识也有类似的问题。在互联网募捐尚未盛行的时代，美国法院的判例曾对"募捐"所表达的含义作了较为清晰的界定，将其界定为"恳请"（to appeal for something）、"诚恳地请求"（to ask earnestly）、"请求"（to make petition to）、"恳求"（to plead for）、"竭力恳请获得"（to endeavor to obtain by asking）等。[1]那也就是说，只要有发布了请求或恳请捐款的信息就构成募捐，但是根据此观点理解互联网募捐是否妥当也引发美国学界的讨论。美国学者指出，根据传统定义，互联网募捐就是在互联网上公布寻求公众捐赠的信息，但是若这就是募捐（solicit）这个词所推导出来的确切含义的话，实际上是荒谬的。[2]人们之所以对传统上认为的在媒体上发布募捐信息就是慈善募捐的做法开始进行反思，是因为人们认识到了传统媒体与网络媒体之间巨大的差别。传统媒体资源的有限性决定了慈善组织

---

[1] See *State v. Blakney*, 361 N. E. 2d 567, 568（ohio 1976）.

[2] See Ted Hart, James M. Greenfield, Michael Johnston, *Nonprofit Internet Strategies*, John Wiley & Sons, 2005, p267.

往往只能借助传统媒体进行募捐，而无法进行信息公开。但是网络的特点决定了慈善组织在网络之上可以完成信息公开的义务。若把公布慈善募捐信息就界定为慈善募捐，无疑会打击慈善组织履行信息公开义务的积极性。因此可以说我国《慈善法》第23条列举的公开募捐方式将在互联网上发布募捐信息与广播、电视、报刊等媒体上发布募捐信息并列规定在一起，这种规定方式并没有关注到网络募捐的特殊之处。未来《慈善法》修改完善时应当加以注意。

第二，只有在具有支付功能的网站或平台上发布慈善募捐信息才应当被归入慈善募捐的范畴，被纳入慈善募捐的调整范围之内。

由于慈善组织发布慈善信息的目的有募捐或者履行信息公开义务两种情形，因此判断是否是募捐要结合其他条件进行，而不能简单地以是否发布募捐信息为条件。美国全国州级慈善监管官员协会2001年发布的"查尔斯顿规则"中关于网络慈善募捐的规定有一定的借鉴意义。"查尔斯顿规则"并没有对所有的慈善募捐信息的发布行为进行规制，而是针对"网络"的自身特点进行了针对性的规定。其核心内容是区分了慈善组织是否在"交互式网站"上公布募捐信息，对交互式网站上发布募捐信息与非交互式网站发布募捐信息作了不同的规定。

一方面，对于在交互式网站上或者与交互式网站深度链接的网站上发布募捐信息的行为进行规制。根据"查尔斯顿规则"，在交互式网站上发布募捐信息，对（非住所地的）州的特定目标人群进行募捐，或者重复持续地从该州获得捐赠，则需要在（非住所地的）州进行募捐登记。其中什么是交互式网站呢？"查尔斯顿规则"对其进行了界定，即指允许捐赠人提交信用卡信息或者授权电子资金转账等电子方式实现与慈善募捐相关联的捐赠或者商品购买。即使捐赠人使用被链接的网站或者重定向的网站在线完成转账也属于交互式网站,另外,无论捐赠人是否使用了在线支付功能,只要网站具备支付功能就应当被界定为交互式网站。[1]交互式网站在我国实际上就是指具有支付功能的网站或者平台。

另一方面,如果是在非交互式网站上发布募捐信息,则需要有"进一步的行动"才构成募捐,才会成为规制的对象。其中"进一步的行动"包括邀请目标人群展开线下活动进行募捐或者通过其他方式与(非住所地的)州发生联系,例如发送电子邮件或者其他方式的交流以推广网站。并且要求这些推广方式是为了对(非住所地的)州的特定目标人群进行募捐或者重复持续地从(非住所地的)州获得捐赠。[2]

由于美国是联邦制国家,各州对于募捐的法律规定不同,"查尔斯顿规则"主要是针对互联网所带来的跨州募捐。不过,这种规则对于我国规范网络募捐也有重要的借鉴意义。

要在推动慈善组织履行公开义务与规制慈善募捐之间保持恰当的平衡,就必须正视网络慈善募捐本身的特殊性,不应把"在互联网发布募捐信息"简单地等同于慈善募捐。美国关于交互式网站与非交互式网站之间的区分很有借鉴意义。的确,非交互式网站上慈善组织的募捐信息公开在很大程度上具有履行公开义务的功能,并且基于互联网上信息被快速阅览的特点,导致在没有支付功能的情况下很难形成对用户即时捐赠的影响。因此,本书主张仅仅在有支付功能的网站或平台上发布慈善募捐信息才属于慈善募捐的范畴。

---

[1] See "The Charleston Principles:Guidelines On Charitable Solicitations Using the Internet",载 http://www.doc88.com/p-2764352477025.html,最后访问时间:2021年12月3日。

[2] See "The Charleston Principles:Guidelines On Charitable Solicitations Using the Internet",载 http://www.doc88.com/p-2764352477025.html,最后访问时间:2021年12月3日。

二、网络慈善募捐的全方位透视

前文的分析指出,网络慈善募捐的核心是必须在具备支付功能的网站或者平台上发布慈善募捐信息。但同时,还需要特别注意的是,网络慈善募捐毕竟是慈善募捐的下位概念,因此也必然符合慈善募捐概念的基本要求,即向社会公众提出的请求自愿无偿捐赠的行为。这一概念的内涵在前文已经作了详细的论述,但是网络筹款行为大量出现,对于网络筹款如何辨识其是否属于网络慈善募捐,产生了困惑。本部分对易于产生困惑的相关行为进行分析辨识,以推进对网络慈善募捐的全面认识。

(一)网络慈善募捐主体:关于个人与慈善组织合作的问题

我国《慈善法》要求进行公开慈善募捐的主体必须是获得公开慈善募捐资格的慈善组织,这慈善募捐许可制度所形成的可以被接受的做法。即使在网络慈善募捐中,这一点也必须坚持。

从《慈善法》的态度来看,个人无权进行慈善募捐。不过,个人虽无权募捐,但是有与慈善组织合作募捐的权利。《慈善法》第 26 条鼓励个人与慈善组织合作进行募捐,不具有公开募捐资格的组织或者个人基于慈善目的,可以与具有公开募捐资格的慈善组织合作,由该慈善组织开展公开募捐并管理募得款物。在现实空间里,合作的现象比较少见。但是随着网络的介入,这种合作方式开始变得便利,成为慈善募款的重要方式之一。比如网络慈善募捐平台上常常有"紧急救助"栏目的设置,而其一旦被慈善组织认领,就成为典型的个人与慈善组织的合作募捐行为。如有文章在描述支付宝公益平台时就曾写道,该平台设置了"紧急救助"一栏,所展示的 10 项个人求助类项目均已由具备公募资质的慈善组织认领。[1]"认领"实质上就是有公开募捐资格的慈善组

---

[1] 参见《互联网募捐平台"前半生":新规出台,多处不合规亟需整改》,载 http://www.sohu.com/a/165166540_648461,最后访问时间:2019 年 5 月 10 日。

织与个人之间合作行为。由此而形成一个重要的问题,"合作"意味是慈善组织与个人一起募捐吗?根据整个《慈善法》的基本精神和第 26 条的规定,很显然,合作并不能使个人成为合法募捐的主体,其强调的是由慈善组织开展公开募捐并管理募得款物,因此,募捐主体仍然是慈善组织。但随之而来的一个问题是,个人不是募捐主体的话,那他是募捐的直接受益人吗?从整个募捐流程来看,个人应当是直接受益人。但是,这显然与慈善募捐的公益性属性存在一定的冲突,"慈善目的"决定了慈善组织不能直接为某个具体的个体募捐。对特定个人募款,对一个公募基金会而言,是不太合适的,因为公募基金会是要针对非特定的受益群体,不应该是针对一个特定对象去募款。[1] 2005 年 1 月 1 日起实施的《民间非营利组织会计制度》也表明了同样的态度,如果非营利组织接受资产提供者的资产的条件是必须将该资产转交给其指定的地方、单位或个人,这类业务也不属于捐赠,应作为一项代收代付业务。显然,针对特定对象所进行的转款并不属于慈善捐赠的范畴。这里其实强调的是利用社会公众资源展开活动的慈善组织并不能只为某一个个体服务,否则造成与其宗旨不符,不公平分配社会资源的问题。

慈善组织与个人如何合作才能避免慈善组织只为某个个体服务的问题呢?一般来讲,需要慈善组织将存在困难的个体转变为某个慈善项目中的非唯一受益者或者"代言人"。慈善募捐是为某个慈善项目展开的,困难的个体不能通过合作直接从捐赠人处获得捐赠,而是由慈善组织将其确认为慈善组织资助的或者服务的对象。有研究者撰文指出,符合以下五方面的条件时所接受的公众资产才可以被认定为捐赠行为,一是公众提供资产指定资助

---

[1] 参见刘言、桂杰:《"白雪可乐"善款被挪用 捐赠人状告红会败诉》,载 https://news.china.com/domestic/945/20150716/20024795_3.html,最后访问时间:2019 年 5 月 10 日。

的特定个人，首先应该是具有合法公募资质、受慈善法约束、具有信誉保证的慈善组织自主选择的受助个体；二是被救助的特定个体应当符合慈善组织已经立项的公益项目救助条件；三是慈善组织开展的慈善募捐应当符合慈善组织宗旨和业务范围的要求；四是慈善募捐方案要有特定受助人痊愈或病故后剩余财产继续用于同类群体救助的明确约定；五是进行捐赠的公众与特定受助个体不存在利害关系。[1] 这五个方面的条件等于把合作者变成了慈善组织的服务对象，而非捐赠的直接受益人。特别值得注意的是，基于合作而形成的捐赠同样遵守"剩余善款的类似目的原则"。

从上述分析可知，慈善组织与个人之间的合作不能改变慈善募捐主体归属于特定慈善组织的特点，慈善组织亦不宜为具体的个人募捐。

（二）网络慈善募捐的方式：微信朋友圈募捐是否属于公开募捐的问题

网络慈善募捐的方式有很多，《慈善法》的规定相对笼统概括，规定在互联网上发布募捐信息为网络慈善募捐，并规定慈善组织发布募捐信息必须是在民政部统一或者指定的慈善信息平台发布公开募捐信息，同时在其网站发布募捐信息。对于慈善组织网站的理解，《慈善组织公开募捐管理办法》作了更为宽泛的解释，即以本慈善组织名义开通的门户网站、官方微博、官方微信、移动客户端等网络平台，这些都构成网络慈善募捐的方式。

在网络慈善募捐的各种方式中，人们普遍有疑问的是，微信朋友圈募捐是否属于公开募捐？从微信朋友圈的形成机理来看，其特征与前文分析慈善募捐对象时所提到的熟人社会一致。因为微信朋友圈必然是基于彼此之间认识，并且经过同意之后才能成

---

[1] 参见张映宇:《慈善组织是否可以为特定个人开展慈善募捐?》，载http://gongyishibao.com html/ zhuanlan/ 2020/0508/18680.html，最后访问时间：2020年12月1日。

为微信好友，是典型的熟人社会。那么就意味着，慈善组织在微信朋友圈的募捐不属于公开募捐，应属于定向募捐的范畴。定向募捐不要求募捐者必须具备公开募捐资格，但一般会要求募捐者就募捐财产的募集状况、使用状况向捐赠人公示相关信息，如全国政协委员王名先生所言，慈善组织在微信朋友圈等移动互联网平台募捐是可以的，它属于定向捐赠的范畴，但是必须说明捐赠的目的和捐款的用途，还有向捐赠人公开信息。[1]而通过微信公众号进行募捐则与微信朋友圈募捐不同，微信公众号是向不特定的公众推送的，已经超出了熟人社会的范围，进入了陌生人社会之中，因此属于公开募捐的范围，慈善组织必须遵循法律的要求获得公开募捐资格，纳入公权力监管和社会监督的范围。

（三）网络慈善募捐无偿性的理解：不同网络筹款方式哪些属于慈善募捐

传统的募捐方式中，一般由募捐主体直接向募捐对象进行募款，但是慈善与网络相结合之后，慈善网络筹款出现了很多不同于以前的方式，哪些属于慈善募捐，哪些属于慈善募捐之外的筹款需要细加辨析。其中，有些形式很容易辨识，如随手捐、月捐、生日捐、物资捐等属于慈善网络直接募捐；另外有一些方式就不易区分，需要具体加以分析：

第一种方式是慈善组织在商品销售平台上"销售"虚拟产品。这类筹款虽然名为"销售"，但是"购买方"并没有获得实体上的商品，而仅仅获得购买虚拟产品的证书，这类虚拟产品是在网站上展示的捐赠对象或公益产品。名义上的"购买方"并没有获得任何实质上的回报，显然本质上是一种募捐，而非销售。

第二种方式是在筹款中网民虽然参与其中，但并不直接捐赠，

---

[1] 参见全国政协委员：《慈善法草案给朋友圈募捐留空间》，载 http://news.sohu.com/20160310/n439912781.shtml，最后访问时间：2018年2月8日。

而是由市场主体进行捐赠的筹款方式，如行走捐、祝福捐、打榜捐、转发捐，以及腾讯公益发起的"99公益日"配捐等都属于此类筹款方式。在这类筹款方式中，企业的捐赠以网民的参与为前提，实现网民对捐赠企业的关注，发挥类似广告的作用，尤其是转发捐，就是典型的网络广告方式。一般来讲，筹款方式仅仅发挥一种广告作用的话，也被认为没有获得实质上的回报，也将其认定为慈善募捐，而非慈善营销。

第三种方式是慈善组织在网络募捐平台上销售艺术品图片方式筹款，如"一元购画"慈善项目就是采用此类方式筹款。购买者所购买的产品并不是实际的画作，而是画作的网络图片，是一张自动生成支持一键分享的图片，图片上有购画者的微信名和购买的画作。通过此类方式所获得仅为网络虚拟产品，并没有实质的对价，购买者并没有获得实质上的回报，因此也属于慈善募捐的范畴。

第四种方式是销售产品者按产品销售比例向慈善组织进行捐赠，比如淘宝网上的淘宝公益宝贝就属此类。淘宝公益宝贝就是指，盈利的金额会以百分比的形式捐赠给慈善机构，简单点说就是将产品的盈利扣除掉一部分来捐款，捐款的这一部分钱买家是收不到的，直接在后台扣除。[1]在淘宝网上交易成功后，捐赠相应数目的金额给指定的慈善基金会。淘宝卖家账户有一个"爱心捐赠"功能选项，如果卖家选择开通，捐款金额就会通过卖家的支付宝账户捐赠给公益机构，捐款可以是成交金额的0.1%到100%，比例由卖家自行设置。从这种运行方式中可以看出，销售者采用了前文所谈到的"公益营销"的方式与慈善组织合作，销售者只有在销售了产品之后才能从成交额之中划出一定比例捐赠给慈善组织。这种方式不仅包含了广告的内容，而且要求产品被

---

[1] 参见《淘宝公益宝贝是什么？针对店铺是怎么扣费的？》，载 https://www.300.cn/dspd/884817.html，最后访问时间：2021年12月10日。

销售之后才能产生捐赠额,市场主体从中获得了实质上的好处,因此不属于慈善募捐的范畴。

三、网络慈善募捐的特点

网络慈善募捐是在互联网快速发展的基础上迅速发展起来的,由于互联网本身的特点以及类似于提供中介服务的募捐平台的出现,网络慈善募捐呈现出许多不同于传统募捐形式的特点,具体表现在以下方面:

(一)网络慈善募捐增加了与"网络"相关的一系列特点

网络慈善募捐中"网络"的存在极大地改变着慈善募捐传统形态,具有了一系列与"网络"相联系的特点。网络所具有的快捷性在网络慈善募捐中表现出来的是募捐信息能得到及时传播,对于出现灾害事故等紧急情形的募捐具有快速的动员能力;网络基于匿名性而形成的无强迫性特点在网络慈善募捐中表现出来的是捐赠人不受强制性力量的压迫,可以根据自己的意志自由捐赠;网络的多中心化的特点在网络慈善募捐中表现出来的是不同类型的募捐组织能够获得不同群体的支持,形成多元化慈善格局和参与人数众多的特点;网络募捐使用的网络资源不会出现紧张状态,即使在募捐平台上也可以同时为不受限制的慈善组织进行募捐;等等。

网络的特点对网络慈善募捐的深刻影响有上述表现之外,还有更值得关注的内容。本书认为网络募捐是在有支付功能的网站和平台上发布募捐信息的行为,这意味着有支付功能的网站和平台的特点会更为深刻地影响网络慈善募捐。

一是网络的快速发展和第三方支付平台的兴起为小额捐赠提供了便利的条件,网络支付平台的出现使得小额捐赠成为可能,"小额公益"的概念也随之提了出来。正如腾讯公益平台负责人所言,"结合互联网的特点,如果能够号召每个人捐赠一点点,汇集起来就是一笔巨大的资金。但是，过去由于缺乏快捷方便的网络支付平台，小额捐款几乎是不可能发生的，按照传统的方式进行小额捐款往往成本过高且无法保证透明度"。[1]通过网络支付平台进行支付不仅便捷，而且减少了捐赠人的捐赠成本，因为按照传统银行账号汇款方式往往会出现异地或者跨行收取手续费的问题，通过网络平台支付没有任何手续费，这必然有助于激发捐赠人捐款的热情。

二是移动客户端的捐赠迅速猛增。在移动互联网出现并发展的过程中，微信支付、手Q支付的问世，使得通过移动端进行公益捐赠更为便捷，人们随时随地可以查看募捐信息，并能够随时随地进行捐赠，通过这种方式进行捐赠的比例在急剧上升。网络募捐所传递的信息更加丰富，也能够增加互动性内容，有助于推动募捐者和捐赠人之间的联系和沟通。

网络赋予慈善募捐的不都只是好处，它也带来与其特点相关的一些问题。有些问题网络本身提供了解决的方案，但也有一些问题还需要继续寻找答案。

随着小额捐赠的增加，慈善捐赠票据开具成为一个重要的法律问题。传统上，票据均采用纸质票据的形式，但是网络捐赠中的小额捐赠较多，如果一分、一角的捐赠也要开具发票，对慈善组织而言是不可承受之重，甚至开具之后的寄送成本都会高于捐赠额。实践中，这方面的问题也通过网络自身的特点找到了解决的方案。2019年开始尝试的电子票据方式就是很好的解决方案，电子票据替代纸质票据已经是大势所趋，公益慈善行业也不可能例外。[2]

---

〔1〕 2015年7月27日对腾讯公益平台负责人的访谈。
〔2〕 参见《互联网电子捐赠票据是如何产生的?》，载 https://gongyi.sina.com.cn/gyzx/2019-05-30/doc-ihvhiqay2111647.shtml，最后访问时间：2019年7月10日。

网络的快捷性使得捐赠人容易受募捐内容所感染，冲动性捐赠也相应增多。另外，移动端使用手机操作中也容易出现技术操作的错误而导致的误捐。有媒体就曾报道，孩子闹着要玩游戏，结果却点开了微信钱包里的公益，将手机卡上的1.7万捐出。[1] 无论是冲动捐赠还是误操作捐赠都与捐赠人的真实意愿不符，在实践中如何避免这种与捐赠意愿不相符的操作，发生了这类操作后如何认定与补救等都需要深入加以讨论和分析。

综上，网络自身的特点正在深刻地影响着网络慈善募捐的特点，许多特点都是传统募捐方式中所不曾有的。

(二) 网络慈善募捐跨越了募捐地域的分割

在传统的募捐规制中，募捐总是与地域划分联系在一起的。《慈善法》之前对募捐并没有法律规范，仅有《基金会管理条例》对公募基金会进行了规定，并将其按照募捐的地域范围进行了划分，全国性公募基金会的活动范围在全国展开，而地方性公募基金会只能在登记地展开募捐活动。即使在《慈善法》中仍然保留对传统募捐方式地域管理的特点，包括在公共场所设置募捐箱，举办面向社会公众的义演、义赛、义卖、义展、义拍、慈善晚会等募捐方式时，应当在其登记的民政部门管辖区域内进行。但是，网络的介入导致有公开募捐资格的地方慈善组织有能力超越行政区划的界限，进入全国甚至全球范围内进行募款，这意味着网络的介入使得地域划分失去了意义。

《慈善法》出台之前，网络与募捐的结合使得相关法律上规定的地域分割募捐失去了规范的意义，实践发展和法律规定发生了分离。《慈善法》的出台及时回应了技术发展所带来的这一变化，在保留传统募捐模式地域管辖的基础上，对于在媒体上募捐

---

[1] 参见《孩子玩手机误捐1.7万元 扶贫基金会已将钱退回》，载 http://www.sohu.com/a/146084497_115864，最后访问时间：2018年6月3日。

包括在互联网上募捐的方式作了相对与其特点相适应的规定。从法律层面认可了跨越行政管辖区域进行募捐的做法。技术的发展引发了法律的改变，最终带来的是慈善组织生态环境的变化。全国性募捐组织不再具有先天的优越性，在互联网技术之下，各类型慈善组织都被放在平等竞争的大舞台上，捐赠人可以根据募捐组织执行慈善项目的能力、信息公开的状况等选择慈善组织，不必再受行政区划的羁绊。跨越地域局限的平等竞争得以实现，这在各国都有着同样的经历，比如在美国，人们也观察发现，互联网极大地扩大了慈善组织在跨州募捐方面的能力，实际上，慈善组织仅仅需要电脑和开设的账户就可以向各州潜在的捐赠人发出劝募请求。这一新的技术正在实质性地改变慈善劝募传播的性质——这趋向于低成本的慈善劝募传播。[1]但是，如果仅将资源集中于募捐平台，这种平等竞争的趋势实际上无法保持，募捐平台成为遴选谁有资格进行募捐的一方，并且在募捐平台上的排序往往也影响慈善组织的平等竞争。我国《慈善法》赋予慈善组织突破地域进行募捐的做法的确值得肯定，但是另一方面又采用指定制度规定慈善组织只能在指定的募捐平台上进行募捐，这一做法则需要深入分析其利弊得失。

（三）网络慈善募捐使募捐法律关系变得复杂

《慈善法》颁布之前，在网络、慈善和市场的自发发展状态下，网络慈善募捐主要有两种方式，一是慈善组织在自己的网站上直接进行募捐；二是借助一种新兴主体的力量进行募捐，即具有慈善募捐功能的互联网平台，一般被称为"慈善募捐平台"。后一种方式成长极为迅速，在发展过程中形成了广泛的社会影响力。2015年对微公益、腾讯公益、蚂蚁金服公益平台、淘宝公益

---

[1] See Ted Hart, James M. Greenefield, Michael Johnston, *Internet Strategies: Best Practices for Marketing, Communications, and Fundraising Success*, John Wiley & Sons, 2005, p267.

国内主要四家网络捐赠平台的统计数据显示：这四家网络捐赠平台 2015 年共筹款 9.66 亿元，较 2014 年增长 127.29%。[1] 2016 年《慈善法》颁布，随之落实《慈善法》的行动中，首批 13 家募捐平台被指定。指定之后，网络慈善募捐的数额不断上升，2016 年统计显示，腾讯公益平台、蚂蚁金服公益平台、淘宝公益平台 3 家平台全年筹款达 12.89 亿元，比 2015 年增加 37.79%。[2] 2017 年统计数据显示，民政部指定的 12 家互联网募捐信息平台全年总筹款额超过 25.9 亿元。[3] 互联网与慈善相结合之后，募捐平台作为慈善募捐不可或缺角色开始出现，《慈善法》颁布之后，其在慈善募捐中的重要地位更加令人瞩目。

募捐平台深深嵌刻在慈善募捐之中，这类组织的出现使传统上的募捐法律关系开始变得复杂起来。传统的募捐法律关系一般都比较简单，往往只包括劝募的慈善组织和捐赠人。但是募捐平台参与的慈善募捐中，募捐平台成为一方重要的主体出现，其与慈善组织之间的法律关系，与利用平台进行捐赠的主体之间的法律关系，与国家公权力之间的法律关系均需要给予特别关注。如何将各主体之间的权利、义务关系分配得当；如何确立与权利、义务相一致的法律责任；公权力是否介入，如何介入等问题都成为《慈善法》所要关注的崭新内容，这些也成为本书关注和研究的重要内容。

---

[1] 参见《2015 年度中国慈善捐助报告》，载 http://www.rmzxb.com.cn/c/2016-11-30/1180699.shtml，最后访问时间：2018 年 10 月 12 日。

[2] 参见《2016 年度中国慈善捐助报告 去年全国接收捐赠 1392.94 亿元》，载 http://news.cctv.com/2017/11/03/ARTIf6n8YjdI2DX42cFu5v0j171103.shtml，最后访问时间：2018 年 10 月 12 日。

[3] 参见张明敏：《〈慈善法〉实施报告发布》，载 http://www.gongyishibao.com/html/gongyizixun/13963.html，最后访问时间：2018 年 10 月 20 日。

第三节 网络慈善募捐与相关概念的区别

要理解清楚网络慈善募捐,还需要将其与一些易混淆概念明确区别开来。其中网络个人求助、网络公益众筹都有较大的社会影响力,将这些概念区分清楚很有必要。

一、网络慈善募捐与网络个人求助

网络慈善募捐和网络个人求助是最易混淆的两个概念。很多情况下,这两个概念之间的含义被等同、混杂在一起使用。

社会寄希望于《慈善法》出台之后能够有效地遏制骗捐、诈捐行为,希望法律应及早界定公开募捐与个人求助。[1]但是,《慈善法》之中并没有规定个人求助行为。这一立法方法引发了不少的关注和讨论,尤其是"罗尔事件"发生之后,[2]个人求助受到社会广泛的关注和热烈的讨论。从社会讨论到具体的立法发展来看,《慈善法》中是否应当规定个人求助其实是存在争议的,大致来看,主要形成以下观点:

第一种思路认为,《慈善法》不对个人救助进行规范应当给予高度肯定:个人有困难可求助,这条开放是《慈善法》一大贡献,对私益的人和人的互助,馈赠性质的这样一个救助,不做规范,非常好。[3]

---

[1] 参见《"知乎女神骗捐"警惕网络募捐的边界与规范》,载 http://n.cztv.com/news/11898917.html,最后访问时间:2018年4月10日。

[2] "罗尔事件"影响极大,甚至根据《中国慈善发展报告蓝皮书》,"罗尔事件"入选2016年十大慈善热点事件之一。参见程芬:《"罗尔事件"拷问个人求助灰色地带和公众理性捐赠意识》,载《慈善蓝皮书:中国慈善发展报告(2017年)》,社会科学文献出版社2017年版,第229~236页。

[3] 参见《"轻松筹"站在慈善法下 一个个人救助平台》,载 http://china.huanqiu.com/hot/2016-07/ 9215061.html,最后访问时间:2018年4月10日。

第二种观点认为，个人求助不属于公益，也不属于慈善，因此不应当在慈善法之中进行规定。当然不作规定并非意味着禁止个人求助，慈善法规定的慈善募捐，是指慈善组织基于慈善宗旨募集财产的活动。它的受益对象是不特定大多数人，是公益。而个人求助行为，则是为本人需要而募集财产，这是为私益不是公益。[1]全国人大常委会法工委原副主任阚珂在接受采访时亦指出，个人遇到问题，向社会求助，这是利己。而慈善是利他。个人求助不是慈善，因此，《慈善法》对此类事件不作调整。[2]

第三种观点认为，个人求助涉及赠与法律关系，因此不由慈善法调整，而是由其他法律进行调整。金锦萍教授指出，法律把个人求助空间保留下来了，《慈善法》不调整，不等于其他法律不调整，因为个人求助涉及的法律是赠与法律的关系，如果求助者发布了虚假信息或者发布的信息隐瞒了重要事实，可能还会构成民法上的欺诈。[3]

第四种观点认为，个人求助虽然是平等主体之间的关系，但是《慈善法》也可以对其进行适当涉及。《慈善法》中没有规定个人求助，但是配套法和地方慈善法规却试图尝试对该问题进行规定。2016年8月出台的《公开募捐平台服务管理办法》特别规定了"风险防范提示"制度，该法第10条规定，个人为了解决自己或者家庭的困难，通过广播、电视、报刊以及网络服务提供者、电信运营商发布求助信息时，广播、电视、报刊以及网络服务提

---

〔1〕 参见蒲晓磊:《慈善法对个人求助行为不禁止》，载《法制日报》2016年3月22日，第9版。

〔2〕 参见《南都专访全国政协委员、全国人大常委会法工委原副主任阚珂：不同意有人说〈慈善法〉该规定的没规定》，载 http://www.chinadevelopmentbrief.org.cn/news-19318.html，最后访问时间：2018年4月10日。

〔3〕 参见《〈慈善法〉保留个人求助空间 强化信息公开》，载 http://www.xinhuanet.com/talking/2016-12/08/c_135890370.htm，最后访问时间：2018年4月10日。

供者、电信运营商应当在显著位置向公众进行风险防范提示,告知其信息不属于慈善公开募捐信息,真实性由信息发布个人负责。同时,地方性慈善法规也开始尝试规定个人求助,2017年12月2日颁布的《江苏省慈善条例》在全国范围内率先对个人求助进行约束。[1]该法第19条第1款规定,个人为了解决本人、家庭成员或者近亲属的困难,可以向慈善组织或者所在单位、城乡组织求助,也可以向社会求助。但同时也规定了相应的义务,要求求助人应当对求助信息的真实性负责,不得虚构事实、夸大困难骗取他人捐赠。而对于在网络上进行个人求助的,网络服务提供者应当向公众进行风险防范提示,告知其信息不属于慈善公开募捐信息,真实性由信息发布个人负责,网络服务提供者以宣传报道的形式为个人求助提供帮助的,应当对信息的真实性进行核实。

这些观点都仅仅在说个人求助是否应当由《慈善法》调整,但是对于二者的区别很多人并不清楚,有些分析评论的文章常常将二者混同在一起,如网络募捐的快速发展与监督管理的相对滞后,以及募捐平台核查能力和约束机制的匮乏,同样导致一些"骗捐""诈捐"事件屡见不鲜:2016年1月,"知乎女神童瑶"假扮患病女大学生"ck小小",骗取15万余元爱心款,被拆穿后投案自首;2017年12月底,"同一天出生的你"众筹项目火爆,项目鼓励网友向与自己同一天生日的贫困儿童捐款1元,随后有网友发现,该活动信息混乱,涉嫌诈捐。[2]其中所列"童瑶诈捐事件"和"同一天生日事件"是性质完全不同的行为,前者属于

---

[1] 参见《江苏慈善条例明年3月实施 对个人求助如何"约束"》,载http://www.chinanews.com/gn/2017/12-05/839 2664.shtml,最后访问时间:2018年4月10日。
[2] 参见《网络募捐被质疑,监管不力导致骗捐诈捐事件频频发生》,载http://www.qlmoney.com/content/20180502-319365.html,最后访问时间:2018年3月5日。

个人网络求助，后者属于网络慈善募捐。这二者特别容易混淆，原因在于二者都激发了人们的爱心，从捐赠角度来讲，都属于慈善行为。但是从慈善发展的角度来看，从法律的角度来看，二者存在着非常多的差别。从表1-1中可以看到二者之间典型的区别。

表1-1：网络慈善募捐与个人网络求助之间的区别

	网络慈善募捐	个人网络求助
目的不同	公益目的	自益目的或他益目的
主体不同	有公开募捐资格的慈善组织	个人
是否存在成本	慈善组织运行需要成本	无需成本
可信度	有监管机关，可信度相对高	无监管机关，可信度不确定
善款剩余处理	用于类似慈善项目	根据约定，无约定应返还
调整的法律规范	慈善法	民法

从表中能够看出，网络慈善募捐由专门化的慈善组织负责，并且有具体监管机关，根据我国《慈善法》第24条第2款规定，募捐方案应当在开展募捐活动前报慈善组织登记的民政部门备案。因此网络慈善募捐一般能够得到及时监控。前文所提到的"同一天生日"的募捐主体就是获得公开募捐资格的爱佑未来基金会，由于其有监管机关，当其出现问题时就很快得到了纠正。[1] 而"童瑶诈捐事件"就属于个人网络求助的行为，由于没有专门的监管机关，往往无法进行事前和事中的监管，一般只能在事后追究当事人的刑事和民事责任。"童瑶诈捐事件"的当事人最终被

---

〔1〕 参见孙雅茜：《"同一天生日"深圳主办方致歉并回应200多万善款去向》，载 http://news.163.com/17/1228/15/D6OJOC4U000187VE.html，最后访问时间：2018年3月5日。

刑拘，并承担民事责任，返还了捐款。[1]很多捐赠人选择"点对点"捐赠，有些是因为难以区分清楚二者关系，但有些是因为对慈善组织不信任而做出的一种选择。

网络慈善募捐与个人网络求助在善款剩余的处理方面也有很大的不同，网络慈善募捐所形成慈善捐赠从机制来说源于信托，但由于没有明确的受益人，只能由公权力机关代为监督，因此其往往纳入慈善法的调整范围，最终的捐赠财产成为独立目的财产。这种独立目的财产的性质决定了捐赠方一旦捐赠就转移了所有权，因此即使有剩余也不能索回捐赠的财产。而个人网络求助所形成的是民事捐赠，从性质上来讲，其属于附目的捐赠，一旦目的完成或实现，受益人就不应再保留剩余财产，而是应当返还给捐赠人。

从《慈善法》颁布前后来看，出现问题最多的还是网络慈善募捐和个人网络求助的混淆问题。个人网络求助出现了大量的骗捐、诈捐问题，据人民网舆情监测室有关调查显示，受类似负面新闻影响，46.3%的被调查者对互联网募捐的真实性和安全性存疑；10.2%的被调查者认为层出不穷的"骗捐门"耗损公众同情心，导致个人募捐无人敢信。[2]由于社会公众对网络慈善募捐和个人网络求助普遍的混淆，进而牵连至对整个慈善领域的失望和否定，对慈善事业的发展也带来了不利的影响。这类问题需要法律积极面对，而《慈善法》的态度属于"逃避"型。只强调说《慈善法》对个人网络求助不予调整，全国人大常委会法工委原副主任阚珂在接受采访时就指出，个人遇到问题，向社会求助，

---

[1] 参见《知乎大V"童瑶"诈捐 犯罪嫌疑人童某被刑拘》，载 http://news.ifeng.com/a/20160127/47256027_0.shtml，最后访问时间：2018年3月10日。

[2] 参见李丹青：《骗捐频发，损耗公众同情心》，载《工人日报》2016年9月24日，第7版。

这是利己。而慈善是利他。个人求助不是慈善，因此，《慈善法》对此类事件不作调整。[1]这种说法虽然在立法上是安全的，但是无益于社会问题的解决。这种在立法上回避问题的态度甚至曾引发了人们对于个人求助是否合法的争论。在这方面，浙江省实施《慈善法》的办法终于有了回应，对个人求助的合法性从正面给予了肯定。《浙江省实施〈中华人民共和国慈善法〉办法》第36条第1款规定，个人为了解决本人或者近亲属的困难，可以向慈善组织或者所在单位、城乡社区组织求助，也可以向社会求助。求助人对求助信息的真实性负责，不得虚构事实、夸大困难骗取他人捐赠。但这样的规定只解决了一半的问题，对于向个人求助进行捐赠的捐赠人而言仍然不能清晰分辨慈善捐赠和民事捐赠的区别，也不清楚这些不同性质的捐赠会带来怎样的法律后果。

其实，就《慈善法》而言，对于规范个人网络求助和网络慈善募捐，并且让捐赠人了解二者的区别方面，还是有很大的可作为空间的。

首先，应当坚持的是，《慈善法》的确不能干扰个人网络求助私法调整的属性，不能引入公权力对其进行监管，这是平等主体之间的关系所决定的。

其次，《慈善法》虽然不能改变个人网络求助的属性，但在规定中可以明确个人享有社会求助的权利，这是得到肯定的。因此，在《慈善法》短时间内无法修改的情况下，各地完全可以效仿浙江省的做法，在慈善法实施的地方性法规中明确个人向社会求助的合法性。

最后，真正解决个人网络求助和网络慈善募捐边界不清的问题，解决个人不知晓权利、义务的问题，完全可以借助网络来解

---

[1] 参见《南都专访全国政协委员、全国人大常委会法工委原副主任阚珂：不同意有人说〈慈善法〉该规定的没规定》，载 http://www.chinadevelopmentbrief.org.cn/news-19318.html，最后访问时间：2018年4月10日。

决，网络本身为解决这一问题提供了契机。因募捐而发动的捐赠往往发生在陌生人之间，最大的问题是信息的不对称，个人对捐赠资金如何使用无法知晓和监督。解决的方式在现实世界里往往很难寻找，因为捐赠人的分散性决定了求助者与捐赠人无法——签订契约。但是网络上，个人往往通过网络募捐平台进行劝募，此时完全可以通过平台进行网上合同的签订。也已经有学者提出这样的观点，要解决"点对点"的捐助弊端，必须不断地提高它的透明度，首先要保证捐助者知道募捐者究竟需要多少资金可以解除困境，如果有多余资金，将用到何处，又由谁来监管。如果这些"格式条款"都先写明了，很多问题也就迎刃而解了。[1]而且，网络的价值还在于彼此可以互动，如果当事人不认可"格式条款"的内容，还可以通过网络进行修改，最终形成双方认同的合同内容。甚至可以利用网络募捐平台把个人网络求助和网络慈善募捐之间的差异，包括是否有监管机关，是否有运行成本，善款剩余的处理方式等全部展现在页面上，保证捐赠人在捐赠前都能阅读到这些信息，以确保捐赠人是在了解所有相关信息后对自己的财产所作出的理性安排。当然，募捐平台本身可以在这些方面进行尝试，在没有《慈善法》规定的情况下也可以做。而《慈善法》如果作出强制性规定，要求募捐平台必须在公示求助人的事实信息之外，对于上述所列涉及权利、义务方面的信息也予以公示，并提供在平台上签订合同的义务，这必将在很大程度上解决网络募捐的信任度问题，也促进社会公众理性对待捐赠，理性对待慈善事业的发展。

二、网络慈善募捐与公益众筹

美国学者迈克尔·萨莉文在2006年首次使用"众筹"这一概

---

〔1〕 参见沙元森：《不要让罗尔成为另一个郭美美》，载http://new.163.com/16/1205/14/C7HEIJ9U000187VE.html，最后访问时间：2019年7月10日。

念,并对其进行了定义,是指群体性合作事项,人们通过互联网筹集资金,来支持他人发起的项目。[1]这一使用互联网进行融资的方式也被引入公益领域内,出现了公益众筹的模式。公益众筹到底和慈善募捐是什么关系呢?一般将公益众筹界定为通过互联网方式发布公益筹款项目并募集资金。[2]有研究者对其进行了分类,根据平台的管理方式、收费模式、服务对象、项目监管不同,主要分为通过平台救助筹资、互助众保、实践项目众筹三种运行模式。[3]这种分类方式综合考虑了各方面要素,分类合理且易于理解。本书在这三种分类的基础上展开讨论。

虽然上文所谈及的三种模式都打上了公益众筹的标签,但是从实际运行的特点来看,其本质各有不同,应归属于不同的行为类型之中:第一种模式中,筹款主体如果是个人,实质上就是网络个人求助,因为筹款人期待社会公众进行捐赠以帮助其度过困难;筹款主体如果是慈善组织,实质上就是网络募捐,因为,公益众筹是支持者筹集资金用于一定的公益目的,但是支持者并不会得到实质上的回报。第三种模式与第一种模式类似,差别只是在于所筹款项用途不同,第一种模式是用于扶贫济困,第三种模式则用于环保和科技等领域。至于第二种模式,则其实质是一种"保险"。"互助众保"要求通过平台救助筹资的求助人必须是已经参与项目的互助人[4],与保险的本质"分摊意外事故损失"

---

[1] See Valančienė, Loreta and Sima Jegelevičiūtė, "Crowfunding for Creating Value: Stakeholder Approach", *Procedia - Social and Behavioral Sciences*, Vol. 156, 2014, pp. 599-604.

[2] 参见袁毅:《中国众筹的概念、类型及特征》,载《河北学刊》2016年第2期。

[3] 参见杨睿宇、马箫:《网络公益众筹的现状及风险防范研究》,载《学习与实践》2017年第2期。

[4] 参见杨睿宇、马箫:《网络公益众筹的现状及风险防范研究》,载《学习与实践》2017年第2期。

一样，求助人对自己支付的金额其实存在着"实质回报"的期待，并且当发生参与项目所列明的意外时，能真正得到"实质回报"，这一模式很显然并不属于慈善募捐的范畴。

通过上面的分析可以发现，公益众筹虽然是一个新的名词，但实际上是个"大杂烩"，其行为的性质必须根据行为的具体内容指向进行具体分析。总的来说，公益众筹中存在慈善募捐的行为，但二者并不能画等号。对于符合慈善募捐行为性质的公益众筹应当根据《慈善法》的要求运行。

小 结

慈善募捐是《慈善法》中的重要组成部分。网络慈善募捐是"网络+慈善"的最直接表现。认识网络慈善募捐必须从认识慈善募捐开始。

慈善募捐的法律概念在我国的《慈善法》上虽有明确的规定，但该规定过于简略，且不周严，缺少了慈善募捐的内核。本书重新进行梳理，确定本书的研究重点是公开慈善募捐，并将其界定为：有募捐权的慈善组织为了慈善目的或慈善组织本身的发展向不特定的社会公众发出的自愿无偿捐赠的请求。这一概念构成为本书研究的基础。其包含了四方面的特点，即坚持公益性，尊重自愿性，遵循无偿性以及明确受慈善法的调整。慈善募捐由四个方面的要素构成，即慈善募捐的主体、用途、对象以及方式。慈善募捐主体必须是获得公开募捐资格的慈善组织；慈善募捐用途表现在可以用于慈善目的，也可以用于慈善组织本身的发展；慈善募捐的对象针对的是不特定的社会公众；慈善募捐包括多种方式，如公共场所募捐、入户募捐、传统媒体募捐以及网络募捐等。其中，网络募捐就是本书研究的核心。

网络慈善募捐是一种新出现的事物。慈善募捐中加入互联网的因素使慈善募捐呈现出许多新的特点。基于对于这些特点的分析，本书将网络慈善募捐界定为：有公开募捐资格的慈善组织在具备支付功能的网站或者平台上发布慈善募捐信息，请求社会公众自愿无偿捐赠的行为。基于此认识，一些易混淆的概念和问题得以澄清。一是通过网络慈善募捐主体的确定，区分了网络慈善募捐与网络个人求助之间的区别，也更加明确网络慈善募捐受慈善法调整的必然性；二是通过网络慈善募捐方式的确定，区分了微信朋友圈内募捐与微信公众号募捐之间的差别，明确网络慈善募捐必须针对不特定的公众展开的，微信朋友圈募捐不属于慈善公开募捐，而微信公众号属于慈善公开募捐；三是通过网络慈善募捐无偿性的分析，区分了不同类型慈善网络筹款方式的不同属性；四是通过网络募捐表达方式的分析，区分了在有支付功能的网站上发布慈善募捐信息与在普通网站上发布慈善募捐信息之间的差别。网络慈善募捐形成自身的一些特点，包括：增加了与网络相关的一系列特点；跨越了地域募捐分割，即使地方慈善组织也能在全国范围内进行募捐；并且使募捐法律关系变得复杂。上述分析都是本书展开后续研究的基础。

研习案例："白雪可乐"诉讼案

【案情介绍】

2013年7月5日，虚拟产品白雪可乐在淘宝店上架。一瓶"白雪可乐"虚拟产品标价为3元。目的是为辽宁省鞍山市名叫白雪的再生障碍性贫血患者筹集再障移植手术费。这是救助白雪的志愿者与红基会合作开发的一款慈善项目，红基会授权志愿者以"白雪人道救助行动"的名义开展微博转发活动并开设公益网店，为白雪募集救助资金，并同意志愿者在此类微博转发中使用红基会名称或标识。2013年7月15日，王帅在淘宝公益网店上购买了4瓶共价值12元的"白雪可乐"的公益虚拟产品。2013年10月

16日,"白雪天使基金"成立,后更名为"生命天使基金"。"生命天使基金"所募集善款用于与白雪类似情况的贫困大病患者。2014年6月,王帅认为红基会未取得捐赠人同意情况下将善款的一部分挪用,救助其他贫困大病患者,这是违反捐赠协议的,遂将红基会告上法庭。[1]

一审法院认为,依据现有证据,2013年7月15日王帅购买"白雪可乐"虚拟产品之日共募集善款累计844,173.55元,最终救助白雪拨款金额为1,457,800元,大于王帅购买产品当日捐款金额,王帅主张红基会将其捐助给白雪的款项未用于白雪的治疗,但未提交相应证据予以证明,所以对其相关主张不予支持。

【法理分析】

此案法院判决王帅败诉,理由是善款拨款额大于王帅购买产品当日捐款金额,但这一理由能够经得起推敲吗?如果善款拨款额小于王帅购买产品当日捐款金额的话,善款还需要退还吗?法院的判决并没有给出答案。就该案而言,应当结合网络慈善募捐的特点进行分析。分析所涉及的问题主要如下:

1. "白雪可乐"虚拟产品的出售是否为网络慈善募捐?

表面看"白雪可乐"是一款可"出售"的产品,但实际上购买者并不能得到任何真实的产品,是一种模拟销售方式的网络慈善募捐。慈善募捐强调捐赠的无偿性,也就是强调慈善组织不会向捐赠人提供"实质性回报",没有实际的物品或者服务。"白雪可乐"销售给购买者的仅仅是虚拟的产品,并没有得到任何实质性回报,得到的仅仅是心理上满足感和荣誉感,这显然完全符合网络慈善募捐的基本特征。

---

[1] 参见刘言、桂杰:《"白雪可乐"善款被挪用?捐赠人状告红十字会败诉》,载 https://society.huanqiu.com/article/9CaKrnJNogG,最后访问时间:2018年3月5日。

在淘宝平台上开设淘宝公益网店销售公益产品,这是淘宝网借助其购物平台的优势而开发的一种慈善募捐方式,属于网络慈善募捐的一种创新形式。

2."白雪可乐"所体现出来的是慈善组织和个人之间的合作

该案发生在《慈善法》颁布之前,当时尚没有法律对网络慈善募捐和个人网络求助的问题进行规定。但从现在《慈善法》的规定来看,"白雪可乐"项目属于慈善组织与个人合作开展的慈善募捐。因为在整个募捐资金的过程中,一直有公开募捐资格的"红基会"参与其中。2013年6月29日,志愿者们与红基会代表召开了救助行动的第一次会议,双方达成一致意见并签署了授权协议。红基会授权黄伟富等人(志愿者)以"白雪人道救助行动"的名义开展微博转发活动并开设公益网店,为白雪募集救助资金,并同意黄伟富(志愿者)在此类微博转发中使用红基会名称或标识。[1]从当时的运作来看,"红基会"授权志愿者使用其名称或标志,这种授权的本质是"红基会"以其公募资格的身份进行募捐。但是从实践发展情况来看,"红基会"管理是不到位的。大多数情况下只能看到志愿者在使用"红基会"的名称或标志,而"红基会"基本上不予管理,甚至当第166 667罐白雪可乐卖完时,志愿者在没有与"红基会"商量的情况下又上架了一批白雪可乐。[2]可以看出,"红基会"并没有实际控制公开募捐的进程。对此,《慈善法》要求必须由与个人合作的慈善组织开展公开募捐并管理募得款物。实际上将合作的这种募捐方式完全纳入了慈善组织公开募捐方式之中。这意味着,慈善组织与个人

---

[1] 参见刘言、桂杰:《"白雪可乐"善款被挪用 捐赠人状告红会败诉》,载 https://news.china.com/domestic /945/ 20150716/20024795.html,最后访问时间:2018年3月5日。

[2] 参见《白雪可乐:引发网络救助情法纷争》,载 http://www.sohu.com/a/ 21174556_ 102908,最后访问时间:2018年3月10日。

可以合作募捐，但是慈善组织必须实际管理筹款进程和慈善款项，慈善组织如果没有履行好监管职责应当承担一定的法律责任。

3. 慈善募捐中的善款处理方式

很大一部分网络个人救助中存在着善款使用和善款剩余处理的问题。网络个人救助属于民事捐赠，因此并没有专门的机关进行监管，所募集的财产如何使用往往很难进行监管。而至于善款的剩余，从本质上来看因捐赠是一种附目的的捐赠，按理如有剩余应当退还捐赠人，但是实践中也因为没有监管人很难实现。并且很多捐赠是小额捐赠，捐赠人诉讼索回善款的动力也不足。正是因为这些问题的存在，法律上设计了个人与慈善组织合作，由慈善组织出面进行募捐并进行管理的制度。一旦慈善组织进行募捐并管理募得款物，捐赠的性质就从民事捐赠变成了慈善捐赠。慈善捐赠的最大特点是所捐赠财产成为独立目的财产，捐赠人的所有权发生了完全的转移，而慈善组织虽然获得捐赠物的所有权，但是其所有权是一种受到限制的所有权，这种限制就是该善款只能为特定的目的服务。因此当善款有剩余时，该财产的属性决定了其仍要为特定目的服务，应用于类似的项目。由此看来，如果捐赠人是向慈善组织捐赠的，则不再享有善款剩余的索回权。当然，为了保证慈善组织按照捐赠目的使用善款，捐赠人有监督善款使用的权利。本案中，王帅向白雪进行的捐赠其实是通过"红基会"进行的，实质上是对"红基会"的捐赠，属于慈善捐赠的性质，因此，无论"善款拨款额是否大于王帅购买产品当日捐款金额"，王帅都不再享有捐赠的索回权。

在实践中，由于民事捐赠和慈善捐赠对于普通的捐赠人而言很难区分，因此应当在捐赠时明确告知捐赠人各自的特点、各自的优劣以及各自的法律效力差别。在互联网时代，通过网络告知或者说明方式让捐赠人知晓是相对容易实现的，并且要求捐赠人必须提前阅读这些告知或者说明才能进行捐赠，以确保捐赠人理性捐赠。

第二章 网络慈善募捐的创新

互联网与慈善结合本身就是一种慈善募捐方式的创新，创造出"参与式慈善""快乐慈善""人人慈善""小额慈善""拇指慈善"等耳目一新的慈善概念。互联网与慈善的结合呈现出诸多不同的类型，形成各种不同的模式，这些都为慈善事业的发展创造了无限的可能性，网络与慈善各种不同的衔接模式争相斗妍，有一种"乱花渐欲迷人眼"的感觉。因此，若要整体上清晰地认识我国互联网与慈善衔接的发展状况，有必要对各种模式进行类型化分析和系统研究。

本书尝试从历史的角度对网络慈善募捐进行梳理，因此所关注的内容并非以《慈善法》出台之后指定的募捐平台为限。《慈善法》出台之前，尝试创新的网络慈善募捐方式亦在本书的观察范围之内。

网络慈善募捐创新借助新技术的力量，实现了"互联网+网络募捐"的革命性转变。回顾慈善募捐与互联网结合发展的历程，令人惊叹的创新做法使人应接不暇。网络慈善募捐最早可追溯到2004年年末的印度洋海啸。第三方支付平台易宝为北京市红十字会开通了网上捐款通道，虽然当时仅募集了856.08元，但这是国内最早有证可查的通过网上支付进行捐款的案例。[1]从时间发展来看，网络慈善募捐是新兴的事物，发展至今也才不到20年的时间。但是，在这不长的时间内，花样繁多的网络慈善募捐方式展现在世人面前，引起人们的广泛关注，也吸引了人们参与其中。有学者按照网络募捐的活动形式不同，将其分为资金捐赠、物质捐赠、网络拍卖、微公益等。[2]还有的学者则依据募捐的频率将我国的网络募捐模式分为机械式募捐和有机式募捐，其中前者指因突发事件而开展的应急式、运动式募捐；后者指自愿性的、经常性的小额捐款。[3]本书则从募捐结构的角度对各种不同的募捐方式进行分类，并进行分析。在各种不同类型的创新中可以看到网络慈善募捐的灿烂前景，当然其中也存在很多新问题，需要制度上的创新予以回应。

第一节 网络慈善募捐的创新做法：慈善募捐结构的重构

网络慈善募捐的最大特点是慈善募捐结构的变化，与传统的募捐人与捐赠人之间形成简单的关系结构不同，网络慈善募捐开始把更多的参与者纳入慈善募捐结构之中。即使保留原有慈善募捐结构的募捐行为也加入更多的其他吸引当事人参与的元素。从类型化角度来看，可以把网络慈善募捐的创新做法分为四类，具体表现如下：

---

[1] 参见杜薇：《第三方支付正名助推网络公益事业提速》，载《中华工商时报》2011年7月5日，第12版。

[2] 参见毕素华：《网络民权社会与公共慈善精神的培育》，载《理论探讨》2013年第6期。

[3] 参见侯江红、徐明祥、张侃侃：《基于网络的非营利组织募捐模式研究》，载《四川行政学院学报》2010年第6期。

网络慈善募捐创新及法律回应

一、直接劝募型网络慈善募捐结构，同时引入创新元素

网络慈善募捐中直接劝募方式类似于现实空间的直接劝募，但是各种不同的劝募加入了不同的创新要素，归纳来看，有三种情形：

1. 通过网络募捐平台直接发布募捐信息进行募捐（见图2-1）。

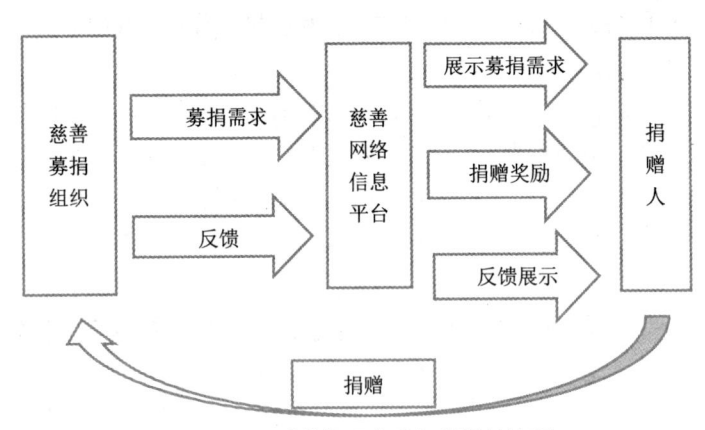

图2-1：通过募捐平台进行募捐的流程

这种方式的流程较为简单，慈善募捐组织与募捐平台协商发布募捐信息，募捐平台根据《慈善法》的规定验证慈善组织的登记证书、公开募捐资格证书后，在平台上展示信息，就达到了展示募捐信息进行募捐的效果。

直接网络募捐模式开发出很多种类，以期望捐赠人参与的频率来分，有一次性的随手捐；有定期的日捐、月捐以及年捐，这种定期捐赠方式有助于培养捐赠人长期稳定捐赠的习惯，如腾讯公益平台上的乐捐、月捐及微信直捐等即属于此类方式；还有推动捐赠人在特定日期进行的捐赠，如"生日捐"。以捐赠物的性质来分，大多是现金捐赠，也有物资捐赠形式，京东推出的"京东公益物资募捐平台"就属于物资捐赠的性质。在这个平台上，捐赠人不必亲自购买后再进行邮购，而是在京东公益物资募捐平台页面上选择购买捐赠项目所需物资，付款后经由京东物流体系直接配送到公益项目地，并由公益机构执行人员发放至受助人手中，也就是京东公益所宣传的"一键捐赠，物资直送"模式。[1]

2. 以"销售"虚拟产品或网络图片方式募捐。

这种募捐方式完全模拟了商业销售方式，但实际上购买者并没有购买真正的实体物品。现在的创新做法主要有两种。一种是销售"虚拟产品"，这主要表现为慈善组织开设公益网店或慈善网店，在网店中把募捐需求设置成虚拟产品，并设置每份产品的价格，网友同购买其他商品一样，拍下该产品并付款，这样就完成公益捐助。（在电子平台上开设公益网店或慈善网店进行募捐的流程可参见图2-2）

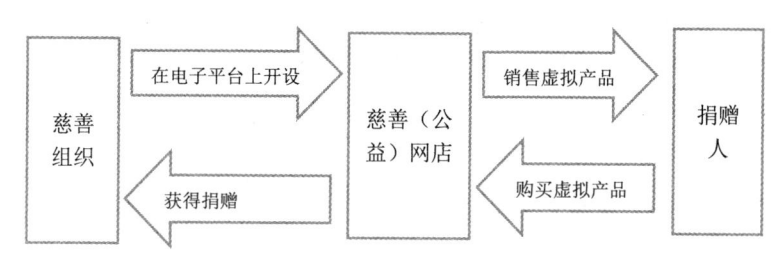

图2-2：在电子平台上开设公益网店或慈善网店进行募捐的流程

开设网店"销售"虚拟产品的方式最早出现于淘宝网上，从2005年2月开始，就有公益机构在淘宝上开设公益网店。随后这种方式被很多慈善组织所采用，很多有影响的慈善组织也纷纷开设公益网店为公益项目募捐，如2011年7月中旬，中国社会福利教育基金会支持的公益项目"免费午餐"就在天猫开通了公益网

---

[1] 参见《"一键捐赠、物资直送"京东让公益物资募捐更高效》，载http://toutiao.chinaso.com/ gydyp/ detail/ 20170328/ 10002000330092214906680573670903501.html，最后访问时间：2018年10月9日。

店。数据显示上线仅仅 30 个小时，网友就捐出了 9712 份午餐。[1]除了淘宝网之外，其他电商平台也尝试与慈善组织结合设置公益店铺方式，如 2014 年中华红丝带基金在京东网上开设了"红丝带公益网店"。[2]

公益产品的销售其实是一种拟制的买卖关系，慈善组织并没有实体商品，而是以慈善项目为虚拟销售商品，购买者也不会获得任何实体的商品。这个虚拟销售过程实质上是一种募捐的形式。对于这种方式，多数社会公众接受度还比较高，并认为是一种创新的做法。（网络上的调查数据具体可参见表 2-1）

表 2-1：网络上关于售卖虚拟产品进行募捐的调查结果[3]

关于"通过销售虚拟产品进行募捐的方式"的观点	比例
支持，这种捐赠渠道多样化的表现创新了被救助者的参与模式，形式契合互联网时代的发展，易被人接受和推广	44.83%
不支持。各种各样的形式其实换汤不换药，不如就由基金会公布一个账号大家汇款简单明了	36.21%
说不好，看看效果再说	18.97%

模拟商业销售方式的另一种做法是"销售"网络图片的方式，当然这些网络图片并不是普通的图片，而是特殊人群的画作，在"小朋友画廊"慈善项目中是自闭症儿童的画作。"小朋友画廊"慈善项目是深圳市爱佑未来慈善基金会、WABC 无障碍艺途

---

[1]《"微公益"时代来临 淘宝上开起公益网店》，载 http://www.mianfeiwucan.org/infor/detail3/post/14/，最后访问时间：2018 年 10 月 12 日。

[2]《红丝带公益网店京东开张》，载 http://finance.ifeng.com/a/20140624/12593824_0.shtml，最后访问时间：2018 年 10 月 12 日。

[3] 参见闫冰：《四成网友表示会通过购买虚拟产品进行捐助》，载 http://www.gongyishibao.com/html/yaowen/5536.html，最后访问时间：2018 年 10 月 19 日。

公益机构以及腾讯公益联合推出的线上线下互动公益项目。其基本运作方式是，网络上展示精神障碍、智力障碍及自闭症患者的画作，捐赠者可以观赏并可通过购买的方式进行捐赠。用户每购买一幅自闭症儿童的画作，就相当于向腾讯公益平台上的"用艺术点亮生命"公益项目进行了捐赠。[1]但是购买者并非真正购买到实际的画作，而是画作的网络图片，是一张自动生成支持一键分享的图片。同时，购买者还可以将图片分享至朋友圈。这一分享过程加速了"小朋友画廊"慈善项目的传播，推动更多的人关注、参与到慈善项目之中。"小朋友画廊"慈善项目捐赠门槛设置得很低，只花1元钱就可以一键购画。（"小朋友画廊"慈善项目募捐流程参见图2-3）

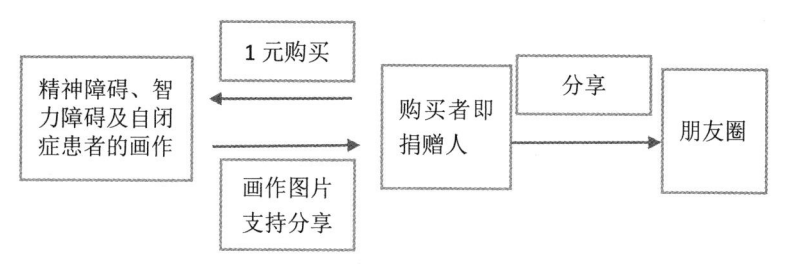

图2-3："小朋友画廊"慈善项目募捐流程

二、赋权社会公众启动捐赠的网络募捐：多方参与的募捐结构的形成

赋权社会公众启动捐赠的网络募捐创新做法中，社会公众的参与成为撬动企业捐赠、发起人捐赠的支点，实现了慈善募捐的多方参与。总结各种各样的创新做法，大致有两种类型：

---

[1]《募捐15028994元：刷爆朋友圈的"小朋友画廊"结束》，载 http://tech.sina.com.cn/roll/2017-08-30/doc-ifykiuaz1750133.shtml，最后访问时间：2018年10月19日。

1. 社会公众以参加运动或者某项活动方式启动企业的捐赠

此种类型募捐中常见的有"行走捐""祝福捐""打榜捐""转发捐"等。其运作流程是，网民捐步数、捐祝福、进行打榜或者转发，就有企业承诺并实际进行捐赠。比如，"行走捐"的具体操作流程是，选择公益项目，将参与用户的微信运动步数兑换成公益基金进行捐助，让微信用户做运动的同时也能做公益。[1]这种募捐方式中，网民捐赠的是步数，企业则根据捐赠的步数进行财物上的捐赠。其中非常有影响力的是微信"益行家"，它是腾讯公益和微信运动合作推出的长期运动公益平台。（"行走捐"的具体运行流程可参见图2-4）

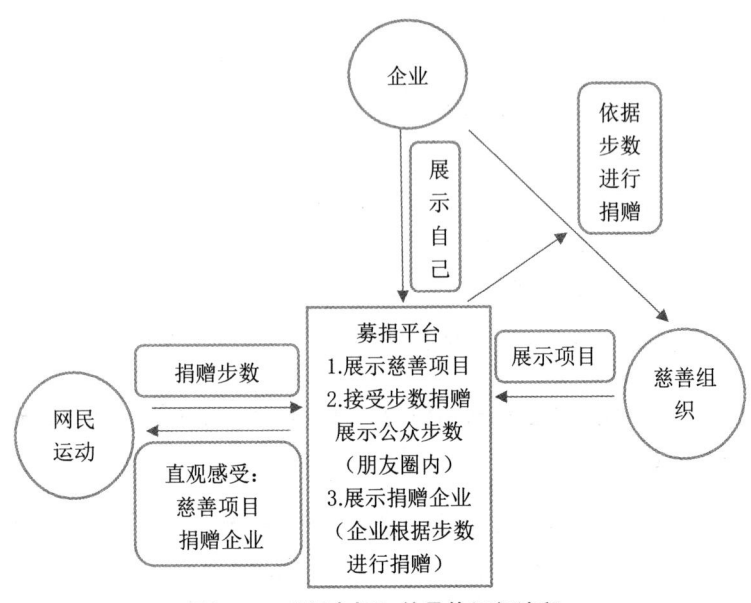

图2-4："行走捐"的具体运行流程

---

[1]《全国："晒步数做公益"悄然兴起》，载 http://gongyi.china.com.cn/2015-10/30/content_ 8339714.htm，最后访问时间：2018年10月20日。

"行走捐"得到了社会公众的高度关注和广泛传播，有统计显示活动上线1个月的时间，网友捐赠步数就达到了376亿步，相当于绕地球563圈。[1]

有许多其他捐赠方式与"行走捐"的思路类似，如百度"公益1小时"项目推出的"祝福捐"，即公众送一份祝福，百度捐一份午餐；[2]再如猫眼娱乐推出的"打榜捐"，即粉丝为明星签到"打榜"，猫眼娱乐就以榜单第一名明星名义向中国社会福利基金会银铃守护计划项目捐赠善款。[3]还有一种"转发捐"稍有不同，要求网友必须转发某类信息、文章等，转发完成后，做过承诺的个人或者企业进行相应的捐赠。

2. 社会公众的捐赠启动基金会、企业的配套捐赠

社会公众的捐赠启动企业的配套捐赠，这种方式中企业的捐赠以社会公众的捐赠为启动条件。较有影响的是腾讯公益推出的配捐活动。2015年首次推出的"99公益日"配捐活动，其运作流程是网友捐赠1元，腾讯公益的运营主体腾讯公益基金会就配捐1元。有统计数据显示，2015年9月7日至9日三天，在腾讯公益平台上共筹得善款近1.3亿元，其中9月8日单日便筹款4500万元，同时3天总捐款人次达到205万人次，2015年99公益日三天募集到的善款金额占据了当年筹款额的近1/4，而在参与人数上也占据了全年1/10。[4]从2016年开始，腾讯公益基金会不仅自己

---

[1] 参见刘巍:《指尖+脚下互联网的公益小伙伴》，载 http://news.163.com/15/1030/02/B753I2NG00014AED.html，最后访问时间: 2018年10月20日。

[2] 参见《百度公益一小时》，载 https://baike.baidu.com/item/百度公益一小时/4078285，最后访问时间: 2018年12月9日。

[3] 参见《9·5中华慈善日，美团公益发起"生活在此，爱在此"公益活动，助力地方公益》，载 https://www.163.com/dy/article/DQUB4F5B05149PH8.html，最后访问时间: 2018年12月9日。

[4] 参见腾讯研究院:《数据解读99公益日，公益新生态背后的机制与愿景》，载 http://www.tisi.org/4934，最后访问时间: 2018年12月9日。

配捐，而且也开始邀请企业参与配捐，采用1∶1∶X的配捐方式，即网友捐赠1元，就有爱心企业配捐1元，同时腾讯公益基金会随机配捐X元。这种方式中网友的参与类似于杠杆，带来企业和腾讯公益基金会的同时配捐。（配捐的具体流程可参见图2-5）

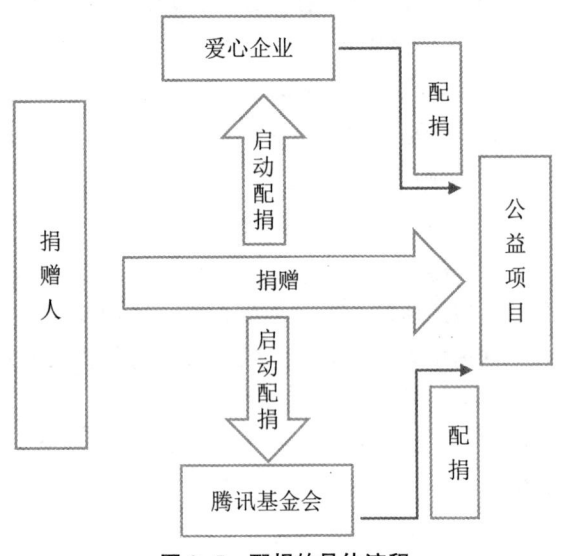

图2-5：配捐的具体流程

配捐方式与其他募捐方式极为不同的一点在于，网友、平台运营方以及企业均成为捐赠方，而网友的捐赠具有启动配捐的意义。在这种方式中，网友的捐赠指向非常明确，因此慈善组织在平台上展示的慈善项目之间充满了竞争，吸引更多网友捐赠的慈善项目将会得到更多的捐赠。

三、以熟人网络为中心进行扩散的募捐结构

以熟人网络为中心进行扩散的募捐方式关注每个人的熟人网络，以每个人的熟人网络为中心进行不断延展和扩散，以达到传播募捐信息并进行募捐的目的。同时这种募捐方式中也添加了一

起参与某项运动或者某项活动的元素，使募捐更有趣味性和展现团队精神。其运作流程是，捐赠人确定要参与的慈善项目的目标筹款额，邀请熟人或者邀请某个团队中的人一起参与进行捐赠，完成目标筹款额，而整个流程都在网络上完成，包括发出的参与活动及捐赠的邀请，以及捐赠都是通过网络完成的。这种形式往往被称为"一起捐"。（"一起捐"的流程具体可参见图2-6）

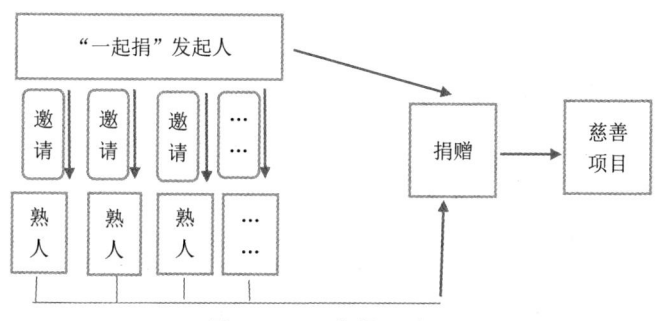

图2-6："一起捐"流程

较有影响力的"一起捐"是上海联劝公益基金会于2011年发起的"一个鸡蛋的暴走"，这是一个公益徒步筹款活动。在这个创意之中，4人~6人组成一队首先需要完成暴走挑战，即12小时内走完50km，完成挑战之后设定目标捐款额，在熟人、朋友中进行募款，完成甚至突破筹款目标。[1]在腾讯公益平台上也有"一起捐"的方式，除个人"一起捐"之外，还有团队"一起捐"、企业"一起捐"等。企业"一起捐"与个人"一起捐"在设计上有所不同，企业在发起"一起捐"时可以上传企业logo、劝募宣言、宣传头图、团队筹款目标等。这在一定程度上有广告效应。

---

[1] 具体内容可参见《2019年·一个鸡蛋的暴走》，载 https://baozou.lianquan.org/ Activity_ AboutUS，最后访问时间：2018年12月9日。

还有广为流传的"冰桶挑战"也类似于"一起捐"模式,也是邀请熟人参与为慈善组织募集资金。不过"冰桶挑战"设定的是固定捐赠额,当被挑战者不能完成挑战时,必须捐赠固定数额的款项。

"一起捐"模式与其他募捐模式的不同之处在于其利用原有熟人社会力量和资源,为慈善事业的参与者赋能,发挥其资源动员能力。这种方式其实是一种线上线下方式的结合,线上的表现更多依赖募捐启动者的线下熟人圈的力量。

四、其他网络募捐创新方式

还有很多其他募捐创新方式也值得关注。比如,有一种方式是把现实世界中的冠名慈善基金的方式搬到了网络平台上,个人在捐赠之后可以设立冠名基金。如广州市慈善会慈善信息平台于2015年向大众开放平台,该平台具有个人冠名基金设立功能,捐款100元即可注册个人冠名慈善基金。还有一些组织将网络慈善冠名基金与个人微信朋友圈链接,鼓励捐赠人在设立冠名基金后将其分享到朋友圈邀请朋友一起捐,并且还可以在线申请捐赠票据,获得电子捐赠证书。[1]

另外,有些网络募捐方式也有创新之处,但是因为不规范而被行政处罚。这些募捐方式亦值得关注,甚至从研究的角度来讲,这些募捐方式背后能够引发更多的思考和讨论。比如刷爆了微信朋友圈的"同一天生日"慈善项目的募捐。其活动的核心内容是通过募捐帮助贫困学生,提出"一元助TA改变命运"。在这个项目中,捐赠人只要在该项目的活动页面输入自己的生日,就可寻找和自己生日相同的贫困学生,并为其捐赠一元钱。该活动以惊

---

[1] 参见张璐璐、唐悦:《南京冠名慈善基金实现全自助——只需100元就可设立》,载《新华日报》2017年7月31日,第5版。

人的速度传播，筹款速度也极快，两天内就获得筹款逾255万元。[1]但是，旋即被深圳市民政局予以行政处罚，其原因在于募捐信息未在民政部制定的募捐信息平台上发布，而是在未获得指定的微信公众号上发布，该微信公众号是募捐主体爱佑未来基金会通过零分贝公司开发的，名为"分贝筹"。另一个原因是爱佑未来基金会没有对发布的募捐信息进行审核，发布的信息不准确不完整。[2]这样的事件恰恰带来很多的思考，包括慈善募捐行为是否存在底线和边界，慈善募捐主体的创新是否有底线和边界，甚至包括《慈善法》上所规定的指定制度是否合理，指定制度会给创新带来怎样的影响，等等。

第二节　网络慈善募捐运行实践的特点

整体观察网络慈善募捐的种种创新方式，能够发现我国网络慈善募捐正在以其特有的方式发展着。其独特性的形成既有技术发展、社会自发发展的特性，也有法律调整，公权力干预后所形成的印迹。

一、募捐平台运营主体的特点：互联网企业风骚尽显

在《慈善法》之后，被指定的募捐平台"独霸"网络慈善募捐的渠道。募捐平台并非独立的组织形态，其背后存在运营主体。从现有指定的平台来看，其运营主体的性质大致可以分为两类，一类是营利组织，另一类是非营利组织。其中，营利组织运营的

---

[1] 参见《四问零分贝："同一天生日"筹款250万诈捐还是创新》，载 http://www.sohu.com/a/212769869_420076，最后访问时间：2018年12月19日。
[2] 参见孙雅茜：《"同一天生日"深圳主办方致歉并回应200多万善款去向》，载 http://news.163.com/17/1228/15/D6OJOC4U000187VE.html，最后访问时间：2018年12月19日。

募捐平台占多数,尤其是互联网企业占据了非常大的份额。并且,分析这些主体运营状态可以发现,互联网企业运营的募捐平台优势明显,在非营利组织运营的募捐平台中有互联网背景的运营主体,如腾讯公益平台,其他非营利组织运营处于相对劣势,并且已经有两家非营利组织退出了对募捐平台的运营。(具体可参见表2-2)

表2-2:运营募捐平台主体状况

以是否营利区分运营主体	网络募捐平台名称	运营主体	运营状态
营利组织	新浪-微博(微公益)	北京微梦创科网络技术有限公司	正常
	新华公益服务平台	新华网股份有限公司	正常
	百度慈善捐助平台	百度在线网络技术(北京)有限公司	正常
	滴滴公益	北京小桔科技有限公司	正常
	美团公益	北京三快云计算有限公司	正常
	淘宝公益	浙江淘宝网络有限公司	正常
	京东公益	网银在线(北京)科技有限公司	正常
	苏宁公益	江苏苏宁易购电子商务有限公司	正常
	蚂蚁金福公益平台	浙江蚂蚁小微金融服务集团有限公司	正常
	易宝公益	易宝支付有限公司	正常
	公益宝	北京厚普聚益科技有限公司	正常
	轻松筹	北京轻松筹网络科技有限公司	正常
	水滴公益	北京水滴互保科技有限公司	正常

续表

以是否营利区分运营主体	网络募捐平台名称	运营主体	运营状态
营利组织	中国社会扶贫网	北京帮一把网络科技有限公司	正常
	字节跳动公益	北京字节跳动科技有限公司	正常
	小米公益	小米科技有限责任公司	正常
	哔哩哔哩公益	上海宽娱数码科技有限公司	正常
	公益北京	奇保信安科技有限公司	正常
	中国移动公益	中移在线服务有限公司	正常
	芒果公益	湖南快乐阳光互动娱乐传媒有限公司	正常
	携程公益	上海携程商务有限公司	正常
非营利组织	腾讯公益	腾讯公益慈善基金会	正常
	联创网	上海联劝公益基金会	正常
	帮帮公益	中华思源工程扶贫基金会	正常
	善源公益	北京善源公益基金会	正常
	广州市慈善会慈善信息平台	广州市慈善会	正常
	广益联募	广州市广益联合募捐发展中心	正常
	基金会中心网	北京恩玖非营利组织发展研究中心	退出
	中国慈善信息平台	中国慈善联合会	退出
	亲青公益	中国青少年发展基金会	正常
	平安公益	深圳市平安公益基金会	正常
	慈链公益	佛山市顺德区慈善组织联合会	正常

■ 网络慈善募捐创新及法律回应

在慈善募捐与网络技术结合的过程中，互联网企业成为推动网络慈善募捐发展的重要力量，尤其是在《慈善法》中确立慈善信息平台的法律地位之后，互联网企业的优势更为显现。从民政部指定的互联网募捐信息平台的名单来看，互联网企业运营的慈善募捐信息平台的数量占多数，32家中有21家是由互联网企业运营，所占比例是66%。即使如腾讯公益、善源公益这样的募捐平台，运行主体虽为基金会，背后也有设立基金会的企业的资金和技术支持。

在网络慈善募捐结构中，被凸显的并非慈善组织，而是互联网企业，其原因主要在于：

1. 互联网企业的技术、资金等都能为运营募捐平台提供支持。互联网企业具有重要的技术优势，这类企业在运营网络募捐平台时往往已经具备完整的互联网服务运营的基础，具有相应的技术手段并配备了必要的技术人员，募捐业务的增加并不会过多增加企业的成本。它可以在发展过程中由运营企业承担成本，慈善募捐平台并不需要考虑成本问题。笔者曾对新浪公益平台进行过调研，发现新浪公益平台的运行成本完全由新浪公司承担，新浪公益平台的运营成本全部由新浪公司承担，而在新浪公益部门供职的专职人员有20多人。[1] 企业之所以愿意承担募捐平台的成本，而不寻求相应的利益回报，究其原因，一方面与企业的社会责任有很大关系。2013年时任新浪社会责任总监的贝晓超先生在接受《责任观察》采访时就从社会责任角度谈到新浪打造新浪公益平台的目的，微公益平台的责任价值在于消化公益需求、转化公益需求，逐步解决社会问题。传统媒体在履行社会责任更加集中在传播公益，监督公益，基于新浪微博的微公益平台，可以更好地整合企业、爱心用户、公益机构的公益诉求，通过互联网产

---

[1] 2015年9月24日新浪公益访谈内容。

品运营的方式让微公益行为在微博上更多地传播和出现。[1]另一方面，募捐平台虽然不能为企业带来直接的经济利益，但是其在很大程度上提高了企业的知名度，并且对于互联网企业而言还数倍地增加了其点击率、转发率，形成企业的主体业务与运行网络慈善募捐业务的良性互动关系，对于企业而言自然会乐此不疲。

2. 互联网企业的主业务与运营募捐平台之间可以形成互利共赢的关系。一方面，互联网企业积累的影响力、用户流以及运营资源都可以用来支持网络募捐平台的运行，并且这些互联网企业多将其主业务所形成的运行模式运用于网络募捐，充分利用其原有资源设计网络慈善募捐平台运行方式。正如百度基金会理事长赵坤所言，所有公司都是发挥自己最擅长的特点来做公益。[2]各种不同定位的互联网企业纷纷利用自身优势推出各具特色的网络慈善募捐方式。

运营社交类平台的互联网企业充分利用这类平台互动性强、活跃度高、传播速度快的优势，设计其慈善募捐项目。新浪就充分利用了微博的优势运营新浪微公益，微博是一个分享的平台、沟通的平台，也应该是一个非常好的公益平台，新浪希望借这样一个机会建立起一个全民参与的、特别是有很多精英人士参与的微公益平台，让更多的网民、更多的人士参与到慈善、公益当中来。[3]微博上发起的"冰桶挑战"为罕见病募捐的公益项目就是成功的案例。

---

[1] 参见《新浪微博：用微公益产品践行社会责任》，载 http://csr.stcn.com/2013/1218/11013975.shtml，最后访问时间：2019年5月4日。

[2] 参见《百度"公益一小时"升级 科技助力公益走向主流》，载 http://gongyi.people.com.cn/n1/2017/0531/c151132-29309869.html，最后访问时间：2018年11月2日。

[3] 参见《微公益：全民公益的造梦行动》，载 http://gongyi.sina.com.cn/gyzx/2014-12-17/165550918.html，最后访问时间：2018年11月2日。

运营购物类平台的互联网企业充分利用这类平台聚集众多商家和消费者、消费活跃的特点，设计慈善募捐项目。在淘宝网上开设的"公益网店"就利用了消费者在淘宝上购物的习惯，引导消费者对虚拟产品进行购买，实则形成募捐-捐赠关系；京东公益所设计的"一键捐赠，物资直送"模式也充分利用了购物类平台的优势，消费者可以直接将其在京东商城上购买货物点击捐赠给捐赠对象，省却了捐赠人收货再发货的麻烦，节约了捐赠的时间和精力。很显然，这些都是对购物类网络平台优势的充分利用。

运营搜索类平台的互联网企业利用流量与用户的活跃度的特点，设计慈善募捐项目。如运营百度搜索引擎的百度公司就充分利用自身资源的特点，运营百度公益平台，在其平台上设计的"公益一小时活动"项目也是成功的案例。凭借这一项目，百度公司于2015年获得南方周末主办的"中国企业年度责任案例奖"。2016年百度公司运营的百度慈善捐赠平台获得民政部指定时，百度就谈到了自身的优势，百度搜索每天响应60亿次搜索请求、百度地图日均响应定位请求达230亿次、手机百度每天拥有超过1亿人次日活跃度，这些巨大的流量入口将能最大化地将公益救助信息传递给用户，为有需要的患者带来更多的希望。[1]

运营金融支付类平台的互联网企业利用客户资源多、实名要求等特点进行网络募捐。如浙江蚂蚁小微金融服务集团有限公司运营的蚂蚁金福公益平台利用其支付宝平台进行网络募捐时，就是基于上述特点展开的，支付宝是以实名和信任为基础的生活平台。在手机支付宝首屏显著位置有一个"爱心捐赠"板块，连接着支付宝爱心捐赠平台上近1000家公益组织，累计募捐超过6亿

---

〔1〕 参见《百度公益平台入选首批民政部指定捐款平台》，载 http://gongyi.baidu.com/ dist/ newsDetail.html? Id =48，最后访问时间：2018年6月2日。

元（数据截至 2015 年年底）。[1]

总的来看，各种类型互联网企业纷纷利用自己的企业资源和优势推动募捐平台的发展。这种做法对互联网企业而言，不仅有很多资源和渠道可以利用，而且通过募捐平台所吸引的人群、流量又可以推动其主业务的发展，甚至所形成的知名度也有助于互联网企业的持续发展。

与互联网企业在运行募捐平台时优势尽显的现象相比，非营利组织运营募捐平台出现比较大的差异性。如果运营主体背后有强大的企业资源作为支撑，也表现出强劲的发展势头，如腾讯公益平台。就腾讯公益平台来讲，其运营主体虽然是腾讯公益基金会，但受腾讯公司的影响不可谓不大。一是运营理念受腾讯公司的影响。腾讯公司自身的定位对于腾讯公益平台的定位有着直接的影响，2014 年 11 月 19 日，在乌镇世界互联网大会上，腾讯董事会主席兼 CEO 马化腾在世界互联网大会移动互联网分论坛上表示"腾讯将专注于做互联网的连接器"。[2]这种连接器的定位思想直接决定了腾讯公益平台的定位，该平台试图将其建成中国公益行业的"连接器"。腾讯网、QQ 以及微信三大核心平台为腾讯公益平台连接器的地位发挥了作用，把公募机构、草根组织、公益项目发起个人、腾讯网友、捐赠的个人和企业连接在一起。甚至如腾讯公益平台负责人所言，"我们的公益平台同时也是腾讯的一个产品"。[3]二是运营成本最终来自腾讯公司。腾讯公益平台的运行主体是腾讯公益基金会，但是该基金会的启动资金来自腾

---

[1] 参见《首批 13 家互联网募捐平台都是什么来头》，载 http://www.ngocn.net/column/2016-08-22-4d2f1437cb7d f24e.html，最后访问时间：2018 年 11 月 2 日。

[2] 参见《腾讯专注做"连接器"》，载 http://www.useit.com.cn/thread-7480-1-1.html，最后访问时间：2016 年 11 月 19 日。

[3] 2015 年 7 月 27 日对腾讯公益平台负责人的访谈。

讯公司2000万的捐款，并且腾讯公司每年拿出利润的3%~5%捐给基金会。这些能够使得基金会能够稳定地运作，也能够保证腾讯公益平台的运营费用。三是腾讯企业运营各类平台所形成的客户流对于网络募捐平台也是巨大资源。同时，在获取网络支付支持方面，也享有得天独厚的条件，腾讯公司的财付通、微信支付以及手Q支付等都为其提供重要的保障。

但是纯粹非营利组织运营的募捐平台，整个影响力相对小很多。由于不具备互联网企业的各种优势资源，因此动员社会公众的能力不如互联网企业运营的募捐平台强。从现有的各种募捐平台发展来看，均采用免费方式运行，这对于有营利组织支持的募捐平台而言，运行并无困难，但是对于非营利组织而言，由于不收费，要保持长期运行存在巨大的挑战。

二、网络慈善募捐运营方式的特点：商业运营模式的引入

网络慈善募捐的运行主体多为营利组织，其运行模式也引入了市场运行的理念，在各种募捐方式的设计中融入了商业销售的思维模式与运行逻辑。有研究指出所有的公益项目都是利用技术创新，通过商业模式，整合社会资源，唤起更多的人来参与公益。〔1〕商业模式的引入突破了慈善组织发起慈善募捐时的传统做法。

商业销售的思维模式与运行逻辑主要表现在，一是关注"市场"，所有的市场主体都要从市场交换中获得利益；二是关注"用户"，要获得利益就必须吸引用户，而吸引用户的关键是"用户需求""用户体验"。这两方面的内容融合到网络慈善募捐之中，与传统慈善募捐形式不同的创新就应运而生了。

---

〔1〕参见《神奇的"公益宝贝"升级啦！公益网店+公益宝贝全面支持公益发展》，载http://www.sohu.com/a/ 232520053_ 670688，最后访问时间：2018年11月19日。

首先,"市场交换"逻辑融入慈善募捐行为中。企业作为市场主体在市场中进行交换是商业活动的核心内容。市场交换强调在交换中获得"收益",即交换者用自己的产品或者服务能够得到什么样的"收益"。当交换者通过理性分析认为交换中所获得的"收益"是值得的,交换就可以顺利地进行下去。当"市场交换"的逻辑引入网络募捐行为中时,"收益"以多种方式表达了出来,虽然有些"收益"纯粹是精神层面的。像日捐、月捐等直接募捐的方式,往往设置"爱心积分""公益勋章"等精神层面的回报。这既是对捐赠人捐赠的赞许,也可作为捐赠人网络转发向他人展示的依据。对捐赠人而言,这些是精神层面的"收益"。而像虚拟产品的"销售"这种方式本身就是对"市场交换"的模拟。"行走捐""祝福捐"这样的募捐方式则满足多方主体的不同"收益"需求:网友的参与满足了某些具有共同爱好、兴趣和需求的人的表达、展现欲望,而承诺捐赠的企业的参与则满足这些企业承担社会责任的需求,正如一些媒体的评论所言,在越来越注重企业社会责任(CSR)的当今,新浪微公益平台也为企业实现 CSR 目标、开展公益营销提供了一个绝佳的舞台。[1]除此之外,还有一定的曝光作用、有一定的广告效应。这种方式实现了一种共赢的结果,用微公益平台自己的话来描述,就是形成了一股强大的社会力量,一定程度上实现了个人、企业、公益组织的三方共赢。在微博上,公益不再是少数人的舞台,而成为人人皆可使用的平台。微公益平台把传统公益活动的各个参与方集结到一起,使发起者、受益者和第三方机构实现了前所未有的整合。[2]

"市场交易"逻辑的引入突破了传统慈善运行模式,传统运

---

[1] 参见《新浪"微公益"上线,公益营销有了"微平台"》,载 http://www.chinaz.com/news/2012/0228/ 237240. shtml,最后访问时间:2019 年 2 月 9 日。
[2] 参见《微公益平台介绍》,载 http://huati. weibo. com/z/weigongyihelp/,最后访问时间:2019 年 2 月 9 日。

行模式中的募捐是以直接"请求"或者"呼吁"的方式表达，强调的是没有"回报"的高尚行为。很显然，"市场交易"逻辑走出了"无回报""道德责任""悲情故事"等思维定式，代之以"有回报""利益交换""快乐参与"等内容，因此催生的募捐形式与传统募捐模式存在很大的区别。

其次，"用户需求""用户体验"成为网络慈善募捐方式设计的重要考量要素。在商业活动中，满足用户的需求、保证用户获得好的"体验"才能吸引更多的用户，获得更多的收益。营利组织运行的募捐平台在此方面也引入了商业思维方式，把潜在的捐赠人或者参与捐赠中的人视为"用户"。一般而言，参与到捐赠行为中的"用户"有三方面的特点：一是不同类型的"用户"有不同的捐赠偏好；二是不同类型的"用户"选择不同的捐赠方式；三是"用户"希望捐赠后得到公益项目实施情况的反馈。网络募捐平台会对这些特点进行分析，设计相应的募捐方式。京东公益物资募捐平台就有这样的描述，对用户行为进行细分及偏好分析，设置运营策略进行精准推送，提升公益效益；对公益项目受灾地区区位及订单用户进行分析，可帮助调整产品布局，精准定位形成公益地域差异化策略；可以利用 VR 技术为网友提供身临其境的公益现场参与体验。[1]而对于公益项目实施情况的反馈，各个募捐平台都非常重视，在这方面也着力不少。如北京厚普聚益科技有限公司公益宝平台采用了"公益宝+慈善组织信息化子系统"模式，当慈善组织将一笔捐赠资金拨付给受助对象时，项目拨付数据会随之产生，并可实时通知捐赠人。[2]这种实时项

---

〔1〕 参见《京东公益物资募捐平台将上线 建互联网公益新标准》，载 http://tech. huanqiu. com/business/2017-03/ 10375515. html？qq-pf-to=pcqq. c2c&agt=45，最后访问时间：2019 年 2 月 9 日。

〔2〕 参见《公益宝入选全国首批慈善组织互联网募捐平台》，载 http://gongyi. 163. com/16/0905/17/C07FSARM009 3645L. html，最后访问时间：2019 年 2 月 9 日。

目运行公开对于"用户"来讲,就会产生好的体验。用户极在意自身的体验,如免费午餐淘宝公益店上线时,就有网友"鞋鞋"在微博上作过这样的评价:"官网的用户体验非常好""免费午餐的信息得到最大程度的呈现,介绍、捐款通道、志愿者队伍、受捐学校信息、媒体报道等信息都一目了然"。[1]用户体验好,会带来更多的捐赠;信息公开透明,能使捐赠人放心捐赠。以"用户"为导向的市场运行模式也给慈善募捐带来新的思维模式。

三、网络慈善募捐中慈善项目的特点

网络慈善募捐以网络为募捐渠道,这使得通过网络进行募捐的慈善项目都带有互联网的特点,主要表现在以下方面:

1. 通过网络募捐的慈善项目较多集中于特定领域

效率虽然成为网络慈善募捐的突出亮点,但是在效率的背后可以发现,网络募捐的成绩集中体现在特定的领域,《2016年度中国慈善捐助报告》指出,从网络捐赠的领域来看,医疗救助和教育助学类最受关注,其次为减灾救灾和环境保护。以腾讯网络募捐平台为例也可以清楚地看到这一点,"腾讯网络募捐项目共有41 451个,疾病救助共20 857个,助学项目8396个,扶贫、救灾项目4545个,环保项目1496个。[2]从这个数据可以看出,仅仅医疗救助的项目占比就在一半以上。之所以出现这种现象,与网络募捐自身的特点有密切的关系。

另外值得注意的是,有些慈善项目可能因为发起它的慈善组织本身很弱小,难以支撑其在网络空间发声而无法得到网络社会的关注,由于网络使用的技术壁垒和意见表达的话语壁垒,一些

---

〔1〕 参见《免费午餐淘宝公益店上线3元即可网购一份爱心》,载 http://news.ifeng.com/ gundong/ detail_ 2011_ 07/ 13/ 7674555_ 0. shtml,最后访问时间:2019年2月9日。

〔2〕 参见移动互联网腾讯公益微信公众号显示数据,最后访问时间:2018年5月30日。

无法进入网络空间的社会成员则逐渐被边缘化,并被排挤于公共生活之外,处于集体失声的状态。[1]这也使得有些慈善项目难以进入网络空间。

2. 对公共议题进行讨论、协商和监督的功能不足

网络慈善募捐的最大特点在于立体呈现慈善项目,往往有文字、声音、图片,在激发人们参与进行慈善捐赠方面其动员能力非常强。但是公众多因感情激励而参与,往往仅停留于对公共事务的表层认识,难以通过讨论和协商推进深入的理性思考。现在很多项目募捐也设置了跟帖功能,但是只能单向度地发表意见和看法,并不能形成互动式讨论,对于相关公共议题难以推进讨论,无法形成基本共识的效果。同时,网络募捐中人们募捐的兴奋点也具有极快的跳跃性,往往并不能形成长期参与的效果。总的来看,网络慈善募捐中公众参与时感性成分较多,理性思考不足。而如何引导网络募捐所激发起的公众参与热情转化为对公共议题的持续理性思考,这不仅是慈善组织,也是整个社会应当思考的问题。

网络募捐中的公众参与也难以产生应有的监督作用。一般认为,公众参与是制约公权力运行的重要力量。在网络募捐中,与分散的个体相比,具有募捐资格的慈善组织具有类似社会公权力的性质,对于其汇集社会资源用于慈善目的的整个募捐活动应当给予必要的监督制约。但是很多捐赠人对捐赠使用状况并没有太多的兴趣去了解。调查显示,捐助者持续关注捐赠使用状况的兴趣与愿望不是很高,平均评分是 3.87 分。但奇怪的是,捐赠人不关注捐赠使用状况,但是他们继续参加公益活动的热情不减,愿望强烈,

---

[1] 参见张荣:《网络社会中的公共性难题》,载《社会科学研究》2014 年第 6 期。

平均评分为 4.49 分。[1] 这种现象出现的重要原因在于人人慈善中存在大量的小额捐赠人，当捐赠人捐赠额度较小并且处于分散状态时，一方面，捐赠人往往并没有动力对慈善项目的执行情况进行跟进关注；另一方面，也难以形成与慈善组织相抗衡的集体力量。

当然，也有观点指出，网络慈善募捐展示出来的状况就是线下慈善组织发展状况，做得好的公益店家，大部分属于线下影响力很大的机构。他们把线下的公信力、影响力、知名度平移到了网上。比如免费午餐公益店，每月销售额有 50 万左右。[2] 线上和线下的结合使得一些有影响力的项目的影响力更大。

第三节　网络慈善募捐的创新发展之于慈善事业的贡献

网络慈善募捐的种种创新表现一方面使人惊叹技术带来的力量，另一方面也使人惊叹我国社会所蕴藏的巨大的慈善力量与慈善资源。同时，创新中的网络慈善募捐也在很大程度上改变着慈善组织的生存环境以及慈善组织本身的运作理念，推动慈善事业向崭新的方向发展。

一、为各种慈善力量提供展现的机会和便利的通道：人人慈善型社会的到来

网络慈善募捐本身是互联网技术在慈善领域中运用的结果，但是如果一个社会本身缺少善念，缺乏助人互助的观念，丧失对

---

[1] 参见张银锋、侯佳伟：《中国微公益发展现状及其发展趋势分析》，载《中国青年研究》2014 年第 10 期。
[2] 参见钱蓓：《三百多家公益机构在淘宝开店 公益人要学做"卖家"》，载 http://shzw.eastday.com/shzw/G/20120923/u1ai90137.html，最后访问时间：2018 年 10 月 22 日。

■ 网络慈善募捐创新及法律回应

社会问题的共同关注,慈善募捐的巨大力量是无法展现出来的。网络慈善募捐令人刮目相看的成绩实际上是把以前未曾展现出来的社会慈善力量展现了出来,当然,技术的加持作用也是不容否认的,它为社会主体参与慈善事业提供了便利的通道。

1. 蕴藏于民众中的慈善意愿有了表达的渠道:小额捐赠不再缺场

在传统的慈善捐赠结构中,小额捐赠往往是与公共场所的募捐箱联系在一起的,而募捐箱捐赠虽然一般以"透明募捐箱"的方式搁置在公共场所劝导人们捐赠,但是捐赠去向与用途终究是不明朗的,结果募捐箱捐赠实际效果并不理想。[1]实践中,甚至出现过慈善组织都懒得打理募捐箱的事例。[2]其他募捐方式更是无法关照到小额捐赠。而这导致埋藏在民众中渴望参与慈善活动的爱心和对慈善事业发展的关心被忽视和冷落了,蕴藏在民众中的巨大慈善力量未能找到释放的渠道。网络慈善募捐则为民众的慈善力量的释放提供了渠道,传统认为小得不能再小的捐赠,甚至1分钱、1厘钱都有畅通的渠道进入捐赠体系之内。网络慈善募捐使得小额捐赠不再缺场,"公益慈善事业是企业家、富人的专利"的传统观念也被彻底改变,打破了"大善人"就是"大贵

---

[1] 2014年《公益时报》联合凤凰公益、新浪公益、问卷网在7月31日10时至8月4日10时推出征调查:常设募捐箱成垃圾箱,你怎么看? 共有9263位网友参与,结果显示:有19.60%的网友倾向于通过公共场所放置的捐款箱进行捐赠。参见王勇:《调查:不足两成网友倾向于通过捐款箱进行小额捐赠》,载《公益时报》2014年8月5日,第02版。

[2] 2012年12月25日,网友爆料称,成都市红十字会在汶川地震后设立的募捐箱中的善款因多年未取,导致箱内纸币长出白毛。这一事件曝光后,各地纷纷出台募捐箱管理办法,试图实现对募捐箱设置、开启以及后期善款适用的规制。这一事件促进了制度的发展,但是从另一个侧面反映出,慈善募捐箱募捐本身在慈善组织募捐量上占比较小,较易被忽视。具体事件的过程可参见《箱中善款发霉长毛》,载http:// roll.sohu.com/20121227/n361703094.shtml,最后访问时间:2017年12月10日。

人"的固化概念,每个人都获得了平等参与慈善活动、慈善事业的权利。

小额捐赠中单笔捐赠的数额虽然不多,但是聚集起来,其数量是惊人的。有报告显示,2015年,通过(新浪)微公益平台、腾讯公益、蚂蚁金服公益平台、淘宝公益等4家平台进行捐赠的总人次超过30亿,是2014年的3倍,4家平台获得捐赠9.66亿元,较2014年上涨5.41亿元,涨幅达127.29%。[1]这些数据中最值得关注的是捐赠人次,"30亿"这一巨大的数据,意味着民众的广泛参与。这能让人感受到民众中无法估量的慈善热情和慈善力量。同时,我们也可以看到,这些数据保持着持续上升的势头。据统计,网络募捐数额占全国社会捐赠总量的比例从2013年的0.4%上升至2019年的4.1%,从2016年到2019年,我国慈善组织互联网募捐信息平台募集的善款每年同比增长率保持在20%以上,2019年网络募集善款超过54亿元,比上年增长68%。[2]

分析网络慈善募捐所带来的令人惊叹的慈善力量,可以发现:如果没有蕴藏于民众中渴望参与慈善的爱心和善念,网络的介入只能是技术的独自狂欢。我们必须看到慈善本身就是社会的,就属于民众,只是以前的募捐方式无法回应社会的需求而已,当新的募捐方式能够顺应并满足民众的需求时,社会中所蕴藏的巨大的慈善力量自然就显示了出来。

2. 面对人类灾难,个体困难时,公众即时参与的渠道被打通

网络慈善募捐极为引人瞩目的特点是其募捐的速度和影响的广度。网络本身具有高速传播的特性,通过网络平台传播募捐信

---

[1] 参见《中国慈善捐赠额去年超1100亿 个人小额捐赠75亿》,载http://www.xinhuanet.com/politics/2016-11/30/c_1120018394.htm,最后访问时间:2018年10月22日。

[2] 参见《中国网络慈善发展报告》,载http://www.caoss.org.cn/mtnr.asp?id=2057,最后访问时间:2020年11月30日。

息，募捐信息能够实现即时传播。同时，随着移动互联网的普及，网络即时支付功能的实现，大大提升了网络募捐的效率，公众也有了即时参与的通道。网络募捐的这些特点使得应急性的募捐成绩表现得非常突出，如较早引起关注的2008年的"5·12汶川地震"网络募捐平台，通过该平台，仅用8天时间筹得资金超过2300万元，当时媒体对其评价，"创下互联网公益慈善史上最高捐赠纪录"。[1]2013年"4·20雅安地震"发生后网络募捐也有同样的表现，据统计，仅支付宝、新浪微公益、腾讯乐捐网络三大网络捐赠平台中个人捐赠总额就高达6236万元。[2]在新型冠状病毒性肺炎疫情期间，网络慈善募捐仍在持续发力，中国慈善联合会于2020年1月24至2月26日期间对慈善捐赠进行了统计，结果显示腾讯公益、公益宝、阿里巴巴/支付宝公益、水滴公益、联劝网、苏宁公益等平台上线了约400个募捐项目，共吸引3000多万人次的捐赠，筹集资金约16亿元。[3]在事故或者灾害来临之际利用互联网进行募捐的效率和能力获得令人惊叹的成绩，人们普遍认为，网络捐赠以其迅速的反应能力成为灾难发生时最有效的募款手段。[4]这是其他募捐方式所无法相比的。

在个体困难面前，聚集众人力量予以帮助也成为网络慈善募捐的重要募捐内容之一。2012年青岛女孩鲁若晴患病募捐就是典

---

[1] 参见《盘点08年十大社会公益事件 社会捐赠达千亿入选》，载《公益时报》2009年1月6日。

[2] 参见《中国网络捐赠研究报告》，载http：//www.docin.com/p-1011388201.html，最后访问时间：2018年3月2日。

[3] 参见《中慈联：全国新冠肺炎疫情防控慈善捐赠共计约257亿元》，载https：//baijiahao.baidu.com/s?id=1659829788188998500&wfr=spider&for=pc，最后访问时间：2020年11月20日。

[4] 参见《接捐主体"官退民进"网络捐款"逆势上涨"》，载http：//gongyi.qq.com/a/20131029/009118_all.htm，最后访问时间：2018年3月2日。

型案例。[1]还有不少案例也体现出网络募捐的高效率,很多救助个案需要几十万甚至几百万捐助,通过互联网把消息公布出来之后,有的救助在24小时之内就把需求的资金募集到了。[2]这样的速度在传统的募捐系统中是无法实现的,网络与慈善的链接所带来的是公众即时参与慈善的便利通道。

3. 塑造人人慈善的可持续性

社会公众对慈善活动的持续关注和持续参与是慈善事业发展的基本保障,持续性参与所显示出来的也是人们对慈善事业的理性选择和参与,而非仅仅冲动之举。从网络慈善募捐捐赠额的不断增加本身就可以看到公众的关注和参与有持续性、长期性的特点。新浪公益平台对捐赠重复率的统计也印证了这一点,新浪微公益平台自成立至今,已累计筹款4亿余元,超过2000万用户参与捐款,捐赠重复率达到26.7%。[3]虽然捐赠意愿与慈善组织设计的慈善项目、捐赠人与公益平台的黏合度等均有很大关系,但是超过1/4的捐赠重复率还是在一定程度上反映了公众捐赠意愿的持续性。

同时,网络慈善募捐方式也为公众长期捐赠提供了渠道,"月

---

[1] 具体经过如下:2012年鲁若晴被查出患有急性白血病,面对高达40多万高昂的手术费用,她选择放弃。她虽然放弃手术,但是仍然积极地与白血病抗争。这种积极向上的精神记录在鲁若晴的微博中,也在网上受到广泛关注和转发。在这个过程中,几位网络名人联合新浪公益微基金发起,与中国青少年基金会合作作为鲁若晴进行募捐活动。这次募捐也极为成功,仅用了三天时间就有8000多人参与,总共募集了105万余元的善款。参见《"最美抗癌女孩"若晴遂愿 37万受捐余款设基金》,载 http://news.bandao.cn/news_html/201310/20131013/news_20131013_2276240.shtml,最后访问时间:2018年3月2日。

[2] 参见王振耀:《"互联网+公益"给中国公益事业带来一场革命》,载 http://www.xinhuanet.com/gongyi/2016-10/31/c_129344511.htm,最后访问时间:2017年12月21日。

[3] 参见《"5·12互联网社会责任日"座谈会暨互联网公益联盟专业委员会第一次会议召开》,首都互联网协会2015年5月15日。

捐"方式成为最典型的持续网络捐赠的方式。比如腾讯于2009年推出"腾讯月捐"项目，此项目直接针对个人用户推出，并不提倡网友进行大额捐赠，而是号召网友每月只要捐赠10元钱即可。关键是希望捐赠人能够每月都进行小额捐款，长期关注和支持公益项目，形成参与和支持公益的习惯。[1]截至2019年4月2日，"腾讯月捐"平台显示，已经有94个项目获得1 458 475位网友的长期支持。其他募捐平台也大都专设"月捐"渠道，捐赠人就某个慈善项目选择按月进行捐赠的方式，并授权支付体系定时自动进行扣款，无须每次进行捐赠操作。这种方式易于被捐赠人所接受，其原因在于每月额度并不多，不会对捐赠人的生活造成影响，同时捐赠操作特别简单，不会额外给捐赠造成负担。而慈善组织和募捐平台也希望通过月捐方式形成稳定的捐赠来源和稳定捐赠人群，形成捐赠人的捐赠习惯。

二、改变了慈善组织运行理念与运行方式

慈善组织在传统的募捐框架中可选择的募捐方式不多，大部分只能通过平面媒体宣传，少数采用电视、电话等方式传播。这些传播方式的缺陷在于互动性少，受众直接参与度不高。这种单向度募捐方式要想达到较好的募捐效果则多采用"悲情叙述"方式去打动公众；同时传统募捐方式中可利用的展示慈善项目的空间有限，难以在募捐时同时达到信息公开的效果。互联网与慈善的结合则改变了原有的募捐结构。这也要求慈善组织必须适应这种方式，重新调整其运行理念与运行方式。

首先，传统募捐"打悲情牌"的募捐方式逐渐被"快乐慈善"的理念所取代。如"冰桶挑战"项目，从中一方面可以看到网络慈善募捐的巨大社会动员能力，美国ALS协会2014年8月27

---

[1] 2015年7月27日对腾讯公益平台负责人的访谈。

日在其官方网站上公布的数据显示，自活动开始至8月27日，该协会收到超过9430万美元的募捐，而去年同一时期仅为270万美元，这些捐款来自现有的捐助者和210万个新的捐赠人。[1]在我国，这项慈善活动同样引起社会的广泛关注，捐赠速度与数额也是惊人的。据该项目的发起方瓷娃娃罕见病关爱中心的数据显示，发起后不到两周，截至2014年8月30日24：00"冰桶挑战"专项捐款金额总计人民币8 146 258.19元。[2]另一方面，也可以看到这种募捐方式中基本未见传统的"悲情"手法，通过网络慈善募捐活动所展示出来的是积极参与活动、乐观面对人类疾病的精神。有论者因此指出，有着平等基因的互联网正在改变着传统慈善的游戏规则。在这些人的挑战中，你能感受到他们是关注而非同情，乐观而非悲情，参与而不标榜，他们与受助者之间像是有着某种内在牵挂的朋友，没有丝毫不平等。[3]再如前文所提到的"一个鸡蛋的暴走"项目，其项目说明中就明确提出，"一个鸡蛋的暴走"希望带给公众身体力行的公益实践和丰富快乐的公益感受，让公益不再遥远，未必苦情，也不止于捐款。[4]这种倡导快乐慈善的项目通过朋友圈的传播发酵获得很大的成功。这些变化意味着慈善组织已经开始积极适应互联网的运作风格，从传统的"悲情慈善"向"快乐慈善"方向进行转变。

其次，"透明慈善"的要求在网络募捐时代也越来越多地被提及，慈善组织也必须适应这一社会需求，逐渐实现网络募捐的

---

[1] 参见曹惺璧：《互联网如何颠覆传统慈善》，载http：//tech.china.com.cn/news/20140828/137737.shtml，最后访问时间：2016年3月8日。

[2] 参见《盘点2014——瓷娃娃"冰桶挑战"中国项目专题回顾》，载http：//www.chinadolls.org.cn/ page/4590，最后访问时间：2018年1月22日。

[3] 参见李迎春：《慈善要走出传统的悲情之路》，载http：//news.ifeng.com/a/20140818/ 41615528 _ 0.shtml，最后访问时间：2018年1月22日。

[4] 具体内容可参见《2019年·一个鸡蛋的暴走》，载https：//baozou.lianquan.org/Activity_ AboutUS，最后访问时间：2019年3月2日。

透明公开。传统慈善募捐引起人们特别关注的问题之一就是募捐款项的透明公开问题，在互联网这同样是一个不能回避的问题，对于网络募捐来说，所有信任最终都来自透明。[1]透明公开才能获得捐赠人的信任和持续的支持。客观地说，传统的募捐模式要做到"透明公开"，其成本较高，难度较大，的确不是很容易实现。而互联网的引入则有助于解决"透明公开"的问题，互联网的技术与平台使得公益透明化的成本大大降低。[2]不仅能便捷地公开慈善项目最后执行情况，而且也能便捷地展示慈善项目的执行过程。互联网介入慈善活动后，甚至被冠之以"透明慈善"之誉。一本针对中国高净值人群公益行为进行调查的白皮书中公布了这类人群选择互联网公益的理由，这些理由包括便捷性（68%）、更为高效（56%）、公开透明（56%），更有利于公益的持续发展（40%），参与公益的门槛低（37%），影响力更大（33%），有较强的社交属性（25%）。[3]这个数据在一定程度上反映了公开透明成为互联网公益一大特点而被捐赠人所认同。但这只能说"透明慈善"在技术上具有了可能性，最终透明公开的目标还有赖于慈善组织的公开透明意识。

同时需要注意的是，公众心里存在一定程度的对网络募捐的不信任感。中国青年报社会调查中心通过民意中国网和益派咨询对1737人进行的一项调查显示，47.4%受访者曾通过网络平台参与过捐款，但仅28.5%的受访者信任网络捐款中的慈善组织或者

---

〔1〕 参见《人民日报评网络募捐：所有信任最终都来自透明》，载 http://tech.sina.com.cn/i/2018-05-30/doc-ihcff hsv3756387.shtml，最后访问时间：2018年1月22日。

〔2〕 参见北京市互联网信息办公室、首都互联网协会编：《互联网公益影响力》，北京日报出版社2015年版，第16页。

〔3〕 参见《中国高净值人群公益行为白皮书发布 互联网募捐平台受青睐》，载 https://finance.qq.com/a/20181012/011777.htm，最后访问时间：2018年5月10日。

募捐个人，62.4%的受访者担忧在网络募捐中存在诈捐、骗捐等潜在危险。[1]减少捐赠人捐赠疑虑的最佳解决方案就是公开捐款的去向，让捐赠人便利地了解慈善项目的执行情况。在网络技术介入的情况下，慈善组织再也没有理由不公开其运行情况了。慈善组织运行理念和运行方式都必须随之调整和改变，慈善组织必须真正走向"透明慈善"。公开透明不仅要求慈善组织公开其组织基本状况及慈善项目的执行情况，而且应当能保证捐赠人与社会公众便利地获取相关信息。

三、推动慈善与社会融合，发挥引导公众关注公共事务的功能

毋庸置疑，近代以来，慈善事业的发展有了专业性力量，即慈善组织。但是，慈善专业的过程往往伴随着慈善社会性、大众参与的弱化。慈善组织若无法有效动员社会力量参与慈善活动，慈善就会游离于社会之外，无法真正融入社会。网络在一定程度上提供了新的动员工具，网络慈善有助于推动慈善与社会的结合。网络慈善募捐也在发挥着连接慈善和社会的作用，将更多的社会力量纳入慈善活动。网络慈善募捐不再仅仅是请求捐赠人"直接捐赠款物"的结构，而是通过不同方式推动多种力量共同参与到慈善募捐之中。即使不捐赠款物，只要参与到"网络慈善募捐结构"之中，就能够发挥宣传慈善、参与慈善的积极作用。随着人们从旁观到关注，到最后的参与，随着公众参与人数的增多，参与次数的增多，这一过程本身就使慈善是社会的组成部分这一观念得到认同和强化，推动了慈善与社会之间的不断融合，慈善本身也成为公共话题进入人们的公共生活。前文所展示的各种不同网络慈善募捐创新方式就表现出了因其不同特点而对有不同需求

---

[1] 参见《六成受访者担忧网络募捐存诈捐风险 呼吁透明化》，载 http://finance.chinanews.com/sh/2015/07-16/7407995.shtml，最后访问时间：2018年1月22日。

的公众的吸引,如直接募捐所吸引的是对慈善事业直接关注的人群;销售"虚拟产品"的募捐方式则吸引众多习惯在网上进行购物的民众;"行走捐"吸引了大量的运动爱好者关注慈善事业;"打榜捐"对明星粉丝有一定的吸引力;而诸如"一个鸡蛋的暴走"这样的"一起捐"方式则不仅吸引运动爱好者,而且通过参与者的熟人网络实现慈善理念的快速传播。同时,各类的募捐方式中也尽可能地把寻求承担社会责任的企业纳入其中,使企业成为重要的捐赠力量。这些不同类型网络慈善募捐方式都大大拓展了社会对慈善事业的参与度,各类创新模式都积极推动通过多种方式动员更多的人进入"网络募捐结构"之中,个人无论捐赠与否,只要能够进入"网络募捐结构"之中,就能在一定程度上发挥推动慈善事业发展的作用。在网络慈善募捐成为一种重要的募捐方式时,社会对慈善的参与实现了前所未有的广度,慈善与社会的融合不断在推进,这对于慈善事业的发展而言具有深远的意义。

网络慈善募捐强大的动员能力和对各种参与力量的吸纳能力不仅使慈善本身受到社会越来越多的关注,而且也推动慈善募捐所指向的慈善项目成为社会关注热点。慈善募捐的过程具有了表达对社会问题的关注、引发社会思考的价值。慈善募捐甚至在有些国家被纳入表达自由的范畴,"我们的判例一直致力于保护各种言论自由……也包括慈善募捐行为"。[1] 基于慈善募捐而形成的观念表达其实具有引发人们从不同的角度看待世界的作用,我国《慈善法》所界定的"慈善活动"的范围都属于依靠市场的力量无法解决的社会问题,甚至是市场失灵带来的问题,慈善组织则尝试依靠社会力量解决这些问题,其募捐的过程本身就是在引导社会对这些社会问题给予关注和思考。正如阿伦特所言,共同生

---

[1] See New York Times Co. v. Sullivan 376 U.S. 254 (1964).

活在世界上，这从根本上意味着，事务的世界处于共同拥有这个世界的人之间，就如同一张桌子的四周围坐着许多人一样，必须能够被许多人从不同的方面看见，与此同时又并不因此而改变其同一性。[1]慈善募捐就是在引发人们从市场效率之外关注社会问题，思考如何解决这些社会问题。

网络慈善募捐借助网络的力量达到了前所未有的传播功能，其在引导社会公众关注社会问题，关注边缘群体，甚至推动公共政策发展、完善方面具有巨大的能量。比如"冰桶挑战赛"活动，透过慈善募捐，慈善项目获得广泛的传播与扩散，像ALS这类的边缘群体逐渐进入公众的视野之中，使那些平常为人们所忽略、遗忘或未获得认知的社会问题，以及边缘群体为社会所关注。ALS群体平常较少为人所知，甚至也未能得到基本的社会制度的保障，尽管我国医药卫生体系已经发展了将近30年，但由于我国尚未对罕见病做出定义，直接导致相关法律体系和保障制度无法建立。[2]通过"冰桶挑战赛"活动，长久以来遗落在公众视野之外的群体进入人们的公共话语空间中，更为重要的是罕见病防治制度方面的缺失也开始被关注、讨论，还有那些默默为推动制度改变的人士和一些地方的探索性做法也成为媒体报道的热点和社会讨论的热点。[3]再比如，"一元购画"网络慈善募捐不仅创造

---

[1] 参见[美]汉娜·阿伦特：《公共领域和私人领域》，载汪晖、陈燕谷主编：《文化与公共性》，生活·读书·新知三联书店2005年版，第81~89页。

[2] 参见《"冰桶挑战"下的中国罕见病群体》，载http://news.163.com/14/0909/08/A5MHDEBG00014AEE.html，最后访问时间：2019年12月1日。

[3] 比如关于人大代表孙兆奇长期呼吁立法防治罕见病的报道，对罕见病救助青岛模式的讨论等都是借助"冰桶挑战赛"引发社会关注罕见病的背景下展开的。参见闫鹏飞：《冰桶挑战续集：最执着人大代表连续10年呼吁罕见病进医保》，载https://www.thepaper.cn/newsDetail_forward_1308168，最后访问时间：2018年5月30日；赵志研：《特别关注 罕见病救助："青岛模式"带给我们的思考与启示》，载https://www.sohu.com/a/26723487_119250，最后访问时间：2018年5月30日。

了7小时筹款1500万元的纪录,而且网上捐赠人本身就成为宣传者,这些捐赠者在朋友圈中的分享,使"一元购画"慈善项目网络空间内得以迅速传播,推动社会对"自闭症"群体的关注,进而对心智障碍群体的关注。在这一关注之下,更多的问题得以展开讨论,包括心智障碍儿童的融合教育问题,心智障碍群体生存就业问题等都成为社会热议的话题。在"一元购画"活动之后,媒体的专题讨论中就提出对于心智障碍群体应当走社区化服务的道路,社区化服务(包括融合就业,融合教育等)是最适合他们建立社会化功能的方式,公众应该接纳、理解心智障碍群体,必要时提供一些支持。[1]其他如助医、助学、扶贫、济困、环保等方面的网络慈善募捐也不断推动社会对相关问题的关注与思考,推动公众对公共事务的关注与参与。

总之,网络慈善募捐凭借其强大的传播功能,不仅发挥着动员社会资源解决社会问题的功能,而且也在一定程度上强化了慈善募捐所具有的表达功能,引导社会公众关注社会问题并参与社会问题的讨论,这些对于社会的健康发展无疑具有重要的意义。

小　结

网络慈善募捐自出现以来就与创新相伴,开发出很多新的做法,令人耳目一新。对这些创新的做法进行类型化研究有助于对其全方位地认识。这些创新做法在一定意义上对原来的慈善募捐结构有着重构的功能:或者在慈善募捐结构中增加了新的元素,或者增加了参与的主体。这些新的结构形式表现为:直接劝募型的网络慈善募捐结构引入创新元素;赋权社会公众启动捐赠的网络募捐,形成多方参与的募捐结构;形成以熟人网络为中心进行

---

〔1〕 参见《自闭症≠画家:"一元购画"之外,我们本应给予更多》,载http://news.ifeng.com/a/20170901/51842097_0.shtml,最后访问时间:2018年5月30日。

扩散的募捐结构，等等。在这些现象背后可以看到，网络慈善募捐形成独有的特点：从募捐平台运营主体角度来看，互联网企业成为重要的运营主体，相对非营利组织运营的平台有更多的优势资源；从网络慈善募捐运营方式角度来看，在网络慈善募捐项目的设计中引入了大量的商业运营模式；从网络慈善募捐中慈善项目的角度来看，通过网络募捐的慈善项目较多集中于特定领域，主要集中在医疗救助、教育助学、减灾救灾、扶贫和环境保护等领域；同时，这种募捐方式虽然非常热闹，捐赠人的参与度也非常高，但是可以看到其引发公共议题讨论、协商和监督的功能仍然不足。

网络募捐方式的创新做法对于我国慈善事业的发展具有积极的推动作用，主要表现：第一，为各种慈善力量提供展现的机会和便利的通道，人人慈善型社会成为重要的现象。人们参与捐赠的门槛降低，小额捐赠大量出现；捐赠的效率也大大提高，实现了即时参与捐赠；并推动了人们持续性地对慈善事业的参与。第二，改变了慈善组织运行理念与运行方式，从理念上讲，"快乐慈善"的理念取代了"苦难慈善"的理念；从运行方式上来看，慈善组织必须适应社会对"公开透明"的要求，在"透明慈善"的框架里积极推动网络募捐的公开透明。第三，推动慈善与社会不断融合，发挥慈善募捐引导公众关注公共事务的功能。

研习案例：民间组织牛博网私自开展慈善募捐被查封账号

【事件介绍】

2008年5月我国发生汶川大地震后，民间组织牛博网开展慈善募捐活动。在募捐活动开展之前，牛博网制定了详细的募款方案，规定：每次发放捐赠钱物的额度由十几位组织者根据灾区的实际情况共同商讨决定；及时在牛博网上公布受到捐助的受益人名单；定期公布接收捐款的金额；存折、密码分开保管；仅在三名以上的组织者同时在场的情况下方可提款；使用捐赠的钱物及时向捐赠人公开，由律师或是媒体记者见证。为地震募捐的账号以公司 CEO 黄斌名字开户，不到一周，这个为汶川地震募捐而开设的账号里已募集了 30 多万元。但随后牛博网相关的账号被查封。公安部门查封的理由：由于全国范围内出现了大量借募捐"诈骗"的活动，因而对私自慈善募捐的账号予以查封。[1]

【法理分析】

牛博网汶川地震时进行募捐的事情已经过去 10 多年了，但是这一事件仍然值得深入分析，很多问题对当今制度的发展仍具有启发意义。翻看历史，对照现在网络慈善募捐的发展，以下问题值得讨论。

1. 慈善与网络相结合带来了怎样的募捐创新模式？

"互联网+慈善"，不仅利用网络进行慈善宣传，而且通过互联网进行慈善募捐，这是互联网与慈善衔接所带来的巨大变化，也是慈善借助技术发展而进行的积极尝试。牛博网汶川地震时通过网络进行募捐属于相对较早将互联网与慈善结合起来的网络募捐方式。

当时对网络慈善募捐进行探索的做法有不少，总结下来主要有三种，一种是获得公募权的基金会开通网站进行募捐；一种是通过互联网企业搭建的平台进行募捐；还有一种是未在民政部门登记的慈善组织通过互联网进行募捐。牛博网的募捐属于第三种情形。无论哪种情形，在当时都极大地吸引着社会的广泛关注。尤其是在紧急情形下，网络募捐的便利性和高效率都让人印象深刻。本案例中牛博网通过网络快速募集资金的能力在传统募捐方

---

[1] 参见《牛博网的赈灾风波：银行募捐账号遭冻结》，载 http://tech.sina.com.cn/i/2008-05-21/ 044 02206 926.shtml，最后访问时间：2018 年 10 月 22 日。

式中是无法想象的。正是这些引人注目的特点吸引了更多的社会力量关注网络慈善募捐,也推动了慈善募捐更多创新模式的出现。

2. 从当时的实定法来看,牛博网网络募捐行为是否违法?

至于牛博网是否有资格进行募捐,则需要根据当时的法律进行判断。从当时的法律来看,区分了常态下的募捐和自然灾害下的募捐,根据不同情形有不同的规定:

首先,在常态社会中,关于募捐的规定只间接地出现于《基金会管理条例》中。该条例把基金会的性质区分为公募基金会和非公募基金会。只有公募基金会才能面向公众募捐,这只是限制了非公募基金会公开募捐资金的权利。结合这一条例和其他非营利组织方面的法律规定来看,基金会之外的其他慈善组织并没有被明确地禁止进行募捐,实际上的规定处于不明确状态。牛博网募捐事件之后,就有观点认为,有关部门必须尽快建立起科学规范的募捐体制,限制募捐权,明确禁止私自募捐,以此形成规范有序的募捐秩序,才能保证爱心不被欺骗,才能促进公益事业的快速健康发展。[1]这也意味着关于哪些组织有募捐权的标准也相对模糊。这种模糊性也导致最初网络募捐平台在为慈善组织提供网络募捐通道时,并不审查公募资格。

其次,在自然灾害发生时,明确规定只能由特定的公募基金会进行募捐。2008年4月颁布的《救灾捐赠管理办法》第2条第2款规定,本办法所称救灾募捐主体是指在县级以上人民政府民政部门登记的具有救灾宗旨的公募基金会。根据这一条来看,除了在民政部门登记的具有救灾宗旨的公募基金会有权利公开募捐外,其他组织和个人是无权进行募捐的。牛博网通过网络向不特定的社会公众进行劝募,显然属于公开募捐的行为。而牛博网又

---

[1] 参见《民政部:私自募捐不合法》,载 http://news.sina.com.cn/c/2008-05-30/142415651162.shtml,最后访问时间:2017年12月21日。

是汶川地震发生后在救灾过程中进行的劝募,属于《救灾捐赠管理办法》调整的范围。根据这一文件,牛博网并不具有公开募捐的权利。

综上,根据当时的法律规定,虽然常态下募捐权和募捐资格的界定比较模糊,但是自然灾害发生时的募捐资格规定较为明确,根据《救灾捐赠管理办法》,牛博网通过网络进行募捐是一种违法行为。

3. 牛博网并不具有法律赋予的公募权,为什么能够获得大量捐赠人支持?

虽然从实定法来看,牛博网的募捐违反了当时的法律规定,但是实际募捐的数额并不少。当时牛博网的负责人说,公募的几个账户募集了100多万。[1]为什么会出现这样的现象,需要结合当时的募捐指定制度加以分析。当年在自然灾害发生时,具有公募权的组织太少,汶川地震后,政府指定16家公募基金会募捐。[2]这导致民众扶危济难的爱心无处释放。牛博网虽然没有民政部门登记的身份,但是在很大程度上满足了民众奉献爱心的需求,并且由于采用了网络方式,方便了民众的捐赠;还通过网络实现善款使用的公开透明,获得了捐赠人的信任。这些都是牛博网能够获得大量捐赠的重要原因。

透过牛博网无合法募捐身份却能获得大量捐赠这一事件,我们最需要反思的是当时的募捐制度。该制度存在着诸多问题,主要表现在以下方面:

一是募捐权的垄断已经不能适应社会的发展,阻碍了慈善事

---

[1] 参见《牛博网的赈灾风波:银行募捐账号遭冻结》,载 http://tech.sina.com.cn/i/2008-05-21/04402206926.shtml,最后访问时间:2018年10月22日。

[2] 参见《地震捐款5年流变:垄断权力渐渐退出公益市场》,载 https://gongyi.ifeng.com/news/detail_2013_08/14/28598064_0.shtml,最后访问时间:2017年12月21日。

业的发展。紧急情形下慈善组织接受善款的资格指定制度更是严重阻碍了慈善募捐的通道，抑制了民众对公共事务的关注和参与。

二是对有公募权的基金会的透明公开制度规定不够明确，一些有公募权的基金会自身的公开透明做得不好，导致这些基金会并不能得到社会的普遍认同。

三是获得慈善组织身份的制度过于严苛，双重许可制度导致很多草根组织无法获得慈善组织身份，更无法获得公开募捐资格。

上述这些因素导致民众的选择权受到了极大的限制，只能在国家指定的基金会中进行选择，而无法在自己信任的或者符合自己慈善理念的慈善组织中进行选择。从牛博网网络募捐事件中可以窥见我国当时制定法的空白和制定法的缺陷。经过"十年磨一剑"的努力，《慈善法》终于出台，网络慈善募捐获得了法律的认可，募捐的垄断格局也被打破，这些都是令人欣喜的。但是《慈善法》对于网络慈善募捐的规定仍然存在着很多问题，其中表现最为突出的是，否定了慈善组织在自己的网站上进行募捐的方式，慈善组织只能在募捐平台进行募捐，这实际上减少了慈善组织的选择空间；慈善组织获得募捐权仍然较为困难，首先需要登记获得慈善组织身份，在正常运行 2 年后才能申请公开募捐资格。这些规定仍然在很大程度阻碍慈善组织的发展，阻碍慈善组织公平地获得社会资源。

第三章 纳入社会法规范视野中的网络慈善募捐

网络慈善募捐的方式在实践中如火如荼地发展着,给慈善领域,也给社会带来了诸多的影响和变化,甚至有观点将其看作是一场革命,"互联网+公益",这也是公益事业的一场革命。[1]笔者亦赞成这一观点。说其是"一场革命",在于其对慈善事业的传播和发展有着不可忽视的作用,改变了传统慈善的运作框架和运作模式,还改变了慈善组织自身的运作逻辑和行为方式。对于这些模式的改变,首先需要关注的是如何保障其健康持续发展,因此对其进行科学规范就显得极为重要。要对其进行科学规范必须清晰把握网络慈善募捐的性质,确定何种性质的法律规范对其进行规范最为适当。本书认为网络慈善募捐中的法律关系主体之间的关系已经超越了平等主体的范畴,存在着实质上优势地位和劣势地位的差异,因此应当将其纳入社会法的调整视野中更符合其特性。

---

[1] 参见《王振耀:"互联网+公益"给中国公益事业带来一场革命》,载 http://www.xinhuanet.com/gongyi/2016-10/31/c_129344511.htm,最后访问时间:2017年12月21日。

第三章 纳入社会法规范视野中的网络慈善募捐

第一节 网络慈善募捐法律规范的发展历程

当网络慈善募捐领域内的创新大量出现之后，对其进行法律规制的需求也随之出现，立法也逐渐将注意力转移到了对网络慈善募捐行为的规范上。以法律规范为分析视角，纵观网络慈善募捐的发展历程，大致可分为以下三个阶段：

一、无法律规范的自由发展时期（2004年~2010年）

在针对网络慈善募捐进行法律规范之前，"互联网+慈善募捐"大体出现了两种模式：

第一种模式是互联网企业设置网络募捐平台为慈善组织进行募捐的模式。第二章所描述的网络慈善募捐创新方式大多属于此种类型。在民政部开始指定募捐平台之后，这成为最初发布慈善募捐信息的唯一合法平台。

第二种模式是慈善组织开设网站进行募捐的模式。这种模式是指慈善组织开发建设自己的机构网站，在自己的网站上介绍慈善项目，并开通在线募捐通道进行募捐。2006年红十字基金会即开通了网上捐款平台。

2008年发生的汶川地震及随后展开的抗震救灾活动，对于刚刚成长起来的网络慈善募捐而言，是一次巨大的推动，网络募捐的募捐能力让人感受到了网络的非凡力量。其中，慈善组织自己的募捐网站和第三方募捐平台都发挥了非常大的作用。前者如中国红十字基金会的网站募捐，中国红十字基金会紧急救援基金在2008年5月16日联合银联电子支付（ChinaPay）开通网上捐助赈灾通道。[1]后者如"5·12汶川地震"网络募捐平台。2008年5

---

[1] 参见《中国红十字基金会紧急救援基金开通网上捐款通道》，载 https://s.dianping.com/topic/220508，最后访问时间：2018年3月10日。

■ 网络慈善募捐创新及法律回应

月12日，腾讯联合中国红十字总会壹基金计划，启动第一个"5·12汶川地震"网络募捐平台。并且据统计，从5月12日开始募捐到5月20日14时35分，腾讯网友在线捐赠突破2000万元，创下互联网公益慈善史上最高捐赠纪录。[1]这之后，第三方募捐平台愈发受到社会的关注。

这个阶段网络慈善募捐尚处于摸索期。没有料到的是，由于2008年汶川地震的发生，紧急情形下网络慈善募捐的能量被世人所瞩目，最终带来了网络慈善募捐的蓬勃发展。这种募捐方式从无到有，从探索到蓬勃，体现了技术创新在慈善领域中的运用，当然，这也是中国社会发展到一定阶段之后，慈善领域积极回应社会发展需求的结果。

从法律规范角度来看，此时的网络慈善募捐既没有获得法律的确认，也没有法律的指引和约束，完全是社会主体的自觉行为，处于自然演进状态。其与法律规范的关系主要表现在三个方面：

第一，网络慈善募捐行为在发展之初未得到法律的指引和约束，面对的是法律的空白。比如在原有的募捐法律关系结构中新增了网络募捐平台这一主体，但是没有法律规范对其进行规定。这导致慈善募捐平台、慈善组织以及捐赠人之间权利、义务关系不明确，也导致法律责任不清，比如在虚假募捐中，法律责任应由募捐者承担还是由网络募捐平台承担并不清楚。

第二，网络慈善募捐中的某些做法与当时的法律规定相冲突。如网络慈善募捐方式与法律规范中规定的对公募组织分级、按地域管理的制度之间形成直接的冲突。《基金会管理条例》对公募基金会的管理遵循分级管理和地域管理的原则，这是传统公权力管理社会的常规做法。但是，网络以其去中心化、去地域化的特

---

[1] 参见《腾讯网友在线赈灾捐赠突破2000万元》，载https://tech.qq.com/zt/2008/jetli/，最后访问时间：2018年3月10日。

点动摇了传统做法的根基,网络慈善募捐使得地方慈善组织有能力超越其登记地域,在全国范围内进行募捐。这种冲突本身表现出传统法律无法回应和适应因网络而形成的新的募捐方式,法律滞后了。

第三,在具体的操作层面也开始出现一些问题,如基于网络慈善募捐特点而出现的小额捐赠票据开具方面的问题。当时的法律要求慈善组织针对捐赠人要求开具税票的每一笔捐赠都应给予配合。但是,每笔小额捐赠,甚至一分、一角、一元的捐赠都要开具税票的话,不仅数量巨大,而且成本提高,对于慈善组织来讲可能是浩大的工程。这也是传统的法律规范未曾预料到的问题。

总的来看,在这一阶段,虽然网络慈善募捐存在法律规范空白和法律规范滞后的现象,但是值得欣喜的一点是,法律并没有阻止其发展,而是给予了其足够的自由发展的空间,使得网络慈善募捐有机会发展壮大,尝试各种可能性。

二、法律规范分散确认时期(2010年~2016年)

当网络慈善募捐不断进入人们的视野,不断有这方面的话题被社会所关注时,也开始出现了因为法律空白和滞后而带来的无法解决的问题。随着慈善网络募捐呈现快速发展趋势,人们对其关注度增多,相应的问题也增多,网络慈善募捐的"野蛮生长"开始受到法律的关注。但最开始的立法主要从地方层面开始的,直到2016年才有了全国层面的立法。2016年出台的《慈善法》中规定了网络慈善募捐的方式。

对网络慈善募捐最早进行地方立法的是2010年1月21日颁布的《江苏省慈善事业促进条例》,之后一些类似的地方立法相继出台。在对网络慈善募捐进行规定的地方立法中,有两种形式,一种规定在慈善事业促进条例之中,另一种规定在募捐条例中。(具体参见表3-1)

表 3-1：地方立法中关于网络慈善募捐的规定

地方性法规名称	颁布时间	具体内容
湖南省募捐条例	2010.11	第10条 募捐人可以通过下列方式开展募捐：（一）通过广播、电视、报刊、网站等媒体劝募
广州市募捐条例	2012.2	第13条 募捐组织可以通过下列方式开展募捐活动：（一）通过广播、电视、报刊、网站等媒体募捐
上海市募捐条例	2012.6	第14条 募捐组织可以通过下列方式募捐：（一）在广播电台、电视台、报刊、互联网站等媒体上发布募捐信息
汕头经济特区募捐条例	2014.4	第17条 募捐组织可以采取下列方式开展募捐活动：（一）通过报刊、广播、电视、互联网站等媒体发布募捐信息
江苏省慈善事业促进条例	2010.1	第24条 具有募捐主体资格的组织可以开展社会募捐、协议募捐、定向募捐、网络募捐、公益信托、冠名基金等形式的慈善募捐
宁波市慈善事业促进条例	2011.8	第21条 慈善组织和单独开展募捐活动的组织（以下称其他募捐组织）可以通过公开募捐、协议募捐、网络募捐、建立冠名基金等形式开展募捐活动

2010年之后，不少地方的立法在募捐方式中以列举的方式明确了网络募捐的合法地位。虽然各地的地方立法并未对网络慈善募捐所涉及的很多具体问题做细致的规定，[1]但是确认网络募捐

---

[1] 如各地对网络募捐平台的法律地位、权利义务等均未涉足。虽然《上海市募捐条例》第28条规定了"募捐信息网络服务平台"，将其规定为市民政部门应当建立统一的募捐信息网络服务平台，为社会公众免费提供募捐信息服务，接受咨询、投诉、举报，并作为募捐组织信息公开的平台。但是从该定义可以看出，其规定的"募捐信息网络服务平台"并非网络慈善募捐平台，而是属于政府必须设立的信息公开渠道。

的合法地位本身就具有正面肯定、鼓励发展的作用。

另外，支撑网络慈善募捐特色发展的第三方支付平台也获得了合法地位。2011年，中国人民银行公布了首批获得"支付业务许可证"的27家企业名单，包括支付宝、易宝支付、财付通、快钱等，这标志着第三方支付也有了合法身份。网络支付方式的合法化促进网络慈善募捐更加快速地发展。2010年之后，除了门户网站、电子商务平台等与慈善募捐相连接之外，社交网站也加入其中，成为重要的慈善募捐平台，如新浪微公益就属此类。这一阶段，网络慈善募捐持续地扩大其影响力，吸引着更多的捐赠人。从《中国慈善捐助报告》中的数据来看，网络捐赠在这一阶段上升幅度较大。统计数据显示，2013年我国网络捐赠得到蓬勃发展，捐赠规模超过3亿元。主要的网络捐赠平台有腾讯公益、新浪微公益、阿里巴巴支付宝E公益、易宝公益圈。2014年以新浪微公益、腾讯公益、支付宝E公益三大在线捐赠平台和淘宝公益网店为观察对象，数据显示，共募集善款4.28亿元，相比2013年增长42.6%。[1] 2015年以（新浪）微公益平台、腾讯公益、蚂蚁金服公益平台、淘宝公益为观察对象，数据显示4家平台在2015年度捐赠总人次超过30亿，是2014年的3倍，共获得捐赠9.66亿元，较2014年上涨5.41亿元，涨幅达127.29%。[2]

同时，具备慈善募捐、在线捐款功能的慈善组织网站的数量也在增加。有研究在2014年对91家全国性公募基金会进行调查，结果显示，有82家基金会建立了自己的官方网站，占总数的90%。在82家建立了机构网站的基金会中，有32家基金会的网站

---

[1] 参见《中国慈善捐助报告发布 2014年捐赠总额再破千亿》，载 http://gongyi.china.com.cn/2015-09/19/ content_ 8248904.htm，最后访问时间：2018年3月8日。

[2] 参见《2015年度中国慈善捐助报告出炉》，载 https://www.17xs.org/news/center/? id=235&type=1，最后访问时间：2018年3月8日。

提供了网银、支付宝等在线捐赠方式，或51Give、腾讯乐捐等第三方平台捐赠通道，占有官网的基金会总数的39%。[1]这是在《慈善法》出台之前各种慈善组织直接在自己的网站上进行募捐的尝试，但是随着《慈善法》的出台，这种尝试被禁止了。

另外，这一阶段值得关注的变化还有慈善募捐从PC端向移动端的转型。移动互联网的发展推动慈善募捐更加高速发展，指尖慈善给网络募捐带来了深刻的影响。

虽然，在这一阶段，网络慈善募捐获得非常快速的发展和广泛的影响力，但是地方立法的任务实际上仅完成了一半，只是给予了网络募捐以合法地位的确认，至于如何进行法律规制并无规定。这导致对网络慈善募捐进行全面规制的声音不绝于耳。

三、《慈善法》明确规定时期（2016年~）

2016年3月16日颁布的《慈善法》彻底终结了全国层面网络慈善募捐无法律规范的局面，终于以法律的形式确认了网络募捐的合法地位。从社会发展来看，规范网络慈善募捐已成为当时社会特别期待、特别关注的对象，有研究者指出，如何有效监管网络慈善，目前关注度和争议度双高。参与起草时，专家学者在网络慈善如何落实监管方面有较大分歧，怎样管？谁来管？管到什么程度？只有慈善法揭开面纱的时候，我们才知道具体的方式和尺度。[2]《慈善法》的出台终于尘埃落定，一方面确认了网络慈善募捐的合法地位，另一方面也确立了相应的监管方式。对此普遍认同法律规范的积极意义，如2017年10月，民政部对《慈善法》施行一年的情况进行总结时指出，针对网络募捐"野蛮生

---

[1] 参见谢家琛等：《公益慈善组织运行新模式研究》，载http://www.chinanpo.gov.cn/700105/92466/newswjindex.html，最后访问时间：2018年3月8日。

[2] 参见《慈善立法吸纳广州经验》，载http://news.ifeng.com/a/20160310/47767054_0.shtml，最后访问时间：2018年3月8日。

长"现象，2016年9月1日施行的《慈善法》进行了有针对性的规制，慈善募捐呈现出一些新特点、新趋势。[1]

但是，《慈善法》中关于网络慈善募捐的规定是否适当、科学仍然受到关注。同时民间社会仍然认为网络慈善募捐野蛮生长尚未终结，法律规范所确立的监管模式存在很多问题。2017年10月，中国灵山公益慈善促进会就主办了以"中国互联网募捐如何走出野蛮生长"为主题的慈善系列沙龙。[2]2020年全国人大常委会执法检查组对《慈善法》实施情况进行了检查，形成了《关于检查〈中华人民共和国慈善法〉实施情况的报告》，[3]报告中关于"监管不足与监管过度并存"的内容涉及了"网络募捐"问题。正视问题是制度走向完善的前提，期待网络慈善募捐不仅有法律的规范，而且是善法的规范。

《慈善法》出台之后，又有一些与网络慈善募捐相关的配套规定相继出台。整体来看，关于网络慈善募捐的规定涉及了不同的法律关系主体，规定相对已经较为全面，在一定程度上实现了对网络慈善募捐的规范和引导。但同时也存在法律定位上的偏差，导致在法律制度的设计方面仍存在需要完善的地方。

（一）网络慈善募捐法律规定所涉及的内容

《慈善法》规定了网络慈善募捐的基本框架，但是规定内容过于概括，因此相关配套内容相继出台。配套内容的规定包括规

---

[1] 参见《民政部：大众化年轻化小额化 慈善募捐新生态逐步形成》，载https://www.chinacourt.org/article/detail/2017/10/id/3017110.shtml，最后访问时间：2018年4月10日。

[2] 参见《互联网募捐如何走出"野蛮生长"》，载https://mp.weixin.qq.com/s?biz=MjM5 MjgxMTMzNw%3D%3D&I dx=1&mid=2650807854&sn=3817f0e940bec44770c28feb497334b5，最后访问时间：2018年4月10日。

[3] 参见《全国人民代表大会常务委员会执法检查组关于检查〈中华人民共和国慈善法〉实施情况的报告》，载http://www.npc.gov.cn/npc/csfzfjc009/202010/c0938baa28b84a85802bc7c227675e38.shtml，最后访问时间：2021年2月1日。

章和行业标准。这些配套规定主要包括民政部2016年出台的《慈善组织公开募捐管理办法》，民政部、工业和信息化部、国家新闻出版广电总局和国家互联网信息办公室2016年联合出台《公开募捐平台服务管理办法》。民政部于2017年7月还出台了两部行业标准，即《管理规范》与《技术规范》等。从《慈善法》及相关配套规定来看，对网络慈善募捐的规定主要集中在以下四个方面：

1. 确认了网络慈善募捐的合法地位。《慈善法》第23条明确肯定了网络慈善募捐的合法性。明确规定网络募捐是公开募捐的一种方式，并将其视为与广播、电视、报刊等媒体特征相同的一种方式而予以并列规定。[1]之后关于网络募捐的所有规定都建立在这一规定的基础之上。

2. 适应网络发展的特点，对网络慈善募捐跨区域的特点予以肯定。[2]这是网络技术发展所推动的法律规范的改变，克服了旧的法律规范中关于区域登记管辖与网络慈善募捐跨越地域进行募捐的冲突。

3. 确立了网络慈善募捐平台的合法地位。《慈善法》对网络慈善募捐平台合法地位的表述简单明了，规定网络募捐应当在国务院民政部门统一或者指定的慈善信息平台发布募捐信息。[3]《慈善法》对网络慈善募捐平台合法地位的确立带来的结果是对

---

[1]《慈善法》第23条第1款第（三）项规定，开展公开募捐，可以采取下列方式：（三）通过广播、电视、报刊、互联网等媒体发布募捐信息。

[2]《慈善法》第23条第2款规定了募捐区域，但是仅仅规定公开募捐方式中的第（一）项（在公共场所设置募捐箱）和第（二）项（举办面向社会公众的义演、义赛、义卖、义展、义拍、慈善晚会等）作出了限制性规定，对于第（三）项，即通过广播、电视、报刊、互联网等媒体发布募捐信息的并未进行限制。由此可以看出，网络慈善募捐不受登记区域的限制。

[3]《慈善法》第23条第（三）项规定，慈善组织通过互联网开展公开募捐的，应当在国务院民政部门统一或者指定的慈善信息平台发布募捐信息，并可以同时在其网站发布募捐信息。

其他网络募捐方式的否定，因此，原来在实践中尝试出现的慈善组织直接在自己的网站上募捐的方式不再具有合法性。总的来看，网络慈善募捐平台由此获得了网络募捐的垄断性地位。当然，《慈善法》也给予了慈善组织自身网络资源一定的关照，规定慈善组织在慈善信息平台上发布募捐信息的同时，也可以自行发布慈善募捐信息。至于以何种方式发布，民政部出台的《慈善组织公开募捐管理办法》作了扩张性解释，第16条规定，可以同时在以本慈善组织名义开通的门户网站、官方微博、官方微信、移动客户端等网络平台发布公开募捐信息。

4. 确立了网络慈善募捐平台的监管制度。《慈善法》上规定的监管制度较为特殊，即统一设立制度和指定设立制度。对网络慈善募捐的监管，就必然涉及对慈善募捐平台的监管。但如何进行监管，才能实现充分平等的竞争和网络募捐的安全，如何在这二者之间进行平衡是立法特别要解决的问题。《慈善法》采取了强调事前监管的方式，要求慈善信息平台必须是由国务院民政部门统一设立的或者指定设立的，不具有这样的身份不能成为网络募捐平台。

关于网络慈善募捐平台的标准性要求和具体监管措施在《管理规范》与《技术规范》中有较为详细的规定。前者确立了网络慈善募捐平台在指定、运行、服务、监管等方面规定的标准；后者针对网络慈善募捐平台提出性能、功能、安全、运维等方面的标准。这两个规范只针对网络募捐信息平台而规定，具有极强的针对性。

5. 确认网络慈善募捐平台在网络慈善募捐法律关系中的法律主体身份。《慈善法》规定，网络服务提供者应当对利用其平台开展公开募捐的慈善组织的登记证书、公开募捐资格证书进行验证。这条规定其实肯定了网络慈善募捐平台在慈善募捐中的地位，这一主体的介入打破了传统慈善募捐法律关系的结构，形成网络慈善募捐平台、慈善组织、捐赠人三方法律关系的结构，因此有必要重塑各方的权利、义务内容。但是从《慈善法》的内容来看，仅仅规定了网络慈善募捐平台的验证义务，而各方权利、义务内容的规定并不全面。

在网络慈善募捐这种方式中，募捐平台成为链接各方的关键环节，因此《慈善法》颁布后的首要任务就是确立合法的募捐平台。民政部根据《慈善法》所确立的指定制度，通过指定方式确立合法的募捐平台。截至2021年12月1日，民政部已经指定了三批共32家网络慈善募捐平台，第一批13家，第二批9家，第三批10家。

采用指定制度之后，通过被指定的网络慈善募捐平台进行募捐的成绩是耀眼的。据统计，民政部2016年9月1日指定的第一批互联网募捐信息平台运行一年时间里，全年总筹款额超过25.9亿元，其中筹款过亿元的3家分别为腾讯公益（16.25亿元）、蚂蚁金服（4.87亿元）和淘宝公益（2.98亿元）。而2017年"99公益日"期间的总计募款金额超过13亿元，是2016年"99公益日"总计善款金额的2.16倍，刷新了国内互联网募捐纪录。[1] 2020年的统计数据则显示：百亿人次通过互联网平台募捐82亿元，同比增长52%，[2] 从数据中可看出，互联网募捐额仍保持上升态势，能够让人深切地感受到互联网募捐的速度以及社会通过互联网进行捐赠的热情。

（二）网络慈善募捐现有制度规定中的问题

《慈善法》的出台整体上获得广泛的好评，很多方面都具有

---

[1] 参见张明敏：《〈慈善法〉实施报告发布：2017年全国慈善组织超3300家，12家信息平台募捐近26亿元》，载 http://www.gongyishibao.com/html/gongyizixun/13963.html，最后访问时间：2018年4月10日。

[2] 参见《2020年中国共接受慈善捐赠逾2253亿元 百亿人次通过互联网平台募捐82亿元》，载 https://t.ynet.cn/baijia/31787875.html，最后访问时间：2022年1月2日。

"首次规范"的性质，网络慈善募捐也属此类。从立法设规的角度而言，《慈善法》中关于网络慈善募捐的规定使得网络慈善募捐进入了有法可依的时代，可以说是具有开创性和突破性的。与网络慈善募捐相关的配套规范的制定也试图发挥积极引导作用和规制作用。总的来看，与网络慈善募捐相关的立法努力是值得肯定的。但是，仍然有一系列问题需要我们认真地对待和思考，如现在的立法是否解决了社会发展中需要解决的问题，现有的规制是否在诸多权利要求与网络慈善募捐领域创新之间达成了必要的平衡，现在所确定的法律制度本身是否完善，等等。思考是为了继续前进，对现有立法的思考是为了实现立法法的目标，不只是实现有法可依，而更为重要的是要实现"科学立法"的目标。

深入分析网络慈善募捐的相关法律规定，可以发现，尚存在诸多争议，有待进一步的讨论，也有待制度进一步的完善。这些争议的问题包括：（1）对《慈善法》中是否应当规定个人求助存在争议；（2）互联网募捐的概念并未得到清晰表达，并没有细致地区分具有支付功能的网站和不具有支付功能网站的区别，导致对慈善信息公开和慈善募捐的规制是否科学恰当存在争议；（3）指定制度虽然表现出对募捐平台的监管价值，但实际上募捐平台也因此获得了管理慈善组织、捐赠人的权力，如何消解募捐平台与慈善组织的不对等关系；指定制度的设定是否科学合理等都存在诸多质疑；（4）募捐平台与其他相关主体之间的权利、义务关系问题规定得过于简单，且是否合理也存在各种争议。大量争议的存在说明现有的立法并非尽善尽美，而不断发现问题、不断推动法律走向完善是一个法治国家的必修课。

上述问题在网络慈善募捐制度实施的进程中不断出现，这些问题的存在源于其背后所隐藏的基础理论未得到充分的讨论和研究。本书则是对这些问题思考的基础上展开和深入的。

网络慈善募捐创新及法律回应

第二节 网络慈善募捐应纳入社会法规范的范畴

网络慈善募捐被写入了《慈善法》之中,而慈善法被认为是社会法的重要组成部分,因此从社会法的视角分析网络慈善募捐行为是必然的结果。基于这样的逻辑,首先需要关注的是如何认识社会法,并需要分析,当网络慈善募捐被纳入社会法范畴时,对其进行规范意味着什么。

一、关于社会法的认识

关于部门法的划分,学界一直观点各异,众说纷纭,但是无论什么样的观点,一般都承认社会法的部门法地位。社会法的制度实践在 17 世纪就开始了,英国于 1601 年就颁布了《济贫法》。社会法的概念是 19 世纪末由欧美日等国家提出来的,[1]专门的社会法典则最早出现在德国,1975 年德国制定了世界第一部《社会法典》。

我国迄今虽然尚没有专门的社会法典,但是自 20 世纪 80 年代以后,社会法方面的立法工作开始进入大繁荣时期。就业促进方面的法、劳动法、社会救助方面的法、社会保险方面的法、弱势群体权益保护方面的法陆续出台,被视为社会法基本内容的形成。2001 年第九届全国人大第四次会议上,李鹏委员长在其工作报告中,就提出了包括社会法在内的法律部门的划分[2]。2008 年出版的《中国的法治建设》白皮书也将"社会法"看作单独的一个部门法,当代中国的法律体系主要由七个法律部门构成:宪

---

[1] 参见竺效:《"社会法"概念考析——兼议我国学术界关于社会法语词之使用》,载《法律适用》2004 年第 3 期。
[2] 参见《十届全国人大一次会议第三次全体会议(实录)》,载 http://news.sohu.com/65/53/news2069653?edjn865.shtml,最后访问时期:2017 年 12 月 7 日。

第三章　纳入社会法规范视野中的网络慈善募捐

法及宪法相关法，民法商法，行政法，经济法，社会法，刑法，诉讼与非诉讼程序法。[1]其后，吴邦国委员长在第十二届全国人民代表大会第一次会议上指出，涵盖社会关系各个方面的法律部门已经齐全，其中就包括社会法这一法律部门。[2]

至于如何认识社会法，学界形成多种不同的观点。早期的观点是把社会法看作一个法域，被称为"第三法域"。"第三法域"的称呼是与"第一法域"和"第二法域"相对应的，私法与公法的划分往往被称为"第一法域"和"第二法域"的划分。社会法就是在公法与私法之外，与公法和私法不同，但又有一定联系。法域之间区分的理由也有多种不同观点，如孙笑侠教授提出的"结构要素不同"的观点；[3]如董保华教授提出的"价值定位不同"的观点。[4]法域的区分对于认识不同性质的法律是非常必要的，但是法域是比部门法更大的范畴，"第三法域"是比社会法更大的概念，可以说"第三法域"包括社会法，却不能说"第三法域"就是社会法。虽然不能说"第三法域"是社会法，但是社会法属于"第三法域"的判断为认识社会法的特征提供了必要的基础。

---

[1] 参见国务院新闻办公室2008年2月28日发表的《中国的法治建设》白皮书。

[2] 参见《吴邦国：我国已如期形成中国特色社会主义法律体系》，载http://theory.people.com.cn/n/2013/0308/c49150-20726969.html，最后访问时期：2017年12月7日。

[3] 孙笑侠教授指出：由于传统两大结构要素存在不适应现代社会的情况，所以法律体系发生了重大变革，这就是在现代市场经济社会里出现了第三种法律体系结构要素——社会法。参见孙笑侠：《宽容的干预和中立的法律——中国的市场经济社会需要怎样的法律》，载《法学》1993年第7期。

[4] 董保华教授指出：将以国家本位为特征的公法看作是第一法域，以个人本位为特征的私法看作是第二法域，那么私法与公法相融合而产生的，以社会本位为特征的社会法则是第三法域。参见董保华、郑少华：《社会法——对第三法域的探索》，载《华东政法学院学报》1999年第1期。

社会法属于"第三法域",原因在于传统的管理服从关系,平等主体关系之外出现了第三类社会关系,即形式上平等,但实质上难以实现平等的关系。实质上的不平等往往是社会关系一方当事人处于弱势或者不利地位导致的。对于这种社会关系,单纯采用私法调整或者公法调整都难以达到理想的效果,结果往往是公法和私法混合出现在一部法律之中,对某一社会关系既有私法规范的介入,也有公法规范的介入,也就是说有些法律既不单纯是公法,也不单纯是私法,而是公法、私法交错的法,这就是社会法。所谓公法、私法交错是指对这类权利的保护单靠私法规范不能达到目的,必须应用强制性的公法规范予以支持才能实现权利的完全保障。[1]从"第三法域"特征的分析来看,社会法与经济法都属于"第三法域"的范畴。

社会法具备"第三法域"的基本特点,但是它作为部门法也有自身的特点。社会法作为一类部门法基本上得到了认同。关于社会法作为部门法的基本理论依据,学界形成不同的观点,有社会保障论、调整特定关系论、保护弱者论以及扶权论等。

把社会法建构在社会保障基础上的观点,将社会法看作是社会保障法。这种观点一般是从狭义的角度进行界定的,各国的社会立法却都是以其社会保障政策和社会保障制度为核心的,这一共同之处使得社会法在狭义上常常被理解为社会保障法。[2]

关于调整特定关系理论,较早地见之于第九届全国人大第四次会议李鹏委员长的工作报告。在该工作报告中,社会法作为部门法的含义是"调整劳动关系、社会保障和社会福利关系的法

---

[1] 参见史探径:《社会法学》,中国劳动社会保障出版社2007年版,第22页。

[2] 参见张守文:《社会法论略》,载《中外法学》1996年第6期。

律"。[1]对于这种观点,有不少学者表达了支持的意见,社会法的实质是"劳动法与社会保障法的总和",其对社会保障关系的理解包含了社会福利关系等范畴。[2]这类社会关系与其他部门法所调整的社会关系不同,因此被看作是社会法形成的基础。

保护弱者的观点特别强调对社会中弱势人群的特别保护,弱势人群则主要是指在政治、经济、文化或者身体、生理等方面处于弱势地位的人群。这种观点认为,社会法就在于对弱势群体的关注,其规制特殊的社会关系:社会法的规制对象是社会弱者在进行社会活动中发生的涉及社会利益的社会关系。[3]鉴于社会对弱势群体保护的功能,甚至有学者建议制定"社会法总纲"作为弱势群体保护的基本法。[4]

扶权论观点主要基于促进社会主体实现社会权而展开的。该理论认为"扶权"中的"扶"是指帮扶,从社会法的角度看,特指帮扶主体的解困义务;"权"是指社会权,从社会法的角度看,特指被帮扶主体需要实现的脱困权利。[5]这种理论与保护弱者论的基础是类似的,都以对弱势群体的保护为目标,只是这种理论强调对弱势群体应当采用何种态度而已。因此,本书也将其纳入保护弱者论的观点之中进行分析。

上述各种不同的观点有助于促进从不同角度对社会法的认识,

---

[1] 参见《十届全国人大一次会议第三次全体会议(实录)》,载http://news.sohu.com/65/53/news206965365.shtml,最后访问时间:2017年12月7日。

[2] 参见竺效:《法学体系中存在中义的"社会法"吗?——"社会法"语词使用之确定化设想》,载《法律科学(西北政法学院学报)》2005年第2期。

[3] 参见郑少华:《经济法的本质:一种社会法观的解说》,载《法学》1999年第2期。

[4] 参见覃有土、韩桂君:《略论对弱势群体的法律保护》,载《法学评论》2004年第1期。

[5] 参见汤黎虹:《社会法论纲——基于社会法历史逻辑和理论逻辑的辩考》,载《福州大学学报(哲学社会科学版)》2014年第1期。

但是也都存在着解释上的不充分性,无法为社会法划出清晰恰当的边界。

社会保障论的观点过于狭窄,国内学者也多从最狭义角度使用。如果社会法仅仅是社会保障法,其难以支撑起一个部门法的空间。

保护弱者论和扶权论的最大问题是如何界定弱者,弱者是否被恒定化,被标签化了,不放在具体的语境中谈论强弱往往导致看待问题绝对化,并不符合法律规范所具有的调整社会关系的特性;同时,部门法是基于调整对象而做的划分,这种理论显然未明确社会法调整的对象范围。

调整特定关系论的阐释符合部门法确定调整对象的要求,明确调整的社会关系是劳动关系、社会保障和社会福利关系(或者将社会福利关系纳入社会保障关系之中)。但是这种理论并未说清楚为什么将劳动关系、社会保障关系纳入社会法的范畴之内。

要说清楚社会法作为部门法的依据,必须结合"第三法域"的特征以及社会法应当调整的社会关系性质进行描述。

首先,社会法所调整的并非平等主体之间的社会关系,也不是具有管理服从性质的不平等的社会关系,而是针对两类社会关系进行调整,一类是存在优势地位和劣势地位的双方的社会关系;另一类是生存权无法获得保障的一方与社会整体之间的社会关系。从本质上讲,这两类社会关系都属于不平衡的社会关系,并且处于劣势地位一方和生存权无法获得保障的一方通过自身努力无法实现不平衡的社会关系向平衡关系的转变,这时劣势一方和生存权无法获得保障一方的自由意志是无法充分予以表达的,法律所赖以存在的自由、平等的精神也就消亡了,在这种情况下,借助公权力的力量去矫正不平衡的格局以实现平衡就成为必然的选择。

其次,社会法调整的范围限定在保障社会权实现的范围之内。社会权是保障人类生存的权利,如果这类权利无法建立在当事人的自由意志之上，则人称其为人的基础也就不存在了。当出现强势地位者与弱势地位者实质力量的悬殊差异时，单纯依赖私权是不够的，必须借助于公权力的介入和帮助。在我国，社会权领域主要包括劳动权、受教育权以及获得物质帮助权。正因为保障社会权实现的目的成就了被称为"社会法"的部门法。通过上述分析可以为社会法这一部门法做一个整体的概括，社会法就是指在保障社会权实现的领域内，调整存在优势地位和劣势地位的不平衡社会关系以及生存权无法保障的社会关系的法律规范的总和。

社会法的完善与发展对于构建相对稳定的、和谐的社会关系是极为重要的，它是对纯粹契约自由的限制，是对实质上陷入不平衡的社会关系进行矫正与平衡，并保障社会关系达至一种动态的平衡。《中共中央关于全面推进依法治国若干重大问题的决定》中，首次提出了"法治社会"的目标，把"坚持法治国家、法治政府、法治社会一体建设"列为法治建设的总目标，这把社会法的发展提到了新的高度。

不过，值得注意的是，由于在对实质上陷入不平衡社会关系进行矫正与平衡时往往借助公权力的力量，一旦"借力过猛"或者公权力本身所具有的扩张特性不受约束，有时会出现公权力干预过度的现象，因此，在矫正与平衡时必须特别谨慎地引入公权力，并需明确公权力介入的依据、方式与限度，同时应当为社会主体提供权利保护与救济的机制。

二、慈善法具有社会法的属性

慈善法的特性可以从多重角度予以认识，但从部门法角度来看，人们普遍认同，慈善法属于社会法的范畴。[1]但是对于慈善

---

[1] 参见马庆钰：《慈善法，一部对社会进步具有重要影响的社会法》，载《中国社会组织》2016年第11期；杨雄：《将进一步推动慈善事业健康发展》，载《文汇报》2017年1月25日，第8版。

法属于社会法范畴的缘由,相关的研究并不多,且各有不同,主要观点有以下两种:

第一种观点认为,社会法通过三大特征予以识别,即主体、调整手段和方式、法律规范的形态都具有独特性。主体的特殊性是指以现实社会中的特定人群所构成的社会集团,即具体化的人所组成的"利益共同体"作为其调整和保护的基本主体;在调整手段方面采取了行政、民事和刑事等多种规制手段;在法律规范的形态上是一种混合形态。相对比而言,慈善法符合这三大特征的内容:一是慈善法针对的主体是具有特殊性、具体性和集团性的社会人;二是规制的手段也是多种手段并用;三是法律规范也混合了公法和私法形态。因此,慈善法属于社会法范畴。[1]

第二种观点认为,社会法的主要调整目的是锻造社会力量的团结,慈善法也具有这样的目的,因此慈善法属于社会法的范畴。社会法关注的是如何形成独立于私人和政府之外的第三域,第三域的核心就是强化各种非政府社会组织的自治,并实现自组织,因此其核心目标是锻造社会力量的团结。促进社会力量团结的领域包括农村村民的团结、城镇居民的团结、产业工人的团结、消费者的团结、行业的团结等,其主要目的是达成基层的团结。因此村民组织法、居民组织法、工会法、消费者保护法、行业自治法和慈善(组织)法等在应然定位上就既不是纯粹的私法也不是纯粹的公法,而是具有社会法的属性。[2]很显然,这种观点认为慈善法可以促进某类社会力量的团结,因此与社会法的特征是契合的,所以慈善法属于社会法的范畴。

上述两种观点虽然对认识慈善法属于社会法属性有一定的价

---

[1] 参见张强:《慈善法的社会法属性》,载《中国社会报》2016年5月9日,第3版。

[2] 参见赵廉慧:《慈善法的性质及其基本教学范畴》,载《中国法学教育研究》2016年第2期。

第三章 纳入社会法规范视野中的网络慈善募捐

值,但是并未触及问题之本质。第一种观点所涉及的主体上特定性,在很多领域都存在,超出社会法的范畴也是存在的,如公司法所涉及的主体也是具体化的人所构成的"利益共同体";第二种观点所涉及的目的上的"社会团结"的特性,太过片面,社会法的确具有这方面的作用,但是在社会团结之外还有推动个人自由意志的表达,保障个人社会权利实现的内容。总的来看,这两种观点的解释力有一定的局限性。

在这两种观点之外,大部分研究者并没有表达为什么支持慈善法属于社会法的观点,只是直接将其作为前设。这种直接预设的态度对认识慈善法的本质与特点没有任何贡献,也让我们无法真正认识慈善法中的法律关系,无法为当事人设定恰当的权利、义务与相应的法律责任。实际上,说清楚慈善法为什么属于社会法的范畴是极为必要的,这是清楚认识慈善法的前提。笔者认为,慈善法属于社会法的范畴基于以下理由:

首先,慈善法所保障的是公民社会权的实现。较之自由权而言,社会权是一个相对晚近的概念,它是在传统的自由权强烈地要求国家减少干预之后所发展出来的一种权利形式,传统的自由权是"免于束缚的自由";而社会权是一种"免于匮乏的自由",不仅对国家,对社会也提出了新的要求,在这个领域,所要求的是介入和帮助,要求国家和社会介入人们的生活,给予帮助,以保障公民获得生存和发展的基础和条件。直观地说,社会权就是个人从国家和社会中获得利益的权利,从中个人的生活可以获得保障,社会权又称生存权或受益权,它是指公民从社会获得基本生活条件的权利,主要包括经济权,受教育权和环境权三类。[1]对于这类权利之所以获得关注并被许多国家的宪法所接受,其理

---

[1] 参见林喆:《社会权:要求国家积极作为的权利》,载《学习时报》2004年6月21日。

论依据主要在于：(1) 人类对生存与发展的要求；(2) 自然威胁与社会威胁（含市场机制和竞争机制）导致的人类生存条件的脆弱性；(3) 资源和权利的稀缺性；(4) 道德与理性对人类需要的表达和实现将是一个长期的历史过程。[1] 对于此类权利，我国《宪法》上也予以了确认，第 42 条规定了劳动权，第 45 条规定了获得物质帮助权，第 46 条规定了受教育权。

梳理慈善法发展的历史及其规定内容，可以清晰地看到，慈善法的目的完全符合社会法保障社会权利的价值取向。慈善法最初是为解决贫困问题而创设的，如最早制定慈善法的英国在《1601 年慈善法》中就把解决贫困当成其首要目标。现在各国的慈善法中济贫救困仍然是慈善法解决的目标之一，而逐渐发展起来的其他慈善目的也都与保障公民的社会权有关，如我国《慈善法》上所规定的五个方面也都是促进公民社会权实现的内容，即(1) 扶贫、济困；(2) 扶老、救孤、恤病、助残、优抚；(3) 救助自然灾害、事故灾难和公共卫生事件等突发事件造成的损害；(4) 促进教育、科学、文化、卫生、体育等事业的发展；(5) 防治污染和其他公害，保护和改善生态环境。

其次，慈善法所关照的是动用社会力量保障公民社会权的实现。社会权是为了解决社会问题而提出的要求，保障这种权利的实现一方面是对国家提出来的，要求其通过税收杠杆解决社会贫富悬殊问题、社会贫困问题以及环境恶化问题等；另一方面也向社会提出期望，通过挖掘社会中资源，利用社会自身的能力和手段来解决社会问题。这是各国普遍的做法，无论是养老、医疗还是贫困救助都是结合国家和社会的力量共同去推动解决的。我国《宪法》亦有同样的思路，第 45 条第 1 款规定，中华人民共和国

---

[1] 参见莫纪宏：《论对社会权的宪法保护》，载《河南政法管理干部学院学报》2008 年第 3 期。

公民在年老、疾病或者丧失劳动能力的情况下，有从国家和社会获得物质帮助的权利。从这一条可以看出，公民权利的对象不仅包括国家，而且包括社会，社会亦是保障社会权实现的重要力量。

在这一方面，慈善法与社会法的目的也是契合的，慈善法关注的正是通过发动社会力量实现慈善目的。英国《1601年慈善法》亦生动展示了这一点，《1601年慈善法》所规定的慈善用途，尤其是贫困救济，是当时最为紧迫的社会问题。政权者通过法律进一步让慈善承担起济困救困的社会责任[1]。之后，各国慈善法基本上都是沿着社会力量自愿参与的思路发展的，都是在国家税收之外以社会自愿捐赠的方式展开的。

最后，慈善法所调整的是保障公民社会权实现的过程中存在优势地位和劣势地位的双方的社会关系。社会法在保障社会权的实现的过程中，国家以其力量进行保障是一方面，另一方面则在于针对实质上存在优势地位和劣势地位的双方进行矫正与平衡。无论是劳动权、受教育权还是社会保障权，其实现都与这两方面有关。因此，慈善法才需要兼具公法和私法的特性，既尊重自治，又矫正不平衡的社会关系，慈善法是兼具公私法属性的综合性的社会（立）法。因此，它需要一方面贯彻私法自治的理念，保护慈善组织的独立性，允许慈善组织以自身意志进行内部治理、发展外部关系；另一方面，慈善法也需要通过一部分公法规范来强化对慈善目的、公共利益的保护。[2]

分析各国慈善法的制定，可以发现其目的一般有两个方面，一是推动社会力量参与解决社会问题；二是约束和限制慈善组织滥用组织上的优势地位，平衡其与捐赠人，与受益者这些个体之间的不平衡关系，促进从形式到实质上平等法律关系的形成。回看英

---

[1] 参见深圳公益研究院：《现代慈善与社会体制改革》，载 http://www.docin.com/p-721919707.html，最后访问时间：2018年7月2日。

[2] 参见李德建：《英国慈善法研究》，法律出版社2017年版，第48页。

国的《1601年慈善法》，慈善法这两个方面的目的清晰可见，该法有两个目的，一是要解决贫困的目标，同时试图建立一种有效募集资金的机制，为慈善用益发展开辟新的道路；二是杜绝慈善用益财产的滥用，并通过在序言中列举慈善的种类和建立慈善用益监管制度来实现这一目标。[1]

反观我国慈善法的发展，可以发现，《慈善法》出台之前，一方面，未能充分确认社会力量在解决社会问题方面的作用和能力，民间慈善的定位仅是国家社会福利体制的部分和补充[2]。另一方面，也未能充分认识在慈善领域内亦存在实质上的不平衡力量的存在，对强势地位者未能充分监督和制约，对于弱势地位者也未能充分保护和支持。在慈善领域内，与捐赠人和受益人相比较而言，慈善组织处于相对优势地位，而且依靠捐赠人、受益人的自身力量往往难以抗衡这种不平衡的关系，在这种情况下，立法就应当有所作为，要求强势者承担更多的义务，并给予弱势一方以更多的保护。基于这样的立法思路，慈善组织应当在信息公开，严格按照捐赠协议履行义务，不违背非营利、慈善的目的，不侵犯捐赠人、受益人的隐私权等诸多方面承担更多的义务，但是《慈善法》出台之前，要么缺少相关的规定，要么规定得很粗略，未能达到立法的目的。《慈善法》出台后，虽然前一方面的立法任务已经基本完成，但后一方面的立法任务尚任重而道远。因为，随着新技术手段，主要是互联网、大数据等技术的广泛应用，慈善领域内各方力量的不平衡关系有了新的特点，对此，立法必须认真予以回应。

---

[1] 参见解锟：《英国慈善信托制度研究》，法律出版社2011年版，第42页。
[2] 参见郑功成：《现代慈善事业及其在中国的发展》，载 http://www.chinas-hande.com，最后访问时间：2018年3月10日。

三、网络慈善募捐的社会法规制：基于慈善法具有社会法属性的分析

本书第二章中详细列举了网络慈善募捐的各种创新模式。这些创新模式向我们展示了网络慈善募捐所具有的活力和对慈善事业发展的贡献。面对这些创新模式，对于法律是否需要出场的问题，答案是肯定的。原因在于各种权利、义务规定有待明确，尤其是网络慈善募捐平台的法律地位如何确定，其与其他主体之间的关系如何，公权力是否需要介入其中进行规制和监督；而且，网络慈善募捐行为存在侵犯公民隐私权、欺诈等风险，需要法律出场进行制度上的预防和惩治。虽然侵犯隐私权和欺诈问题在现实空间中也存在，但是网络的力量使这些问题放大，并且一旦出现问题造成的社会影响力也极为巨大。上述问题的出现使得法律的出场义不容辞。

我们所关心的问题是，法律应当以何种方式出场，采取什么态度予以回应，如何进行回应，《慈善法》的出台是否解决了网络慈善募捐中的问题等，这些都是网络慈善募捐法治建设不可回避的问题。

（一）网络慈善募捐的法律规制：社会法的出场

网络慈善募捐只是慈善募捐的一种方式而已，二者在性质上是一致的。关于慈善募捐的性质分析，一直是学界的重要话题。慈善募捐的分析建立在募捐性质的分析基础上，有学者梳理了关于募捐性质的观点，指出关于募捐的性质，形成了代理行为说、无因管理说、信托关系说、赠与合同说、名义受赠说、捐赠合同说以及利他赠与合同说等学说。[1]这些学说都试图将募捐纳入民事规则的调整范围之内。而隐藏在募捐背后的不同类型被忽略了，

---

〔1〕 参见冷传莉：《募捐行为法律性质之探讨》，载《贵州大学学报（社会科学版）》2004年第4期。

不区分募捐行为的本质差异而笼统进行定性，将严重影响不同类型行为法律规制的科学合理设定。

就募捐行为而言，其存在着内在类型上的巨大差异。如本书第一章所做的分析，基于募捐的目的可以将募捐划分为三种类型，即为了自益、为了他益和为了公益的募捐。其中，前两种类型在《慈善法》出台之前被称为"社会募捐"，《慈善法》出台之后一般将其称为"个人求助"。对于个人求助，一般认为慈善法并不加以规制，而是应当由民法进行调整，个人遇到问题，向社会求助，这是利己。而慈善是利他。个人求助不是慈善，因此，《慈善法》对此类事件不作调整。[1]但是，由于随着互联网的发展，个人网络求助的数量越来越多，而社会公众对于个人网络求助是否合法存在很多疑虑，因此期待慈善法给予明确。在这种期待之中，地方性法规层面开始写入了"个人求助"的概念，如2019年1月1日实施的《浙江省实施〈中华人民共和国慈善法〉办法》规定，个人为了解决本人或者近亲属的困难，也可以向社会求助。但需要特别强调的是，个人求助这种募捐形式虽然开始出现在慈善法体系之中，但其由民事规则调整是一种共识。由于个人募捐和慈善募捐的法律属性存在不同，因此由不同的法进行调整，其调整规则也存在差别。

第三种类型在《慈善法》出台之前被称为"公益募捐"，《慈善法》出台之后一般被称为"慈善募捐"。从调整依据来看，慈善募捐由慈善法调整，而非民法调整。由于慈善法属于社会法的范畴，因此应当将其纳入社会法的范畴来理解。慈善募捐之所以属于社会法的范畴，其原因在于慈善募捐关系并非平等主体之间的关系。对平等关系的理解并不能仅仅从其形式上进行分析，只

---

［1］ 参见《南都专访全国政协委员、全国人大常委会法工委原副主任阚珂：不同意有人说〈慈善法〉该规定的没规定》，载http://www.chinadevelopmentbrief.org.cn/news-19318.html，最后访问时间：2018年4月10日。

有当形式和实质相统一，都具有平等关系属性时才符合民法上所说的"平等主体之间的关系"。通过分析可以发现，慈善募捐关系不具备实质上平等的属性。慈善募捐法律关系的主体是慈善组织与捐赠人、受益人。形式上看，他们处于平等地位，但从实质地位上看，慈善组织作为组织体，对慈善资源、捐赠财产的掌控、使用方面等保持着绝对的优势，使用慈善捐赠实现慈善目的的能力以及其承担风险和责任的能力也都远远优于捐赠人和受益人。在对捐赠财产的控制力上慈善组织也具有很强的控制力，因为慈善组织通过募捐获得财产后，在慈善目的的前提下，获得捐赠的机构完全可以自主支配财产的去向，自主选择受益人，因此，获赠组织处分财产的权利存在较大的自由空间。即使捐赠人也无法因其是财产的捐出者而对财产进行控制，而慈善捐赠中的受益人由于并不确定，也无法直接主张财产权。这样看来，由于捐赠人、受益人无法直接控制捐赠财物，同时又都是分散的个体，均无法形成对慈善组织的有效监督，也无法形成与慈善组织的抗衡关系。此种情况下，私法的调整就显得非常的无力，需要公权力介入监督具有了正当性。

并且，慈善募捐具有公益之目的，其行为除劝募之外还包括一系列后续的行为，通过劝募获得捐赠之外，更重要的是要将接受捐赠的财物用于公益目的，但是这种使用并非一次性完成，而是持续性的长时间地对捐赠财物进行使用，于是在此过程中就产生了捐赠财物的管理问题。[1]从这些角度来看，慈善募捐远远超越了私人自治的范围，捐赠人和受益人很难从平等主体的角度实现对慈善组织的监督和制约。根据上述分析，慈善募捐难以进入民法的调整空间内。

---

〔1〕 参见刘志敏、沈国琴：《公权力介入公益募捐行为的正当性及其边界》，载《国家行政学院学报》2014年第4期。

总之，很难单纯使用私法中的理论来解释慈善募捐行为。由于慈善募捐行为具有独特的性质使得将其引入公法规制具有了正当性依据。但同时值得注意的是，慈善募捐虽然具有公法规制的性质，但是它并未完全丧失私法规制的特性。慈善募捐涉及多方主体，核心的是劝募人、捐赠人与受益人，公法规制的主要是劝募一方。由于捐赠人的捐赠只会给社会带来利益和福利，并不会侵害他人利益或者社会公益，因此捐赠方的权利义务并不需要公法进行规制，对其捐赠应当尊重其意愿，坚持自由、自愿和自治的原则。

对于网络慈善募捐而言，原有的慈善募捐行为的属性仍然存在，慈善组织与捐赠人、受益人的不平等关系仍然需要法律予以平衡。而另一方面，新的不平等关系却又接踵而至。网络慈善募捐中除了原来的慈善组织、捐赠人与受益人之外，又新增了一方主体，即网络慈善募捐平台。其与慈善组织、捐赠人这些平台使用者之间形成新的不平等关系。在这种关系结构中，慈善组织、捐赠人都是相较募捐平台而言的劣势方。网络慈善募捐平台属于网络平台的一种，它具有其他网络平台一样的特性。网络平台为使用平台的双方或者多方提供沟通、交易的空间，较现实空间的平台有更多自身的特点，即拓展了使用者的容纳量，整合了认证、信息筛选、支付、物流等诸多功能，使沟通、交易变得有效快捷。亚历克斯·莫塞德（Alex Moazed）、尼古拉斯 L. 约翰逊（Nicholas L. Johnson）对网络平台及其功能做过精辟的论证，指出网络平台的要义即是可以通过促进两个或更多相互依赖的群体之间的交流来创造价值。并且其有四个方面的功能，即（1）观众建设功能，通过吸引大批消费者和生产者建立流动性市场；（2）匹配功能，将消费者与对应的生产者正确配对，以促进交易和互动；（3）提供核心工具和服务，构建支持核心交易的工具和服务，降低交易成本，消除入门障碍；（4）制定规则和标准功能，告知哪些行为被允许和鼓励,以及哪些行为被禁止或不鼓励。[1]很显然,与分散的用户群体相比,网络平台占尽各方面优势,其自身在创造着集制定规则、执行规则并适用规则于一体的神话。这导致网络平台与平台使用者之间的地位呈现实质上优势与劣势之分。

在网络慈善募捐领域中,募捐平台也与其他网络平台一样享有天然的优势,在技术、资源动员、社会影响力、信息数据掌控、控制规制的制定、执行与适用等诸多方面具有明显优势。募捐平台在与慈善组织发生关系时,其拥有是否发布募捐信息,发布哪些募捐信息,用什么方式发布募捐信息,在各种募捐信息之间如何排序等方面的决定权。即使双方是以契约方式确定彼此的关系的,但是募捐平台在订立契约和履行契约时显然都处于有资源、有能力提出条件的一方,而慈善组织往往缺少与网络募捐平台进行平等对话的能力。这种情形仅仅依靠契约规定各自的权利和义务显然对慈善组织而言是不利的,需要具有社会法属性的慈善法出台对双方之间的"实质不平等关系"进行矫正。

总的来看,网络慈善募捐关系中包含了两种关系,一是慈善组织与捐赠人、受益人之间的社会关系,二是募捐平台与慈善组织、捐赠人之间的社会关系。这两种关系中都存在实质上的优势地位者和劣势地位者,因此,网络慈善募捐无法纳入民法的调整范围之内。

从前述分析来看,网络慈善募捐不应当纳入民法的规制范围之内,而应当纳入社会法的规制范围之内。其原因除了主体之间具有实质上不平等关系,需要社会法进行矫正和平衡之外,其原因还在于网络慈善募捐也具有保障公民社会权实现的功能。从第二章关于网络慈善募捐的各种创新模式中可以看出,网络慈善募

---

[1] See Alex Moazed, Nicholas L. Johnson, *Modern Monopolies: What It Takes to Dominate the 21st Century Economy*, St. Martin's Press, 2016, pp. 125-158.

捐对于利用网络资源动员社会力量进行募捐，吸引社会公众参与捐赠等方面具有非常重要的作用，并且使得一些新的慈善观念开始形成，如"人人慈善""快乐慈善""透明慈善"等观念的出现。这些变化推动社会权保障发展的新方向，使得更多的社会公众、社会力量参与到社会问题的解决中。网络慈善募捐与保障社会权之间关系决定了具有社会法属性的慈善法介入的必要性。

(二) 网络慈善募捐社会法规制的立场

调整网络慈善募捐关系，规范网络慈善募捐行为，法律以"慈善法"的方式出场。慈善法作为一种社会法，它必然会考虑如何矫正优势地位者与劣势地位者之间的关系，矫正的方式主要包括引入公权力进行监管、对优势地位者设立公法义务。[1]而引入这些方式的初衷应当是为了矫正不平等，而不是为了加剧不平等；是为了平衡不对等的关系，而非强化强者的地位；应当是为了给社会以明确的指引，而不是为了回避问题。这意味着，我们必须为社会法的出场明确其立场，否则就难以真正发挥社会法的应有作用。社会法的规制立场至少表现在以下三个方面：

1. 法律赋予公权力出场的目的：矫正不平等而非加剧不平等

在法律没有出场之前，"网络+慈善募捐"就已给慈善领域带来了令人惊叹的变化。法律出场确认了其合法地位，对这种创新方式予以认可和保护，为创新提供法律空间，并通过法律的确认给予网络慈善募捐的各方当事人以稳定的预期，使创新者更有底气进行创新。

如果法律仅仅停留于合法地位的确认，法律是否出场，其意义并不大，因为如果是这样，只要法律不作出"禁止性规定"，网络慈善募捐就可以按照原有的逻辑继续运行下去。关键的问题是，

---

[1] 具体分析可参见沈国琴：《基于慈善法社会法属性的慈善网络募捐关系的应然走向分析》，载《学术交流》2019年第3期。

第三章 纳入社会法规范视野中的网络慈善募捐

原有的运行逻辑中是否存在需要法律予以调整和规范的问题。仔细分析，答案是肯定的，因此法律必须出场。其原因在于：

从现实需求来看，慈善组织网络募捐有多种形式，包括通过募捐平台募捐，也包括通过自己的网站、官方微博、移动客户端进行募捐。从市场运行的逻辑来看，募捐平台本来就具有强大竞争优势，由营利组织运行的募捐平台更是具有资源累加优势。这具体表现在募捐平台可以借助营利组织的主业务所积累的客户资源、销售渠道资源以及社会影响力形成募捐优势，反过来网络募捐不仅可以帮助营利组织实现社会责任，而且形成非同一般的广告效应，对于提升其社会影响力作用巨大。从前文各种创新方式中募捐平台的表现就可清楚地看到这一点。而慈善组织在自己的网站、官方微博、移动客户端募捐与平台募捐相比，其影响力非常有限，不具有竞争优势。但是这种方式至少可以让慈善组织有更多的选择空间，可以保证其在无法接受慈善募捐平台提出的条件时有另外选择的机会，也可以保证慈善组织募捐的创新创意不会全部被募捐平台纳入囊中。

通过对网络慈善募捐的市场运行逻辑的分析，可以得出的基本结论是：在网络募捐中竞争的各方主体存在着较大的竞争差距，并且如果慈善组织只能通过募捐平台进行募捐，慈善组织自由表达意志的能力将大大降低，与慈善募捐平台形成"实质上的不平等关系"。在这种情况下，法律赋权公权力介入的目的就应当是矫正这种"实质上的不平等关系"，而非加剧不平等。因此，保证每种网络募捐通道都能获得平等的竞争机会是关键所在，甚至在一定程度上应当提高慈善组织运行的网络募捐平台的能力，以避免营利组织运营的网络募捐平台占据垄断地位。

公权力介入矫正主要体现在两方面，一方面，设立开放市场，避免垄断，构建合理畅通的制度通道，推动更多慈善组织和募捐平台的设立。当更多的慈善组织出现时，捐赠人就有了选择慈善组织的更多自由；当更多募捐平台出现时，慈善组织和捐赠人就有了选择募捐平台的更多自由。让更多的慈善组织、募捐平台出现，实现充分竞争，在一定程度上能够缓解这些组织利用其优势地位给处于劣势的相对方以压力，甚至不公平的交易条件带来的后果。而一旦出现垄断格局，对于劣势一方而言，无疑会雪上加霜：优势地位方利用其优势地位的能力得以强化，劣势方无法以"用脚投票"的方式迫使优势地位方减少不公平交易条件。因此，利用公权力避免优势地位方获得垄断地位是极为必要的。在实践中，除了抑制垄断之外，慈善法往往赋予公权力控制准入的权力。设立准入制度目的在于减少劣势相对人筛选合格交易主体的成本，保证交易安全，减少交易风险。我国慈善法上无论是针对慈善组织的登记制度，还是针对募捐平台的指定制度都属于准入制度的范畴，但是这些设计均存在一定的问题。公权力所控制的准入制度在很大程度上减少了弱势方自由选择的机会。

2. 公法义务的设置：平衡不对等的关系，而非强化强者的地位

社会法的最大特点之一是公法责任与私法责任混合在一起，作为社会法的慈善法也常常采用这种方法对相关社会关系进行调整。

慈善募捐行为中，与捐赠人、受益人相比，慈善组织处于相对优势地位，如果完全建立如民法一样的法律关系，表面上看不同主体之间处于完全的平等地位，但是，劣势方并没有足够的能力和手段有效限制与约束慈善组织。慈善组织利用其优势地位，隐藏各类信息，滥用募捐财产的行为可能就无法被发现，也无法获得矫正。因此，慈善法可以利用公法和私法结合的方式对慈善组织进行严格规制，在法律上规定慈善组织的公法义务。公法义务的出现意味着慈善组织不只与捐赠人、受益人有权利、义务关系，而且与国家之间也有了权利、义务关系。并且当慈善组织不

能履行公法义务时，要承担公法上的责任，公权力可以对其进行惩戒。慈善法上所规定的信息公开义务，就属于典型的公法义务。若慈善组织不履行信息公开义务时，就会承担公法上的责任。其他诸如不违背非营利目的，不得违背慈善目的，不得侵犯捐赠人、受益人隐私权，设置合理的受益人条件等都属于公法义务范畴。

网络慈善募捐行为中，与慈善组织、捐赠人相对而言，募捐平台处于相对优势地位，这种社会关系同样受慈善法的调整，为慈善平台设定公法义务也是对相对优势地位方的重要约束方式之一。根据募捐平台所面对的主体不同，公法上对设定的公法义务亦有所不同，典型的包括两方面。一方面，就与慈善组织的关系而言，募捐平台必须承担开放平台的义务；履行告知义务；保护慈善组织慈善募捐方案的创意权的义务；为慈善组织维护其权利提供畅通途径的义务；等等。另一方面，就与捐赠人关系而言，募捐平台必须履行告知义务；不得泄露隐私信息的义务；保持捐赠渠道安全畅通的义务；提供举报、投诉以及举报、投诉后信息反馈的通道；等等。这些公法义务有助于矫正募捐平台借助其优势地位而形成的实质上的不平等。但是，我国慈善法对这方面的规定非常缺乏，相反却规定了监管性"义务"，包括"验证义务""报告义务""保存证件，记录和保存信息的义务""配合义务""告知义务"等。这些以义务方式规定的内容，主要是募捐平台针对国家而言承担的义务，对于慈善组织和受益人来讲，则更类似于一种"权力"，具有监管权的属性。结果使得募捐平台的力量更加强大，成为实际上的监管者。因此，必须明确网络慈善募捐被纳入社会法的范畴之内的目的在于平衡不等的社会关系，而非为强化强者的地位。

3. 慈善法出场的作用：给社会以明确的指引，而非回避问题

慈善法方式的出场是否意味着其仅对网络慈善募捐进行调整，而完全排除对个人网络社会募捐的回应呢？

网络慈善募捐创新及法律回应

要想把网络慈善募捐规范清楚，给社会以明确的指引，就必须把网络慈善募捐和个人网络社会募捐区分清楚，这意味着慈善法无法回避对个人网络社会募捐的规定。在对个人网络募捐进行规范时，首要解决的问题是应否禁止个人进行社会募捐。由于个人网络募捐中出现的大量欺诈行为，前文所谈到的网络募捐欺诈主要出现在个人网络社会募捐中。但给网络慈善募捐也带来不利影响，以至于有些观点认为个人网络募捐是违法的，应当被禁止。但是从法理角度分析，当个人出现困难，需要他人和社会帮助的募捐是有宪法依据的，属于公民宪法上的基本权利之一，我国《宪法》第45条第1款规定，中华人民共和国公民在年老、疾病或者丧失劳动能力的情况下，有从国家和社会获得物质帮助的权利。个人有从社会获得物质帮助的权利，这种权利不应当被不正当地剥夺。在社会帮助中，个人可以从慈善组织那里获得帮助，但是这不能成为唯一通道。其原因在于，慈善组织与个人相比属于优势地位者，如果个人不能获得"用脚投票"的权利，个人就只能接受慈善组织的摆布。可见，个人网络社会募捐有其存在的正当性基础，不能以禁止方式处理。因此慈善法无正当理由禁止个人网络社会募捐。

面对各种募捐方式，慈善法的任务是把网络慈善募捐和个人网络社会募捐区分清楚，并为二者提供平等的竞争空间。这种区分的任务并不需要慈善法对个人网络社会募捐直接进行规定，只要采用"准用性规范"方式进行规定即可解决问题。[1]个人网络社会募捐行为从本质上看属于民事行为，不必依赖具有社会法属性的慈善法进行调整。但是其完全可以通过"准用性规范"进行明确指引，明确规定其受民事法律规则的调整，适用民法典的规

---

〔1〕 准用性规范是指法律中没有直接规定某一行为规则的内容，而是明确指出可以援引其他法律规定来使本规则内容得以明确的规则。参见周农、张彩凤主编：《法理学》，中国人民公安大学2011年版，第31页。

定。这样一方面确立了其合法性,另一方面其实也明确了这类募捐方式应当注意的问题,并且也不破坏慈善法作为社会法组成部分的特性。

第三节 网络慈善募捐社会法规制的基本原则

网络慈善募捐被纳入社会法的规范框架中,因此由社会法进行规范的思想应当贯穿于对网络慈善募捐的规范之中,制度的设计应当遵循以下原则:

一、互联网资源的可及性原则

可及性原则是指在互联网上募捐的慈善组织都能平等便利地使用互联网资源进行募捐的原则。互联网的快捷性和使用的低成本性是很多慈善组织寻求网络募捐的重要前提,很多小的慈善组织在现实空间里进行宣传动员的人力可能不足,但借助网络募捐往往会弥补这一不足,这是互联网带给慈善组织的最大便利之处。实践中的发展展现的正是这样的状况。但是,"互联网+募捐"在实践中也出现了很多的问题,包括信息不真实、骗捐、诈捐等。对于这些问题,若直接禁止慈善组织使用网络则一劳永逸,各种网络上的骗捐、诈捐行为都会消失,但如果这样做,结果必然是因噎废食,社会也因此无法前进。法律回应时,应当考虑既保证慈善组织对网络资源的可及性,也要考虑如何预防上述问题。

具有社会法属性的慈善法回应上述问题的思路自然是引入公权力,通过公权力的监管实现预防的目的。但是公权力的引入是为了减少问题而不是为了增加问题。不能为了预防上述问题而牺牲慈善组织对互联网资源的可及性。

互联网资源的可及性原则并不是说不能设置任何准入条件,而是说这些准入条件对慈善组织来讲应当是正当的、平等的。《慈善法》中关于网络慈善募捐的规定主要体现在"指定制度"的出台,这一制度实际上在一定程度上限制了慈善组织"互联网资源可及性"原则的实现。虽然这一制度并非针对慈善组织而设置,而是针对网络慈善募捐平台而设,但实际上对慈善组织募捐权的实现造成了过度的限制。因为,法律要求慈善组织必须在慈善信息平台上进行公开募捐。这意味着慈善组织募捐的权利不仅需要获得公权力的许可,还需要得到网络慈善募捐平台的认可,而这类平台由商业组织或者其他性质组织运作。而这些网络慈善募捐平台仅仅基于"契约自由"就使得很多与网络慈善募捐平台意见不一致的慈善组织难以利用互联网进行募捐,这严重限制了慈善组织对互联网资源的使用。

其实,公权力对网络慈善募捐的监管就是对慈善组织的监管,而慈善法对慈善组织的监管已经非常严格了。成为慈善组织本身就非常不易,现在仍然采用严格的许可制度,在三大条例没有修改之前仍然是双重许可制度;而慈善组织要进行募捐还有更为严格的监管要求:一是,公开募捐资格不易得到。公开募捐资格的取得有更为严格的程序,要求必须是依法登记满2年的慈善组织。二是,每次募捐都要备案。《慈善法》规定慈善组织的募捐方案应当在开展募捐活动前报慈善组织登记的民政部门备案。有这么复杂的制度作为保障,对于慈善组织的网络募捐仍不能放心,还必须到指定的平台上才能进行募捐。这实际上构成为过于严苛的制度,无法保障慈善组织便利畅通地使用网络资源。

未来对《慈善法》进行完善时非常有必要重新审视"指定制度",应当考虑取消"指定制度",打破现在基于指定制度而形成的垄断。应当以是否"具有支付功能"的网站或平台为调整对象,对于在"不具备支付功能"的网站或平台上发布慈善募捐信息的不予限制,对于在"具备支付功能"的网站或平台上发布慈善募捐信息进行必要的规范。这意味着慈善组织也可以利用自己的网站进行募捐，慈善组织也因此有更多的选择空间，使其不必再受制于处于强势地位的网络慈善募捐平台。

二、矫正实质上的不平等，保障意志真实的原则

矫正实质上的不平等，保障真实意志原则应当是慈善法作为社会法须遵循的核心原则之一。在民法调整的社会关系中，主体之间处于完全平等的地位，基于这样的地位双方的意志完全可以自由的表达，若表达不能达成一致，也可以自由地选择是否与对方发生关系。但是在网络慈善募捐中，所呈现出来的多是形式平等，实质上并不平等的关系，在这种情况下慈善法就应当发挥其作为社会法的作用，尽可能矫正和平衡这种实质上的不平等地位，实现当事人真实意志的表达。

保障真实意志表达的含义在于，通过设置必要的制度避免地位上的劣势者因其劣势地位而受制于相对的优势地位者的意志，保障当事人能够在理性判断的基础上做出表达。对于网络慈善募捐而言，在不同的关系中有不同的强势和弱势之分，因此应当区分不同的情形设计与其相适应的制度。首先，慈善组织与慈善捐赠人、受益人相比，其属于强势地位，特别容易出现慈善组织对捐赠人捐赠的强迫。对我国而言，这一点尤其值得注意，因为传统上有很多慈善组织有官办背景，有依赖行政权力的惯性思维，以前的摊派就是此种现象。网络慈善募捐打破了摊派的生存土壤，但是又有新的力量影响当事人的自由意志，比如借助网络的过度劝募、误导，使当事人做出非理性判断。对于这些问题，法律必须有所作为，设计出必要的制度保证当事人自由意志的表达。其次，慈善组织、捐赠人、受益人等与募捐平台相比，其处于相对弱势的地位，往往无法与募捐平台相抗衡。对于慈善组织而言，涉及的问题最多，比如能不能进入平台进行募捐的问题就是最大的问题。针对这个问题，慈善组织很难有平等协商的能力，在这

种情况下，慈善组织的真实意志表达往往无法实现。至于在平台上表达些什么内容，更受到募捐平台的控制。这些也都需要慈善法中有相应的制度保障慈善组织有选择的空间和真实意志表达渠道。

三、信息公开透明与隐私保护平衡原则

信息公开透明一般是社会法基于强势和弱势的差距而施加于强势一方的公法义务。民法中并不会出现对一方信息的强制性要求，因为双方可以通过自由协商来确定是否公开相关信息。而网络慈善募捐中的慈善组织实现的是慈善目标，具有公益性质；同时，在募捐法律关系中，捐赠人数往往众多且分散，捐赠人的捐赠财产已发生转移；受益人在募捐时并不确定，因此，捐赠人、受益人等都无法，往往也无动力直接以契约方式要求慈善组织信息公开，此时作为社会法的慈善法就应当设置必要的制度推动慈善组织承担信息公开义务。这一原则不只是强调慈善募捐本身所涉及的事实信息，包括募捐的相关信息以及募捐之后善款的使用状况等，而且强调慈善募捐涉及的法律上权利、义务、效力以及善款剩余后的处理方式等。这不仅对慈善组织形成约束，也有助于社会公众获得所有的相关信息，帮助公众理性判断选择是否捐赠。

对于网络慈善募捐中的募捐平台而言，信息公开透明同样是非常重要的。募捐平台是相对的强势主体，其享有对平台进行管理的权利，要尽可能保证慈善组织在这一关系中保持与募捐平台的平衡，就需要平台对其规制措施和相关信息都透明公开，让社会公众和慈善组织都能清晰地了解。

信息公开透明对于矫正强势地位者和弱势地位者是必要的，但是在透明的过程中也会涉及个人隐私问题。个人隐私保护涉及以下内容，一是个人私生活的隐私保护，包括网络募捐中出现代

言人、未来的受益人或者宣传片中所出现的个体的私生活隐私等；二是个人各类信息隐私也应当给予充分保护，受益人个人信息、捐赠人的个人信息、通过网络支付所形成转账信息等都涉及隐私保护问题；三是，个人事务的决定也属于隐私保护的范围，在网络慈善募捐中涉及个人决定包括是否捐赠，捐赠多少，捐赠给谁等事务的决定也应给予必要隐私保护。

对信息透明公开的要求并不意味着不对个人的隐私予以关照和保障。在矫正不平等社会关系时涉及公权力的介入，涉及公法义务的强制设定。这些强制性要素的介入更多地定位在实现社会的公共利益，因此有时会出现对个人权利的忽视。而这并非法律规范想要看到的结果。在公共利益和个人权利之间保持一定的平衡，保护公共利益时兼顾对个人权利的保护是科学立法的根本要求。在要求慈善组织、募捐平台遵循透明公开原则时，也必须保障个人的隐私权不被侵害，这是慈善法调整此类行为时应遵循的基本原则之一。

四、可救济性原则

可救济性原则是指一旦当事人的合法权益被侵害，当事人可以通过一定的法律途径获得司法的救济。可救济性也是法治社会的最基本特征之一。对于依照慈善法规范和约束的各类主体而言，可救济性的原则也是其权益的根本保障，是慈善法获得生命力的重要前提。在网络慈善募捐法律制度设计中应当坚持这一根本的法治原则。

可救济性原则在网络慈善募捐法律制度的设计中之所以应当被重视，原因在于现有制度中一些做法正在消解可救济性原则的根本实现。有必要正视此问题，及时找到解决的方法。

一则，针对想要获得网络慈善募捐平台资格的社会主体而言，需要尽快搭建权利救济的渠道。指定制度作为一种极为特殊的制度，在行政法上很难找到与之匹配的类型化行政行为，当事人合法权益被侵害时，行政诉讼的救济很难启动。最麻烦的是，指定是由行政机关单方面决定指定的时机、指定的程序，如果行政机关不启动募捐平台的遴选工作，即使条件完全符合募捐平台的要求、条件已经非常成熟的当事人也无法通过主动申请的方式获得募捐平台资格，也无法通过诉讼方式获得救济。并且在指定的过程中也没有明确的程序和标准，当事人即使未获得指定也无法判断自己与募捐平台要求的差距何在，也就无法通过诉讼进行救济。如果暂时不修改指定制度，那么应当赋权当事人能够获得司法救济。

二则，网络慈善募捐平台与慈善组织之间，慈善组织的权利救济的渠道也不畅通。按照现在的法律规定，慈善组织只能首先在平台上发布募捐信息进行募捐。但是由于募捐平台都是私法主体，在对外交往过程中，主要通过契约形成彼此的关系，这种契约关系在一定程度上消解了慈善组织权益被侵害的可救济性。尤其是当慈善组织的募捐方案与募捐平台的意见不统一时，其无法获得在募捐平台上进行募捐的权利时，契约自由就阻挡了慈善组织进行司法救济的通道。为了避免这种以私法方式阻挡当事人获取救济的问题，应当从两个方面进行制度上的改变，一是，打破网络慈善募捐平台的垄断地位，慈善组织可以通过自由选择实现其利用网络募捐的权利；二是，为网络慈善募捐平台设置公法上的义务，要求其承担平等开放的义务。在这种情况下，如果网络慈善募捐平台不承担平等开放的公法义务，当事人的司法救济就有了法律依据。

小 结

网络慈善募捐的出现极大地改变了原有的募捐结构和募捐能力，并对我国慈善事业的发展有积极推动意义。而法律对其态度从最初的无规范状态也逐渐走上了规范的道路。率先对网络慈善募捐进行确认和规制的是地方性法规，2010年湖南与江苏对网络慈善募捐进行了确认和规范，其中湖南将其规定在专门的募捐法律规范中，即《湖南省募捐条例》。全国层面的规定直到2016年《慈善法》出台之后才出现。

《慈善法》的颁布确立了网络慈善募捐的合法地位，并对突破地域限制进行募捐给予了肯定性回应。但是整体观察，《慈善法》关于网络慈善募捐的规定在很多地方考虑尚不周延。网络慈善募捐虽然被放在《慈善法》的框架内，但当时并没有从慈善法的社会法属性出发对网络慈善募捐给予与其行为特点相适应的规定。社会法的属性主要表现在对不平衡的社会关系进行调整，要平衡或矫正在现实生活中强势一方和弱势一方的关系，包括采用公权力介入的方式以及为强势一方设定公法义务等方面。分析网络慈善募捐行为，可以清晰地看到其中存在着两种类型的不平衡的社会关系，包括慈善组织与捐赠人、受益人之间的社会关系；网络募捐平台与慈善组织之间的社会关系。基于此分析，本书提出，应当把网络慈善募捐纳入社会法规范的范畴之内。

网络慈善募捐被纳入社会法规范的范畴之内意味着其应当遵循一些与此相适应的原则，包括：（1）互联网资源的可及性原则。通过慈善法的规定保证有募捐资格的慈善组织都有机会在网络上进行募捐，而不是只能通过募捐平台进行募捐，借此消解募捐平台的强势地位。（2）矫正实质上的不平等，保障意志真实的原则。由于网络慈善募捐中总有弱势地位的一方，保障弱势地位方真实意志的实现是社会法矫正不平衡社会关系的重要原则之一。（3）坚持信息公开透明与隐私保护平衡原则。对于网络慈善募捐而言，信息公开透明是必要的，但是不能建立在对个体隐私权侵害的基础上。（4）可救济性原则。这一原则是所有法律规范中最根本的内容，在这里作为一个原则提出，原因在于现有制度中一些做法正在消解可救济性原则的根本实现。网络募捐平台的指定制度被制造出来时，网络募捐平台垄断了募捐的通道，传统上将慈善组织与网络募捐平台看作是契约关系的做法正在阻碍慈善组织获得救济的渠道。对于这种制度应当加以修改完善，保证可救济性原则能够被尊重。

研习案例："同一天生日"网络慈善募捐事件[1]

【事件介绍】

2017年12月23日，由爱佑未来基金会通过零分贝公司开发的"分贝筹"、微信公众号开展的网络募捐"同一天生日"在微信朋友圈热传。"同一天生日"活动的操作规则是，输入自己的生日，能找到一个同月同日生的贫困儿童，并可捐出1元钱奉献爱心。但很快有网友发现，这些小朋友的资料互相矛盾，有的生日日期根本不存在，有的生日有好几个，甚至大多数小朋友的理想都一模一样。根据不完全统计，这样的信息错误至少有6处。

对此，分贝筹的创始人王立回应说，项目原计划在圣诞节晚上推出，而12月22日晚10点为了测试产品的传播率，请4位朋友捐了1块钱并转发朋友圈，没想到一下子就出现了爆炸式的传播，但因为项目尚处于测试阶段，才出现了信息错误以及界面不稳定等情况。

2017年12月25日上午，深圳市民政局调查组约谈了深圳市爱佑未来慈善基金会秘书长，责令其立即停止"同一天生日"网络募捐活动，并提交募捐活动情况报告、与相关企业的合作协议及所有公开发布的文件资料。

---

[1] "同一天生日"网络慈善募捐事件可参见孙雅茜：《"同一天生日"深圳主办方致歉并回应200多万善款去向》，载 http://news.163.com/17/1228/15/D6OJOC4U000187VE.html，最后访问时间：2018年3月5日。

而在筹款活动被叫停之前，页面显示该活动已经筹集善款255万多元，将全部用于云南省镇雄县贫困学生1年的生活补助。

【法理分析】

"同一天生日"活动是在"互联网+慈善"的大潮下出现的一款网络筹款项目，需要分析的是这一网络筹款活动是否属于网络慈善募捐？从实定法来看，其是否合法？在实定法之外还有什么需要考虑的问题？

1. "同一天生日"活动是否属于网络慈善募捐？

可以肯定地说，"同一天生日"活动属于网络慈善募捐，其理由主要如下：

第一，募捐主体必须是有公开募捐资格的慈善组织。这次募捐主体是爱佑未来基金会，其具有公开募捐的资格。

第二，募捐的方式在开放性网络空间展开，而非在类似于熟人社会的空间进行。这次募捐是通过"分贝筹"微信公众号展开的，针对的是不特定的对象，属于在开放性网络空间进行，是典型的网络慈善募捐。这在本书第一章有相关的分析。

第三，募捐应遵循无偿性的要求。这次募捐并没有向捐赠人提供任何回报，募捐呼吁的是当事人的自愿无偿捐赠，其使用的打动人心的方式不是回报，而是"与自己某个共同点特征"。"同一天生日"这一共同点打动了很多人的心，使其愿意捐赠。

第四，募捐应是在具有支付功能的网站或平台发布。这次活动是在"分贝筹"微信公众号，其本身可以借助微信进行支付，具有直接的支付功能。

2. "同一天生日"活动是否违反实定法的规定？

从《慈善法》的具体规定来看，"同一天生日"的网络募捐行为无疑违反《慈善法》的规定，2018年6月15日，深圳市民政局给予"同一天生日"活动发起方的处罚清楚地说明了这一点，其处罚内容是（1）未在民政部指定的互联网募捐信息平台发布募捐信息。（2）没有对发布的募捐信息进行审核，发布的信息不准确不完整，对深圳市爱佑未来基金会予以警告，并责令限期改正。[1]

首先，《慈善法》第23条第3款规定，慈善组织通过互联网开展公开募捐的，应当在国务院民政部门统一或者指定的慈善信息平台发布募捐信息，并可以同时在其网站发布募捐信息。此项要求为硬性要求，必须在国务院民政部门统一或者指定的慈善信息平台发布募捐信息，这样的募捐才是合法的。爱佑未来基金会只是在委托第三方开发的"分贝筹"上进行募捐，未到国务院民政部制定的慈善信息平台上进行募捐，与第23条第3款的规定不符。

其次，《慈善法》第71条要求，慈善组织、慈善信托的受托人应当依法履行信息公开义务。信息公开应当真实、完整、及时。而本案中，爱佑未来基金会在募捐中使用的儿童的信息有失真之处和不完整之处，没有按照第71条的要求履行义务。

综上，根据《慈善法》的具体规定，"同一天生日"的网络募捐行为违法。

3.《慈善法》之外的思考

伴随着深圳市民政局对爱佑未来慈善基金会处罚的做出，这个引起极大争议的网络慈善募捐案告一段落了。但是争议和思考并没有结束，在法律之外还有两个问题需要深入思考：

（1）如何看待现有的实定法对于慈善组织网络募捐的规定？

从慈善组织在实践中开展一次符合法律规定的慈善募捐活动来看，其过程非常复杂。按照《慈善法》的规定，一个组织要首

---

[1] 参见《深圳市民政局关于给予深圳市爱佑未来慈善基金会警告行政处罚的公告》，载 http://mzj.sz.gov.cn/ cn/ywzc _ mz/shzz/xzzfxx/201806/t20180615 _ 12196792.htm，最后访问时间：2018年12月1日。

先获得慈善募捐资格才能募捐，这需要慈善组织获得合法组织身份2年后才可以申请获得公开募捐资格；而要具体进行募捐时，必须制定募捐方案，并在民政部门备案。

上述组织身份、募捐资格都获得之后还不能进行网络慈善募捐，必须到民政部指定的平台上进行募捐。由此可以看出，在网络上进行慈善募捐的要求过于严苛，使得慈善组织的选择权大大缩减。尤其是慈善组织通过组织身份认定和募捐资格许可之后，不能在自己开发的网站或平台上募捐，这大大影响了慈善组织的自主决定权。更为重要的问题是，网络慈善募捐方案包含重要的创意，也是智力成果的表现，而慈善组织若要通过第三方平台进行募捐，对其创意的保密性、知识产权的保护都会有所影响。如本案所及"同一天生日"的创意（当然这种创意是否妥当需要分析，但那是另外一个问题）产生之后，法律凭什么要求慈善组织与第三方共享这一创意呢？并且慈善组织与第三方平台无法达成合意时，慈善组织的慈善募捐就无法展开。最后的结果是，慈善组织要么无法在第三方平台上进行募捐，要么选择与第三方平台妥协。无论如何，因为法律而带来的第三方平台的垄断性，最终受伤害的是慈善组织，慈善组织失去了平等协商的能力。

虽然实定法规定了指定制度，并由民政部指定了32家募捐平台（现在为30家），但是这种制度存在着太多与法治发展不相契合的地方，亟待修改和完善。"同一天生日"活动带给我们的思考远远超过了法律规定本身。

(2) 如何看待"同一天生日"活动中的慈善募捐信息问题？

对于"同一天生日"募捐活动除了在信息公开方面的确存在失真和不完整的问题，这确需法律的处罚和制裁。但是在法律之外，慈善组织还需要关注慈善伦理问题，社会各界对"同一天生日"活动批判最多的莫过于其大量使用受助儿童照片的问题。在"同一天生日"活动页面，公布了大量受助儿童照片，尽管活动页面显示"使用的所有孩子的肖像和信息均已获得孩子监护人的书面授权",仍有不少网友质疑这是用儿童的照片进行乞讨式筹款、以物化儿童的方式来消费贫穷。[1]的确,网络慈善募捐的最终目的是动用社会资源解决社会问题,而非仅仅是为了筹款、聚钱,如果不能把网络慈善募捐放在慈善活动的大框架内去认识和运行,网络慈善募捐在设计之时就可能被异化。这样的募捐方案即使规避了所有的法律问题,但是依然经不起慈善伦理的拷问。本书在最后一章提出了慈善伦理的问题,指出当受赠人涉及儿童、女性以及弱势群体、边缘性群体的时候,应当特别关注慈善伦理的要求,进行慎重的评估,避免因为筹款而影响受益人的生活,包括对受益人未来生活的影响。

---

[1] 参见《"同一天生日"网络募捐错在哪》,载 http://www.xinhuanet.com/gongyi/2018-07/10/c_129910612.htm,最后访问时间:2018年12月1日。

第四章 网络慈善募捐社会法规制的具体展开

募捐行为是一个社会文明程度的体现，对其运行的规范化则是一个国家法治社会建设的重要标志，对募捐行为的规范，不仅关系到国家立法与社会公益的关系，更关系到国家理念与每个公民善意的关系。[1]因此，对于慈善募捐，法律必须认真理性地对待，通过法律规范慈善募捐行为，也保障相关主体的合法权益。对于新出现的网络慈善募捐更应当对其中存在的各种社会关系细加分析，合理分配权利和义务。

通过上一章的分析可知，网络慈善募捐行为因其自身特点应当被纳入社会法规制的范围之内。网络慈善募捐因网络慈善募捐平台的加入使得的法律关系主体变得复杂起来，一是慈善组织与捐赠人、相关人的关系依然存在；二是募捐平台与慈善组织、捐赠人、受益人之间亦产生新的社会关系；三是基于前两者社会关系的存在，公权力介入其中进行调整，公权力与相对人的关系亦成为法律关注的核心内容之一。对于这些不同的社会关系，法律应当采取什么样的态度，怎样进行规制呢，本章对此进行详细的展开与论述。

---

[1] 参见任文启：《呼之欲出的社会公益募捐法》，载《西部法学评论》2008年第3期。

第一节　网络慈善募捐中慈善组织与捐赠人、受益人关系的法律调整

在现实空间里，慈善募捐的核心法律关系主体是慈善组织与捐赠人、受益人。在网络空间中，他们仍然是主要的法律关系主体，慈善组织与捐赠人、受益人之间的权利、义务内容大致未变。但是网络的介入还是多多少少地改变了原有的权利、义务内容，比如慈善组织借助行政力量进行"摊派"的现象被解构了，捐赠人自由选择权大大增加，极大地丰富了捐赠人的权利；但同时也带来理性思考时间不足、"拇指捐赠"中自愿捐赠如何认定的问题、过于草率的捐赠是否可以撤销等，诸如这样的内容也非常值得关注和研究。要把这些理清楚，仍要回到对基础概念、基础理论的研究，这就需要弄清楚慈善组织的法律属性，弄清楚捐赠人、慈善组织以及受益人之间的法律关系等问题。

一、慈善组织的法律属性：分析慈善募捐各方主体之间的关系的基础

从历史来看，慈善组织是自然演进的产物，但是由于各国历史演进的进路有所不同也就形成了对慈善组织不同的法律定位。这些不同的法律定位所带来的是对慈善活动各方主体的权利、义务内容，甚至包括对慈善组织内部治理结构的影响。本部分所关心的慈善组织的法律属性对慈善募捐各方主体间的权利、义务关系的影响甚大。

（一）两大法系关于慈善组织的法律属性及其财产性质的不同理论

关于慈善组织的法律属性问题，英美法系和大陆法系有极为不同的做法。

英美法系中的慈善组织被看作类似信托关系中的受托人身份。

历史来看，慈善本身就是以信托的方式展开的。在普通法系国家，慈善法确实是从慈善信托制度发展而来的，并且慈善信托在慈善制尤其是英国慈善法法制的发展中始终发挥着极为重要的制度价值与实践功能，为社会民众所广泛使用与信赖。[1]直至当今，人们仍然认为英美法系中的慈善组织并非独创的概念，而是信托制度的延伸，在以美国为主要代表的英美法系国家中，一般不将慈善组织归位于一个独立创设的概念范畴，而是采取了"所有权与利益相分离"的公益性质的信托制度。[2]慈善组织的地位就类似于慈善信托中的受托人。

由于慈善组织被看作类似信托关系中的受托人身份，慈善组织的财产也就具有了信托财产的属性。而在英美法系，信托财产的属性极为特殊，勒内·达维德在《当代主要法律体系》有过这样的描述，英国信托法上的信托财产除受"双重所有权"支配之外，在法律地位上具有很强的独立性，即信托财产独立于委托人、受托人、受益人三方的其他财产，并由受托人独立地管理，且不受信托关系中的三方当事人的债权人的追及。[3]其中，"双重所有权"是英美法系一种独特的制度，其含义是指，信托财产上的权利可以一分为二，其分别为"法律上的所有权（legal title）"与"衡平法上的所有权（equity title）"，前者属于受托人，而后者属于受益人。受托人和受益人共同分享着信托财产权，这就是英美法上关于信托的"双重所有权说"。[4]

信托财产的这种属性对于慈善组织的财产性质亦产生了深深

---

[1] 参见李德建：《英国慈善法研究》，法律出版社2017年版，第48页。

[2] 参见王长春、李静：《试析慈善组织的法律地位》，载《天津商业大学学报》2009年第3期。

[3] 参见[法]勒内·达维德：《当代主要法律体系》，漆竹生译，上海译文出版社1984年版，第39页。

[4] 参见解鲲：《英国慈善信托制度研究》，法律出版社2011年版，第4页。

的影响。但是，由于慈善组织的受益并非特定，因此，受益人所分享的财产权往往被转移给公共机构来行使，在英国就表现为慈善委员会，在美国则往往由检察官来行使。

慈善组织的财产具有类似信托财产的属性，使慈善组织的财产具有了自身的特点，具体表现在以下方面：

1. 慈善组织的财产亦具有"法律上的所有权"的属性，具有独立性的特点。慈善组织的财产虽然来源于捐赠人，最终要用于受益人，但是当捐赠人捐赠给慈善组织之后，慈善组织就对这些财产具有了独立管理的权利。慈善组织的财产独立于捐赠人、受益人的财产。

2. 慈善组织的财产受捐赠人捐赠目的的限制，类似于信托目的，但是由于慈善组织自身在设立时有法律确认的慈善目的和宗旨，捐赠人在捐赠时实际上等于认同慈善组织的慈善目的与宗旨，因此慈善组织财产的使用最终受设立慈善组织时的慈善目的与宗旨所限。

3. 慈善组织对于特定目的的捐赠有剩余财产的，适用近似原则；慈善组织自身终止时，其财产亦适用近似原则。这源于公益信托的基本原理，强调剩余的信托财产应当用于与原信托目的相近似的公益目的，不能归属于个人或用于私人目的。[1]即使是捐赠人也不能成为剩余财产的归属人。

大陆法系则采用了另外一套理论，将慈善组织放在财团法人的框架之下进行规范。在德国《民法典》的法人制度中，财团法人是一种重要的分类，它是与社团法人相对而提出的概念。德国学者认为，可以把有权利能力的财团称为法律上独立的、服务于

---

[1] 参见何宝玉：《信托法原理研究》，中国政法大学出版社2005年版，第346页。

某个特定目的的财产。[1]采用"特定目的的财产"这样的表述所强调的是：财团法人是一个单独的实体，并且财产用于实现"特定目的"。财团内没有任何成员有权利改变其初始设立的"特定目的"，因此利用财产实现特定目的的属性被强调。我国学者对其进行表述时使用了符合汉语习惯的表达，如台湾地区学者史尚宽的观点，他认为财团法人谓对于一定目的之财产，赋予权利能力之法人。[2]大陆学者的表述更为细致地将财团法人的核心特点做了阐释，如龙卫球教授曾指出，财团法人，又称目的财产，以一定的目的财产为成立基础的法人。财团法人的形态是无成员的，表现为独立的特别财产，因此称一定目的的财产集合体。[3]观察德国立法的规定，一般将慈善组织归入财团法人的范畴。这种组织被认为是通过捐赠的方式而形成，如德国《巴伐利亚州财团法》[4]中规定的财团有两种类型，一种是民法上的财团，另一种是公法上的财团，无论哪种形式，都要求通过捐赠行为而产生。[5]

财团法人对其财产并不像英美法系的信托财产那样形成双重所有权的形式，但是财团法人的所有权也与营利法人的所有权存在重大差别。财团法人的财产属性是德国学者梅迪库斯所说的"用于特定目的的财产"，由于特定目的规定在章程之中，这种财

---

[1] 参见［德］迪特尔·梅迪库斯：《德国民法总论》，邵建东译，法律出版社2000年版，第866页。

[2] 参见史尚宽：《民法总论》，正大印书馆1980年版，第123页。

[3] 参见龙卫球：《民法总论》，中国法制出版社2001年版，第376页。

[4] 参见《德国巴伐利亚州财团法》，载金锦萍、葛云松主编：《外国非营利组织法译汇》，北京大学出版社2006年版，第122~134页。以下关于该法的内容均见于该书的翻译。

[5] 如果与我国的基金会和社会服务机构等类型的慈善组织相比较分析，财团法人的概念大于这类慈善组织的概念，其中民法上的财团法人一般包括社会捐赠而形成的慈善组织，而公法上财团法人则包括国家公共财政捐赠而形成的慈善组织和类似于中国的事业单位的法人。

产首先受制于章程的限制。另外，对于财团法人的设计的鲜明的特点在于其内部治理机构中不存在"权力机构"，因此财团法人的内部机构并不享有修改章程或法人的关停并转等重大事项的决策权。这样设计的目的在于避免因为内部机构修改章程而改变法人的事业范围，否则便违背了捐赠人的捐赠意愿和要求，比如德国《巴伐利亚州财团法》第2条就明确规定，对捐赠人意思之尊重，是该法的最高准绳。因此，章程是财团法人存续和活动的直接依据。

慈善组织被视为财团法人，其财产属性是一种财团法人财产权，其典型特点表现以下方面：

1. 财团法人财产权具有独立性，由财团法人自主决定财产的使用。捐赠人的意思表示虽然是最高依据，但是其已经转变为章程，因此除了通过章程进行约束，捐赠人并不能直接对慈善组织的财产使用进行干预。同时，慈善组织作为财团法人，其财产亦不受公权力所干预。比如德国《巴伐利亚州财团法》中就有关于禁止财团财产被公法上的财产所吞并的内容，其第12条规定，不得基于任何理由，将财团财产并入国家、乡镇、乡镇联合体或者其他公法上的团体或机构的财产之中。总体而言，财团法人独立人格具有永久性、独立性，其对财产的使用也不受其他力量的干预。

2. 财团法人财产权虽然具有独立性，但是其使用必须受章程的约束，并且由监管机关对其进行监督。章程虽然是财产法人行动的最高指南，但是由于不存在权力机关，对其监督其是否按照章程要求行动的内部力量缺失，公权力就被制度设计为对财团法人进行监督的重要的外部力量。

3. 财团法人的剩余财产实际上也采用"近似原则"。虽然大陆法系并没有引入公益信托的"近似原则"，但根据法律的规定，对于财团法人，实际上适用"近似原则"。如德国《民法典》中对此就作了较为清晰的规定，其第 87 条有这样的内容：财团目的不能完成或者完成目的将危及社会公共利益时，有管辖权的机关可以给予财团另外的目的或废止财团。变更财团的目的应当尽可能考虑捐助人的本意，对财团财产的收益，应尽可能按照捐助人的意思，继续由预期的人享受。在财团的目的有必要变更时，主管机关得变更财团的章程。[1]

综上，英美法系和大陆法系关于慈善组织属性认识有不同的路径，形成不同的理论，但是这两类制度中慈善组织的权利、义务以及其他主体之间的关系却大致相同。以至于有研究者认为，所谓公益信托即为增进社会公共利益为目的的信托，其实际内容和作用与大陆法中的财团法人一致。[2] 不过，从监管机关的性质和职权内容来看，还是存在一定的区别的，英美法系的监管机关地位类似"受益人"，因此，一般从受益人利益是否会被侵害角度以诉讼方式解决问题；而大陆法系的监管机关地位被授予"社会公益代表者"身份，因此其往往具有直接行政监督的权力，以避免慈善组织偏离社会公益的方向。

(二) 我国慈善组织的法律属性及其财产性质

慈善组织的法律属性在我国经历了较大的变化，2017 年《中华人民共和国民法总则》（以下简称《民法总则》）的出台成为重要的分界点。在这之前，对慈善组织的法律属性在有关的法律中有不同的规定，1988 年的《基金会管理办法》把基金会定性为社会团体法人；1999 年《公益事业捐赠法》将其视为"公益性社会团体"。2004 年颁布的《基金会管理条例》则对前述观点有所反思，否定了"社团法人"的观念，但认为在《中华人民共和国民法通则》（以下简称《民法通则》）中找不到恰当的对应概念，

---

[1] 参见《德国民法典》第一章第二目 财团（第 80 条至第 88 条），陈卫佐译，法律出版社 2010 年版。

[2] 参见赵旭东：《论捐助法人在民法中的地位》，载《法学》1991 年第 6 期。

因此将其定位为非营利法人。《民法通则》中规定了四类法人：机关、事业、企业和社会团体法人。以往，基金会被归入社团法人。但是基金会不是以人为基础，而是以财产为基础设立的组织，这与社团由会员组成的基本特点有着本质差异。正是由于这种差异，使得我们无法将基金会按照社团的方式来登记、管理，必须制订专门的法规。[1]2016年颁布的《慈善法》基本上延续了《基金会管理办法》的界定方法，将慈善组织界定为"非营利组织"，在组织形态上则采用了列举的方式，指明包含基金会、社会团体、社会服务机构等组织形式。至于这几种组织形态的法律属性为何，并未予以明确。

2017年出台的《民法总则》则带来了较大的变化，在法人分类中确立起了与营利法人并列的非营利法人，在非营利法人之下区分了社会团体法人和捐助法人，把基金会和社会服务机构都纳入捐助法人的范围之内。2020年出台的《中华人民共和国民法典》（以下简称《民法典》）延续了这一做法，其第92条第1款规定，具备法人条件，为公益目的以捐助财产设立的基金会、社会服务机构等，经依法登记成立，取得捐助法人资格。

由于慈善组织多以基金会和社会服务机构的组织形态而出现，因此"捐助法人"这一概念的出现引发诸多关注。从性质上来看，有研究者将捐助法人等同于大陆法系的财团法人。我国《民法总则》虽然没有采纳社团法人和财团法人的分类模式，但是从其对捐助法人的定义表达看，完全符合财团法人本质特征。因此，捐助法人就其法律属性而言，就是我国《民法总则》中的"财团法人"。[2]虽然，对财团法人的性质学界多有认同，但是也有批

---

[1] 参见《民政部就〈基金会管理条例〉政策答问（全文）》，载http://news.sina.com.cn/c/2004-03-29/11152168433s.shtml，最后访问时间：2019年5月1日。

[2] 参见夏利民：《捐助法人的制度价值——兼评〈民法总则〉法人分类》，载《中国律师》2017年第6期。

判者认为，法律中创设的捐助法人制度并不完善，存在一些缺陷。其中最大的缺陷是对章程价值的忽视，对内部组织治理结构的错误规定。《民法总则》中规定，捐助法人应当设理事会、民主管理组织等决策机构，这被认为严重违背财团法人的规定，一般认为财团法人中不应当存在决策机构这样的内部机构，财团法人在其组织架构上不设权力机构并不只是不采用权力机构名称，更重要的是不允许任何机构享有对修改章程或法人的关停并转等重大事项的一般决策权。其目的在于消灭权力机构或其他任何机构或个人通过决议修改章程，包括改变法人的目的事业范围，进而改变记载于章程中的捐助人意志之一般可能，从而实现财团法人的制度功能。[1] 本书赞同捐助法人应纳入财团法人范畴，并认为应当在法律中科学反映此类组织的特点。对于那些在《民法典》中无法细致规定的内容，应当规定专门的非营利组织法，对不同类型的非营利组织科学分类、合理规定。

由于我国并没有信托的历史传统，借鉴英美法系的做法并没有历史基础，而借鉴大陆法系的财团法人制度在一定程度上能与原来的制度相契合。当然，从慈善组织本身的发展方向来讲，英美法系和大陆法系有趋同的表现。无论哪一法系，都对慈善组织的私法主体身份给予了充分的认可，并强调其特殊的内部治理结构。财团法人特殊性表现在：章程是财团法人存在的根本，财团法人中的内部机构在运行的过程中无权对章程进行改变。未来的立法解释或者进一步的立法完善，应当明确决策机构的决策内容不包括对章程改变和对机构的改变。

在对慈善组织的法律属性不断认识的过程中，关于慈善组织的财产属性也形成不同的观点，大致有以下四种观点：

---

[1] 参见罗昆：《捐助法人组织架构的制度缺陷及完善进路》，载《法学》2017年第10期。

第一种观点是社会公共财产说。这种观点直接依据《公益事业捐赠法》的规定而形成。该法第 7 条规定，公益性社会团体受赠的财产及其增值为社会公共财产，受国家法律保护，任何单位和个人不得侵占、挪用和损毁。对此，有研究者指出这里所规定的"社会公共财产"，只是强调公益性社会团体财产的公益性和其用途的受限制性，并非对其财产性质的界定。[1]的确，当所有权主体不明确情形下，权利这一概念就失去了存在的价值，"社会"这个概念并没有具体所指，因此社会公共财产难以在法律上获得应有的地位。

第二种观点是公益产权说。这种观点认为：慈善组织的财产是公益产权，即慈善组织的财产不存在一个完整的产权拥有者，慈善组织的财产权既不具有私有产权的性质，也不属于国有产权。[2]这一概念同样存在权利主体不明的问题，加上"公益"二字的权利，虽然激动人心，但是往往由于缺失权利主体和责任主体，反倒容易导致保护目标不明的结果。[3]

第三种观点是法人财产说。这种观点从与其他法人相同属性角度切入分析，认为慈善组织对其财产拥有独立的法人财产权，其与公司法人等营利性组织的财产在财产来源、用途和处分等方面虽有差异，但是其财产仍然属于法人所有，独立于其他社会组织、个人、发起人以及组织成员的财产。[4]在我国的语境内，这种观点有助于减少外部干扰，避免发起人以及公权力的不当干扰。

---

[1] 参见杨思斌：《慈善组织财产的法律定性及立法规范》，载《华东理工大学学报（社会科学版）》2016 年第 5 期。

[2] 参见贾西津：《第三次改革——中国非营利部门战略研究》，清华大学出版社 2005 年版，第 115~124 页。

[3] 关于非营利组织的财产属于公益产权还是法人产权的争论可参见金锦萍：《寻求特权还是平等：非营利组织财产权利的法律保障——兼论"公益产权"概念的意义和局限性》，载《中国营利评论》2008 年第 1 期。

[4] 参见王雪琴：《慈善法人研究》，山东人民出版社 2013 年版，第 145~148 页。

但是，极易造成慈善组织忽视其财产权中的限制，忽视章程对其应有的约束力，导致滥用慈善财产的问题。

第四种是独立目的财产说。这种观点认为，公益财产只是在名义上归属于接受捐助的机构或者信托受托人，但是这些受捐机构或者信托受托人也仅仅是名义上的财产权人，并不能从这些财产中享有利益（当然，固定的运营成本和经费甚至固定的管理报酬和管理费用并不能算是从公益财产中获得利益，《慈善法》第60条），因此也不是实质的财产权人。最终，公益财产应被解释成独立的目的财产。[1]这种观点借鉴英美法系中信托制度的构造，同时也借鉴了大陆法学中"特定目的财产"的观念。该观点强调对受捐赠机构的限制，要求这类组织必须按照章程目的来使用财产。这种观点阐释清楚了慈善组织财产的本质，很有借鉴意义。

本书赞同第四种观点，认为确定"独立目的财产"的属性不仅有助于慈善组织财产权的保护，而且也有助于将慈善组织财产的使用行为限定在"慈善目的"的框架内，实现慈善组织的慈善宗旨。的确，从原理上分析，慈善组织的财产来源于捐赠人的捐赠，但是捐赠并不是捐赠给慈善组织的，而是要求慈善组织根据捐赠人的捐赠意愿占有、使用和处分财产。当捐赠人的意愿具体化为章程时，慈善组织就必须根据章程的规定占有、使用并根据章程的要求处分慈善财产。从本质来看，这的确非常类似于信托财产的形式。不过由于我国作为大陆法系的学习者，无法用"双重所有权"模式构建。在我们的理论解释体系里，将其构建为一种受章程约束的财产权的形式，应将其纳入限制物权的范畴，借鉴大陆法系的"特定目的财产"的概念更为合适。因此，本书认为，一方面要强调慈善财产的独立性，将其纳入法人财产权范围，

---

[1] 参见赵廉慧：《慈善财产的性质和社会法法理》，载《国家行政学院学报》2016年第6期。

但同时也应强调慈善组织不能任意使用、处分这种财产,而是根据捐助人所设章程的要求进行使用和处分,也就是说这种财产本身被确立了特定的目的,是一种限制性财产。整体来看,将其确立为"独立目的法人财产"更为恰当,这样既区别于一般法人的财产内容,也避免财产权主体不明而带来的主体虚化的问题。

"独立目的法人财产"的定性也有助于分析慈善组织剩余财产的去向,由于"独立目的法人财产"是为实现特定目的而设,当慈善组织终止后,其目的并不因此而终止。在这种情况下,可以由宗旨近似的组织继续推进目的的实现。这也就意味着"近似原则"是解决剩余财产取向的重要原则。

二、慈善募捐法律关系中各方权利、义务:基于法律属性及其财产性质的分析

我国慈善事业发展有着悠长的历史。[1]新中国成立后,由于认为应当把慈善事业纳入社会事业统一计划管理之中,社会救济、社会福利等都应由政府包办,因此停止了一切民办的慈善活动。1981年中国儿童少年基金会成立,随后宋庆龄基金会、中国残疾人福利基金会相继成立,1994年中华慈善总会成立,随着这些组织的出现,我国终于走上了中国慈善事业发展的复兴之路。但是,慈善组织最初成长路径表现为政府支持成立,经费大部分由政府划拨,管理人员多由政府公务人员兼任,公众对慈善活动的参与仍主要以政治运动型、行政命令型、突发灾难型的激发爱心方式为主。[2]在这样的背景下,慈善组织的法律属性及其财产属性未能纳入法治的视野之中被关注。并且,这样的背景下发展起来的

---

[1] 有学者专门对中国慈善史进行了梳理,具体可参见周秋光、曾桂林:《中国慈善简史》,人民出版社2006年版。

[2] 参见李强:《广东立法促慈善市场化鼓励回头客多"消费"——广东慈善立法起草前民政厅启动调研,专家呼吁赋予捐赠者监督权》,载《南方日报》2010年6月9日,第A08版。

慈善组织在法治化建设的进程中首先面对的问题就是如何对政府和慈善组织做恰当的区分，减少政府对慈善组织的不当干预的问题。

其实就慈善组织的设立而言，既可以存在为实现慈善目的，依据公法，由政府捐赠而形成的公法法人；也可以存在为实现慈善目的，依据私法，由社会成员捐赠而形成的私法法人。但是无论哪种法人形式，都应当与政府财产保持分割，应当保证慈善组织财产的独立性。如德国《巴伐利亚州财团法》第12条就明确规定，不得基于任何理由，而将财团财产并入国家、乡镇、乡镇联合体或者其他公法上的团体或机构的财产之中。保证慈善组织财产的独立，有利于保障慈善组织按照设立时的宗旨、目标运行，促进慈善组织目的的实现，也有利于建立慈善组织在社会中的公信力，作为法人的慈善公益组织应具有独立的法律地位，能够依法享有财产权并独立开展活动。只有从立法上确认慈善公益组织的法律地位和财产权，才能树立慈善公益组织的公信力。[1]关于慈善组织及其财产属性的定位对于慈善活动中权利、义务关系的明确非常重要，对于慈善募捐法律关系中各方权利、义务的明确亦产生直接的影响，这种影响主要表现在以下方面：

1. 对于慈善组织与政府之间的关系而言，慈善组织独立法人地位的属性决定了所有慈善组织之间平等的法律地位，有权平等地接受社会捐赠。

慈善组织享有"平等地接受社会捐赠的权利"，这一项权利被明确地提出是在2012年7月13日召开的全国民政工作年中分析会上。在这之前，慈善组织获得的慈善捐赠往往由政府统筹安排，并对特定的慈善组织进行指定，指定其为慈善捐赠的接受者，

---

[1] 参见杨珊：《论慈善公益组织的法律地位》，载《西南交通大学学报（社会科学版）》2013年第6期。

尤其是在自然灾害出现、进行紧急动员募捐时。汶川地震、玉树地震中都出现过这种情形,汶川地震中,除政府部门之外,享有此种特定的救灾募捐权的是16家全国性公募基金会。在玉树地震中,也是相关的15家基金会。[1]而未被指定为有资格接受捐款的慈善组织必须将接收到的捐赠款物移交给民政部门或者被指定慈善组织。2008年《关于加强汶川地震抗震救灾捐赠款物管理使用的通知》中就曾明确地提出这样的要求:其他社会组织接收的捐赠款物要及时移交民政部门或者红十字会、慈善会等具有救灾宗旨的公募基金会。组织开展义演、义赛、义卖等各类救灾募捐活动,要按规定报有关部门批准,募集的捐赠款物要及时移交民政部门或者红十字会、慈善会等具有救灾宗旨的公募基金会。[2]这些要求显然与慈善组织的独立地位原则严重背离,实际上是政府利用公权力对慈善组织的独立性进行了不符合法理要求的干预。值得欣慰的是,这种观念已经得到了纠正,2012年7月13日召开的全国民政工作年中分析会上特别强调指出,重特大自然灾害进行社会捐赠动员,除政府有关部门依法直接接受捐赠外,民政部门不再指定个别或少数公益慈善组织接受捐赠。[3]慈善组织享有"平等地接受社会捐赠的权利"的背后是慈善组织相对于政府具有独立地位的基本原则,对此应在慈善组织与政府的关系中得到全面的遵守。

2. 慈善组织的独立法人地位决定了其与捐赠人处于平等地位,其无权强迫捐赠人捐赠,要求对捐赠人真实的自由意志给予

---

[1] 参见《汶川地震近800亿捐赠都流向了哪里》,载http://roll.sohu.com/20160513/n449334866.shtml,最后访问时间:2019年6月1日。

[2] 2008年5月31日,国务院办公厅发布《关于加强汶川地震抗震救灾捐赠款物管理使用的通知》。

[3] 参见秦淮川:《不指定慈善组织受捐,小进步大意义》,载《法制日报》2012年7月16日,第7版。

充分的尊重,具体表现如下:

(1)捐赠人享有自由选择权,拒绝摊派。我国大量的慈善组织是借助公权力的力量发展起来的,因此在传统募捐时代,行政权力干预过多,募捐领域充斥太多强制性的要素,甚至曾经出现过将捐赠款直接从薪金中扣除的现象。当募捐与行政强制性力量相结合时,就会干扰慈善的正常运作,使人们无法产生对慈善的认同感和亲近感,甚至出现疏离感和反感。随着市场经济的不断发展,社会对慈善事业的需求日益强烈,慈善开始向社会化方向发展,依赖行政强制性力量的募捐方式发生了根本性改变。慈善募捐社会化,尊重捐赠人的自由意志开始成为主流。慈善募捐理念的转变为网络慈善募捐的成长提供了土壤,而且网络慈善募捐反过来推动慈善募捐社会化,因为通过网络进行募捐与这一方向是相契合的。慈善捐赠来自社会和大众,是基于自身对某些领域、某些问题的关注,或者基于内心的同情、怜悯等内在的道德动机而表现出来的外在行为,必须是基于自愿而进行捐赠。慈善捐赠与税收的性质完全不同,它是在完成了对国家的纳税义务之后一种自发的高尚的行为,一旦被强迫就改变了慈善捐赠行为的本质,因此慈善捐款不能被强征,必须基于自愿。禁止借助行政权进行摊派已经成为社会共识和立法中禁止性条款。我国《慈善法》第32条规定,开展募捐活动,不得摊派或者变相摊派。

(2)慈善捐赠强调捐赠意愿的真实表达,"误捐"者有撤销权。慈善捐赠属于私法行为,当事人的自由意志的表达是其核心要素。我国《合同法》第186条规定,赠与人在赠与财产的权利转移之前可以撤销赠与。具有救灾、扶贫等社会公益、道德义务性质的赠与合同或者经过公证的赠与合同,不适用前款规定。从这一条来看,慈善捐赠属于"诺成合同",一旦承诺就发生法律效力。但从尊重当事人的自由意志考虑,当事人的承诺与真实意志的表达之间并不能直接画等号,还需要结合是否属于当事人真实意志的表达来判断其捐赠意愿。我国公益赠与强调不可撤销性，与其说此项规定是出于公共利益保护的考虑，不如说是无视慈善捐赠的自治自愿性质，对当事人意思表示是否为真的考虑可以参考各种形式方面的证据，如公证或书面形式，但绝对不能强行规定只要是实施慈善捐赠就得一诺千金。[1]本书亦赞成不能把承诺看作完全不可撤销的行为，要对当事人意思表示的真实性进行判断，误捐者应当享有撤销权。

但是，对于在公共场合通过承诺捐赠的行为获取公共影响力，且捐赠对象非常明确的，应当确定是其真实意愿的表达，此时应遵循诺成合同所产生的法律效力。下面这个案例中捐赠20万元现金的承诺就应当视为慈善捐赠合同已经形成。

在河北邯郸新建成的新愚公希望小学爱心拍卖会上，一家单位将写有20万元的现金支票模型送到校领导手中。可校长还没来得及平复激动的心情，就被事后拿到手的薄薄2000元浇了个"透心凉"。负责活动的演出公司则表示，20万元现金支票属于演出道具，不应该视为爱心捐款。[2]从法理分析来看，在此案例中，捐赠人在公开场合明确承诺进行捐赠，应视为其真实意愿的表达。即使其本意是为了"作秀"，但并非外在的强迫力量强制其做出的，即构成捐赠承诺，慈善捐赠合同就已经成立。因此，被捐赠人有权利要求捐赠人履行捐赠合同。

我国《慈善法》第41条涉及上述问题。该条规定，慈善组织或者其他接受捐赠的人可以要求交付的情形包括捐赠人通过广播、电视、报刊、互联网等媒体公开承诺捐赠的，并规定捐赠人拒不交付的，慈善组织和其他接受捐赠的人可以依法向人民法院申请

---

[1] 参见蒋军洲：《慈善捐赠的世界图景——以罗马法、英美法、伊斯兰法为中心》，法律出版社2016年版，第83页。

[2] 参见史洪举：《评论：要让诺而不捐的伪慈善得不偿失》，载 http://www.xinhuanet.com//gongyi/ 2017-07/19/c_ 129658942.htm，最后访问时间：2019年6月1日。

支付令或者提起诉讼。这一条款是对"诺而不捐"的规范。不过这一条款的规定存在一定的问题：根据该条而形成的诺成合同是否成立不应当把在媒体上承诺视为关键要素，而应当把"公共性"视为关键要素，是否借助捐赠承诺获取公共影响力应是关键要素。因此，此条规定过于狭窄，应当对其背后的要素进行总结，以规范"诺而不捐"的行为。如上文谈及的"河北邯郸新建成的新愚公希望小学捐赠案例"中虽然没有媒体参与，但是承诺捐赠方在公共场合，为获得公共影响力而承诺捐赠，并且捐赠对象非常明确。满足这两个条件就应当视为诺成合同成立，从承诺开始就形成了慈善捐赠合同，承诺方必须履行。

3. 基于捐赠而形成"独立目的法人财产"的属性决定了捐赠人享有监督权。

慈善捐赠人捐赠后虽然与捐赠财产发生了分离，但是仍享有监督权。慈善捐赠人捐赠财产的目的是要求慈善组织按照"特定目的"来使用和处分财产，虽然捐赠人捐赠财产之后与财产发生了分离，但是关于财产实现"特定目的"的要求还是应当得到尊重。因此，慈善捐赠人享有对慈善组织使用财产的监督权，当然这种监督应当按照慈善组织的宗旨和章程进行监督，而非按照慈善捐赠人自身的好恶进行监督。同时，法律要求慈善组织必须按照慈善组织与捐赠人签订的捐赠协议履行，变更协议之前必须征得捐赠人同意。这意味着捐赠人具有依据协议进行监督的权利。[1]

---

[1] 我国法律规范中对此有明确的规定，如《慈善法》第55条规定，慈善组织开展慈善活动，应当依照法律法规和章程的规定，按照募捐方案或者捐赠协议使用捐赠财产……确需变更捐赠协议约定的捐赠财产用途的，应当征得捐赠人同意。《公益事业捐赠法》第18条规定，受赠人与捐赠人订立了捐赠协议的，应当按照协议约定的用途使用捐赠财产，不得擅自改变捐赠财产的用途。如果确需改变用途的，应当征得捐赠人的同意。

在监督权中，要求慈善组织信息公开的权利成为其中非常核心的权利内容。这种本来属于私法层面权利义务关系内的慈善公开，由于慈善捐赠的特殊，最终转化为公法上对慈善组织所要求的强制性义务。其原因在于，慈善捐赠人的人数众多，且捐赠财产额度小，使得捐赠人监督动力并不强烈，而慈善捐赠的受益人又不具有特定性，也无法实现受益人参与的监督，因此就出现了由公共权力机关出面代替分散的、无监督力的个人进行监督的制度。从形成公权力监督的路径来看，公权力也不能根据自己的意愿干预慈善组织的发展，也只能基于慈善组织的章程和宗旨监督慈善组织的运作情况。

4. 基于"独立目的法人财产"的属性形成对捐赠的剩余财产索回权的限制。

对捐赠人而言，捐赠后财产权发展转移，财产即具有实现特定目的的属性。慈善捐赠与民事赠与极为不同，民事赠与的受益人就是受赠人，慈善捐赠的受益人并非接受捐赠的慈善组织，而是慈善组织之外的第三人。并且，慈善捐赠人一旦将财产捐赠出去，就与慈善财产发生了分离，在此财产上就具有了"特定目的"的属性，由慈善组织独立地按照"特定目的"使用、处分该财产。捐赠人一旦捐赠，如为赠与或由受益人接受的遗嘱处分，就不再存在他与受益人的直接关联，捐赠财产将会由受赠组织按其宗旨来管理和使用。[1]很显然，慈善捐赠人与捐赠财产的分离是慈善捐赠的一个基本特性，捐赠人虽然可以监督财产的使用状况，但并不享有撤回财产的权利。即使有剩余财产，捐赠人也不享有"索回权"，而是应当由慈善组织按照近似目的原则使用财产。

需要关注的是慈善捐赠人捐赠财产是基于对慈善组织宗旨和

---

[1] 参见蒋军洲：《慈善捐赠的世界图景——以罗马法、英美法、伊斯兰法为中心》，法律出版社2016年版，第188页。

目的的认同，并且根据基本的法理，慈善组织的执行机构并无改变宗旨的权利，此时捐赠人捐赠财产时也是希望捐赠财产用于与慈善组织宗旨相关的活动。但是按照我国《民法典》第 93 条的规定，捐助法人应当设理事会、民主管理组织等决策机构，并设执行机构。决策机构一旦被赋予章程修改权，就意味着慈善组织可以通过修改章程修改其慈善宗旨和目的。如果发生慈善宗旨和目的的修改，则慈善捐赠财产上所附着的"特定目的"就消失了，这就难以达到慈善捐赠人的捐赠目的。因此从慈善捐赠财产的属性角度来看，应规定慈善组织对于自己设立之初所形成的宗旨和目的不得擅自修改；而若规定慈善组织有权修改章程，就应当赋予慈善捐赠人与之对抗的权利，获得剩余财产索回的权利，否则仅仅强调慈善捐赠人与财产的分离，而不关注慈善财产"特定目的"的属性的话，法律关系中的权利和义务就是失衡的。

三、网络空间慈善募捐中的问题及法律的回应

慈善组织借助网络进行募捐的方式并没有从本质上改变慈善组织与相关主体的权利、义务关系，因此，慈善捐赠之后所形成的"特定目的法人财产"的属性并没有改变。不过，由于网络存在着自身的一些特点，导致与慈善募捐相关行为的某些方面的特点被改变或者被强化，有必要针对这些变化对相应的规则进行重新思考，以实现慈善募捐的真正目的。

不过需要特别注意的是，要解决网络空间凸显出来的问题，推进网络慈善募捐法治建设固然重要，但是单纯的法律激励和规范是远远不够的，还需要在行业自律、慈善伦理等方面持续推进，实现我国慈善文化的发展。这意味着，慈善募捐的善治需要多方面力量合作共进。本章仅仅从法治角度对出现的社会问题进行了分析，本书最后一章还会从行业自律、慈善伦理和慈善文化等方面进行研究和分析。

网络慈善募捐创新及法律回应

(一) 捐赠人自由意志真实表达的问题及法律回应

在慈善募捐-慈善捐赠的结构中,捐赠人的自愿性是"慈善性"的核心特征之一。而要实现自愿捐赠则必须保证捐赠人自由意志的真实表达。网络募捐对捐赠人的自由意志表达带来很多影响,法律必须对此给予必要的回应。

网络技术对于捐赠人自由意志表达的积极意义主要表现在,一是,自主性表达增加,选择的机会增多。在网络募捐空间里,行政摊派失去了存在的土壤,捐赠人可以根据自己的意志自主决定选择捐赠的对象、捐赠的项目以及捐赠额度等。这意味着,在现实世界中被视为顽疾的摊派问题在网络募捐中获得轻松的解决。二是,自由意志能够得到更为便利的表达。网络技术的加入使得网络捐赠极为便利,自由意志表达能够即时呈现,一键操作即可实现捐赠,"拇指慈善"因此得名。

不过从网络慈善募捐的实践来看,网络技术的进入也给捐赠人自由意志的表达带来了一些问题。比较常见问题有:

"网络逼捐"问题。网络募捐使得原来的"逼捐"方式无法生存,但是网络利用其传播速度快,容易引发民众关注,民意易于被情绪化因素所影响的特点,形成大量"网络逼捐"现象。每次突发灾难面前,总会出现网络上此起彼伏的"逼捐"的声音。[1] 来自网络铺天盖地的谴责,甚至谩骂,使得捐赠人很难能够真正表达自己意志。

非理性捐赠和误操作问题增多。由于网络慈善募捐有了支付通道的支持,捐赠人可以一键实现捐赠,这导致思考的时间大大缩减,基于冲动而形成非理性捐赠增多;同时,由于网络捐赠建立在一定技术操作基础上,有可能会出现捐赠人误操作现

---

[1] 参见《"网络逼捐"不可取》,载 http://www.wenming.cn/wmpl_pd/zmgd/202002/t20200207_5409700.shtml,最后访问时间:2020年12月3日。

象，曾经出现过这样的案例，湖北省武汉市武昌区一位全职妈妈在使用一支付平台时，误将近乎家中全部积蓄12万余元捐赠给一个帮助孤儿的公益项目。[1]另外，也可能会出现其他人在捐赠人不知情的情况下进行操作捐赠的情形。曾经有过孩子在玩大人的手机游戏时误将手机中的绑定的钱捐赠出去的报道，孩子闹着要玩游戏，结果却点开了微信钱包里的公益，将手机卡上的1.7万捐出。[2]在这些情形中，当事人的捐赠也并非其自由意志的真实表达。

就"网络逼捐"问题来看，很难通过法律方式限制民众在网络上表达意见，也无法为捐赠人设置法律上的捐赠责任，因为，无论对于个人还是公司，捐赠都不是法定义务。即使在规定了企业的社会责任的当下，公民捐赠也不能被强迫。公司捐赠是劝导性责任，不能强制企业承担。[3]在这种情况下，法律只能通过制度设计引导网络民意逐渐走向理性，减少网络非理性声音带给捐赠人的压力。

必须清楚的是，不能轻易地根据某一次或者某个特定事件中是否捐赠来判断捐赠人是否有慈善心，因为每个人对于何时参与、参与何种性质的慈善活动都有自己的偏好。我们不能因为某个人在某个特定的场合没有进行捐赠而判断某个人没有善心，他可能在一个没有被发现的场合下对其他组织给予了慷慨的捐赠。要决定他是否违背基本道德义务，必须了解他没有对任何组织做出足

---

[1] 参见段彦超、钟笑玫：《武汉全职妈妈误操作误捐全家存款12万，申请后钱已退回》，载 https:// baijiahao.baidu.com/s? id=15914393610266009555&wfr=spider&for=pc，最后访问时间：2018年6月3日。

[2] 参见《孩子玩手机误捐1.7万元 扶贫基金会已将钱退回》，载 http://www.sohu.com/a/146084497_115864，最后访问时间：2018年6月3日。

[3] 参见游文亭：《企业社会责任视角下公司捐赠的法律困境》，载《山西农业大学学报（社会科学版）》2017年第4期。

够的捐赠。[1]鉴于此,全面了解捐赠人的捐赠信息有助于社会公众对捐赠人全面客观地认识,以促进对捐赠人在特定事件中是否捐赠、捐赠多少的理性客观评判。有学者提出可以在慈善募捐制度中引入"慈善捐赠自愿登记制度",认为这种制度将是一种既符合道德规范属性,又能有效提供慈善捐赠信息的制度。[2]慈善捐赠自愿登记制度是指捐赠人可以根据自己意愿向专门慈善捐赠信息登记机关申请登记自己在一定时期内向慈善事业进行捐赠的信息,包括捐赠对象、捐赠数额等,专门慈善捐赠信息登记机关将这些信息向社会公开的制度。这种制度一方面尊重捐赠人意愿,另一方面也为捐赠人向社会展示自己的慈善信息提供渠道和平台。这的确能够在一定程度上有助于引导社会全面客观评价捐赠人。

就网络募捐所诱发的非理性和误操作问题,法律可以考虑设置一定的制度保障捐赠人"反悔权",即赋权捐赠人捐赠后在一定时间范围内行使撤销权。英国"捐赠冷静期制度"很有借鉴意义。

我国现行法律并没有赋权捐赠人反悔权,也就是说非理性操作的捐赠人无法以当时考虑不周而反悔。但是,从慈善事业的发展和法理来讲,不保障"捐赠人的反悔权"显然不妥。对于慈善捐赠而言,尊重捐赠人的真实意愿是第一位的,如果是出于一时冲动或者误操作而进行的捐赠,其实对慈善事业发展并无太大意义。英国法律对此的处理态度非常值得我们学习,英国法规定了一些涉及100英镑或100英镑以上(不论是捐款还是产品或者服务的价格)情况下的冷静期制度。该制度主要适用于以下几种不

---

[1] See Brian Broughman, Robert Cooter, "Charity and information: correcting the failure of a disjunctive social norm", *University of Michigan Journal Law Reform*, Vol. 43, 2010, pp872-893.

[2] 参见李喜燕:《慈善义务的分离性困境及其制度克服的思考——从"舆论逼捐"说起》,载《华中科技大学学报(人文社会科学版)》2016年第2期。

同的情况，其一，在通过电视或者广播请求用信用卡或者借记卡进行支付的募捐或声明中，所做的陈述必须包括捐赠人或者买受人享有在7天之内获得全额退款的权利。其二，在口头募捐或者声明既没有在广播或电视中作出，也没有在筹款对象在场的情况下直接向其表达时，则除了在募捐或者声明时需要提供的信息之外，还需要在支付日期结束后的7日内，向付款人提供包括其有权取消支付并获得全额退款的书面陈述。在这种情况下，不论采取何种支付方式，获得冷静期保护的权利不受影响。[1] 这意味着，冷静期结束前，捐赠人有"反悔权"；冷静期之后，捐赠合同才正式产生效力。这"7日冷静期"有助于推动捐赠人理性捐赠。而这对具有"即时捐赠"特点的网络捐赠而言尤其有意义。

目前，我国有的募捐平台开始关注这一问题。不过这些平台设计的冷静期是在捐赠之前，鼓励捐赠人冷静的"三思"之后理性捐赠，如腾讯公益平台就有这样的设置，在用户捐赠前，腾讯公益平台会弹出一个"透明度提示"（冷静器）的消息框，点击确认知情后，才能进行下一步的捐助。腾讯公益上线"冷静器"功能，意在鼓励用户捐款前，多想一秒，查看项目具体情况、理性捐助。[2] 这种做法值得肯定，但是仅仅是社会主体的尝试，也仅仅是捐赠之前的提醒而已。为促进理性捐赠，促进慈善事业自信健康发展，建议在未来的法律完善中引入"冷静期"制度。也可以考虑在捐赠之后一定期限内捐赠人享有"反悔权"。这样就可以在制度层面减少非理性捐赠、误操作所带来的问题，也能够从制度上保障捐赠人的捐赠完全反映其真实的意志，是一种自由表达的结果。

---

[1] See Charities Act 1992, s.60（4）（5），and 61（1）（2）（3）（6）. 转引自李德建：《英国慈善法研究》，法律出版社2017年版，第182~183页。

[2] 参见《腾讯公益"冷静器"上线后，捐款热情为何不降反升》，载http://news.tom.com/201905/4151970128.html，最后访问时间：2018年6月3日。

(二) 网络慈善募捐法律关系主体的隐私保护问题及法律回应

对于慈善活动中捐赠人、受益人的隐私保护已经受到了《慈善法》的关注，在信息公开一章中规定了公开的例外情形，其第76条规定，涉及国家秘密、商业秘密、个人隐私的信息以及捐赠人、慈善信托的委托人不同意公开的姓名、名称、住所、通信方式等信息，不得公开。并且在法律责任部分的第99条规定慈善组织做出违反这一规定的行为时应当承担相应的法律责任。民政部2018年颁布的《慈善组织信息公开办法》也重申了《慈善法》对隐私保护的精神和要求。虽然有了这些原则上的规定，但是对于慈善法律关系参与人的隐私保护是远远不够的，比如捐赠人、受益人的隐私信息在收集与使用时应当遵循什么样的规则；隐私信息的范围有多大；对于像未成年这样的特殊人群的隐私保护是否需要遵循不同的规则等问题在法律之中并没有明确的答案。因此有必要更为细致地分析各方利益关系人的隐私保护要求，进行细化分类，给予明确的保护。

慈善募捐中的个人隐私法律保护是一个复杂的问题，因为这既涉及个人隐私保护，也涉及信息公开。对于捐赠人而言，虽然捐赠完全属于个人自治范围之内的事务，但是由于接受捐赠人是慈善组织，往往需要通过强制公开相关信息而避免关联交易问题的产生；对于受益人而言，虽然个人的各类信息均属于个人掌控范围之内，但是由于其受益的来源是慈善组织，法律对慈善组织往往有信息公开的要求。很显然，基于慈善组织的特殊组织特性导致在信息公开与个人隐私之间存在诸多张力。对于这些张力，在理论界与实务界形成不同的观点，一种观点认为，信息公开优先于隐私保护，慈善组织，只要社会不满意你就是没有公开完，就要公开彻底地满足他的知情权，在知情权前，隐私、保密都是次要的。[1]另一种观点则认为，应当为隐私保护留出必要的空间，王振耀先生认为，该透明的透明，该保护的保护，因为部分捐赠人或者受捐者不愿意暴露身份，慈善组织内部活动流程涉及商业秘密，法律要保护这些隐私，慈善组织也要尊重其意愿。[2]郑功成教授也有类似的观点，指出是否公开应当从三个方面加以考虑，其一，应该公开的信息没有公开是违法的；其二，有权利要求公开而不公开的是违法的；其三，不该公开的公开了也属于违法。[3]本书赞同后一种观点，社会公众的知情权固然重要，但是也应当对捐赠人、受益人甚至潜在受益人的隐私权给予必要的尊重，否则造成不必要的伤害，因此有必要审慎分析隐私保护和信息公开对各方的影响、对社会的影响，找到恰当的平衡点。

本书所关注的网络慈善募捐在很大程度上加剧了信息公开和个人隐私之间的张力。网络传播方式与传统传播方式存在诸多不同，关键之处在于：网络传播可以是文字、图片、音频、视频等形式，往往形成立体画像，并具有广泛传播和长期保存的特点。在网络空间内，一旦隐私被泄露，往往造成的影响更为巨大也更为深远。因此，设计完备的制度避免慈善组织因为募捐而出现侵犯个人隐私权的问题。在现有的隐私权保护原则规定的基础上，应当更为周全地考虑以下问题：

1. 捐赠人、受益人及募捐代言人隐私保护的范围

由于慈善捐赠涉及不同的参与主体，因此对于不同主体的隐私保护也应有针对性地保护。首先需要明确的是隐私保护的范围，

---

[1] 参见《民政部：慈善组织要将信息公开到社会满意为止》，载 http://politics.people.com.cn/n/2014/0226/c70731-24465022.html，最后访问时间：2021年6月29日。

[2] 参见张媛：《慈善信息公开并非越细越好》，载《法制日报》2015年11月14日，第3版。

[3] 参见张媛：《慈善信息公开并非越细越好》，载《法制日报》2015年11月14日，第3版。

也就是说隐私保护什么内容。对于捐赠人而言,其不同意公开的敏感信息属于隐私权范围,包括其与慈善组织签订的捐赠协议中涉及的敏感信息。在2013年"壹基金募捐款被挪用"的事件中,壹基金为消除质疑,将其与捐赠人签订的捐赠协议向外公布。这一行为就曾经引发社会的广泛关注和讨论,其中有观点认为,捐赠协议中所涉及的敏感信息在一定程度上侵犯了捐赠人的信息隐私。[1]本书赞同这一观点。不过,对于慈善捐赠而言,还需要考虑如何回应社会对公开的需求问题。有必要对这两者进行权衡,设计独立的第三方调查和评估的制度。这种制度一方面可以保护捐赠人隐私不曝光在整个社会大众面前,同时通过第三方调查和评估公布相关结果,满足社会对于公开相关信息的要求,也能曝光是否存在"关联交易",是否不恰当使用募捐款项等问题。

对于受益人而言,隐私保护同样重要。不能因为受益人从慈善捐赠获得了利益就需要其完全放弃隐私权。固然监督受益人是否按照规定使用慈善捐赠非常重要,但是受益人的敏感信息同样是隐私保护的重要对象。我国《慈善法》对受益人隐私保护的力度不及对捐赠人隐私保护的力度,对此还有完善的空间。

对于募捐代言人而言,一般存在两种情况,一种是不会转变为受益人的公众人物,这类代言人本身公开曝光度就很高,很多信息属于公开信息,隐私保护范围相对小,隐私保护的范围主要涉及的是个人敏感信息;第二种是与受益人身份重合的普通人,这类代言人在募捐项目中具有代表性,容易激发捐赠人的捐赠热情。但是这类人的个人信息被过度使用的话,极易造成对受益人的深度伤害。因此对于这类代言人的隐私信息保护的范围相对较大,隐私保护范围要超过敏感信息范围。除必要信息之外,其他

---

〔1〕参见《公益组织裸透争议 公益机构透明应以隐私为上限》,载http://hunan.ifeng.com/gongyi/detail_2013_08/26/1148443_0.shtml,最后访问时间:2021年6月10日。

个人信息的公开都需要有隐私权人的书面同意。

2. 加强对未成年人隐私权的保护，建立遗忘权保护制度

在网络慈善募捐中未成年人的隐私保护是一个值得高度重视的问题。很多慈善组织选择未成年人做募捐代言人，这在教育、大病医疗等领域中是普遍的现象。未成年人的照片、经历、视频、音频进入大众的视野往往会带来很大的冲击力，形成很好的募捐效果。但是不能因为募捐效果而忽略对未成年人的隐私保护。未成年人对于是否使用其隐私信息及使用是否合法并无判断力，这种情况下就需要征求其监护人的意见。但是，作为募捐代言人的未成年人及其家庭往往处于弱势状态或者困境之中，对于所公布的信息对未成年人的影响很可能无法进行全面的审视和判断。鉴于此，在制度设计上应当考虑引入儿童保护机构的专家意见制度，由儿童保护机构和家长一起判断信息是否公开、公开哪些信息、公开到什么程度等。

同时，还应当建立遗忘权保护制度。作为网络慈善募捐的代言人，未成年人的各种信息长期在网络中存在，随时都能被社会公众获取，这并不利于未成年人的成长，可能会影响未成年人的心理健康。为了避免这种结果，应当从制度上考虑保护未成年人的遗忘权。在制度上要求慈善募捐完成之后，在适当的时间内删除网络上能够识别作为慈善募捐代言人的未成年人的信息，让这些孩子回归到正常的生活环境之中。现有的慈善法律体系中对未成年人的保护制度规定存在缺位的问题，仅仅在《管理规范》规定，网络慈善募捐平台对于所发布的受益人信息，平台应确认慈善组织已取得受益人授权或同意；对于儿童等群体应注意隐私保护，进行适当技术处理。[1]但这一规定中未涉及遗忘权制度的内容，这是一个非常大的缺漏，在未来的制度中应当予以完善。

---

[1]《慈善组织互联网公开募捐信息平台基本管理规范》5.7.2 的规定。

第二节 募捐平台与平台使用者间合理法律关系的构建

募捐平台是指通过互联网为具有公开募捐资格的慈善组织发布公开募捐信息的网络服务提供者。[1]在传统募捐方式中,慈善组织也常会利用报纸、电台、电视台等媒体进行募捐,但是这些募捐通道与网络通道有非常大的不同,正是这些不同使得一种极为特殊的法律关系主体出现,即募捐平台。慈善募捐平台与平台的使用者,包括捐赠人、慈善组织以及受益人之间的法律关系值得关注。

一、合理法律关系构建的基础:基于对募捐平台属性的认识

前文已经就慈善募捐平台与平台的使用者之间的强势与弱势关系做过一定的分析,这决定了将其纳入社会法调整的基础所在。而要分析清楚社会法对其进行调整需要从哪些方面介入,还需要弄清楚募捐平台的其他属性。从本质上来看,募捐平台具有公共空间属性,其公共性自不待言;同时,其还具有公共领域的属性,具有一定的表达思想和观点的功能;并且其还为募捐者与捐赠人提供了捐款流动的管道,具有保证捐款安全流动的功能。

(一) 募捐平台具有公共空间的属性

自从互联网出现之后,就出现了对互联网、互联网平台性质的热烈讨论。互联网虚拟公共空间的属性得到普遍赞同,网络平台的公共空间属性表现得更为明显,甚至有的学者把互联网看作一种公共设施,互联网正在成为所有一切的媒介。互联网平台拥有控制网络流量的能力,因而比其他网络社会中的成员更有理由被认定为一种公共设施。[2]募捐平台属于互联网平台的一种类

---

〔1〕 《慈善组织互联网公开募捐信息平台基本技术规范》3.4 的规定。
〔2〕 参见高薇:《互联网时代的公共承运人规制》,载《政法论坛》2016 年第 4 期。

型，因此，它也具有其他网络平台的相同属性，其公共空间的属性也不例外。网络平台自身一般并不直接生产某种产品或者内容，而是平台上存储、链接或传送来自第三方的内容，进行展示，并提供交易通道。由此看来，平台搭建公共空间的属性非常明显。当然，也开始出现一些平台出于某种考虑，有了自营的产品或者内容，但这种形式并不影响网络平台的公共性。募捐平台链接的是慈善募捐组织的募捐项目与请求，与其他网络平台相比，内容虽有所不同，但是从特性上来讲，性质是一样的，都向社会公众开放，都具有公共空间的属性。在募捐平台上，善募捐组织向社会展示其慈善项目，发出募捐请求；社会公众对于发布在募捐平台上的慈善募捐项目均可以浏览、观看，其中存在大量的潜在的捐赠人。潜在的捐赠人在看到符合自己捐赠意愿的慈善项目时，通过网络募捐平台进行捐款，实现对慈善项目的捐赠。从这一流程中能够看到，募捐平台所面对的是社会公众，完全向社会公众开放，发挥动员社会力量的作用。前文所描述的基于互联网而出现的大量慈善募捐创新的形式，社会公众虽然未必捐赠，但可以通过"走路""打榜"等多种形式发挥启动营利组织进行捐赠的作用，这些创新模式不仅没有改变募捐平台公共空间的属性，而且强化了其公共空间属性，因为带动了更多的社会力量参与到了网络慈善募捐结构之中。

在这个公共空间中，募捐平台也与其他互联网平台一样，具有极为强势的话语权，甚至它们在很大程度上代替了原本应由国家承担的网络社会公共服务和公共政策，正在参与传统政府的社会管理职能。[1]募捐平台常常具有查验慈善募捐组织合法身份的资格，并且其可以利用其优势地位，成为相较于平台使用者一方

---

[1] 参见方兴东、严峰：《浅析超级网络平台的演进及其治理困境与相关政策建议——如何破解网络时代第一治理难题》，载《汕头大学学报（人文社会科学版）》2017年第7期。

的优势者，平台使用者成为劣势方。在这样的优势与劣势的格局里，民事交往活动能否具有真正的契约自由就成为最大的问题。

（二）募捐平台具有公共领域属性

公共空间与公共领域属于种属关系，前者包含后者。公共空间的核心所在在于"公共性"，而公共领域在强调"公共性"时，还强调"表达功能"。公共领域中，存在着观点、思想的表达、讨论、判断以及选择的自由。也就是说，人们在公共空间之中，既可以单纯地进行交易物品，也可以交换观点，进行讨论。交换观点，进行讨论的公共空间属于公共领域的范畴。

追根溯源，"公共领域"的概念及其使用早在20世纪初就已出现，如熊彼特、布鲁纳、杜威，汉娜·阿伦特等对"公共领域"都进行过讨论。而哈贝马斯关于"公共领域"概念的界定则引起极大的反响，也得到广泛的认同。哈贝马斯在《公共领域的结构转型》中清晰地表达了"公共领域"的核心所在，公共领域就是形成公共舆论、体现公共理性的公共表达空间，有些时候，公共领域说到底就是公共舆论领域[1]。公共表达空间的特点主要包括开放性和平等性，前者强调公共表达空间会吸纳社会成员的广泛参与，把某个特殊集团完全排除在外的公共领域不仅是不完整的，而且根本就不算是公共领域。[2]后者则强调在公共表达空间内，参与成员之间具有平等性，公共领域本身在原则上是反对一切统治的。[3]在这种思想影响之下，人们使用公共领域就有了特定的含义，是表达意见和观点的所在，具有表达功能，体现批判

---

[1] 参见［德］哈贝马斯：《公共领域的结构转型》，曹卫东等译，学林出版社1999年版，第2页。

[2] 参见［德］哈贝马斯：《公共领域的结构转型》，曹卫东等译，学林出版社1999年版，第94页。

[3] 参见［德］哈贝马斯：《公共领域的结构转型》，曹卫东等译，学林出版社1999年版，第97页。

精神的空间。哈贝马斯之后，甚至有些学者将公共领域干脆界定为公共论坛，如美国学者迈克尔·舒德森将"公共领域"界定为：独立于政府之外的公共论坛，又指人们聚集在一起讨论公共事件，超越家庭范围的私人集合体。[1]比利时社会学家汉斯·韦斯特拉滕教授则认为这样的公共论坛包括如下特征：一是，公共领域需要这样一个论坛：它对尽可能众多的人开放，可以在其间表达和交流多种多样的社会经验；二是各种观点和意见可以通过理性讨论展开交锋，让公众作出自由的判断和选择；三是系统地和批判性地检验政府的政策是这种公共领域的首要任务。[2]正是理性观点的展示、讨论和碰撞，以及通过这种展示、讨论和碰撞所显示出来的批判精神吸引人们对公共领域的关注，也使得公共领域成为一个社会健康发展必不可少的部分。

在网络公共空间之中同样存在着公共领域的区域，网络公共领域也因此形成，基于网络技术构建的网络公共领域在一定程度上，是哈贝马斯笔下"公共领域"的延伸。[3]互联网上有很多的平台具有这样的这样功能，如"百度知道""360问答""知乎"等问答式的论坛类平台；再如"今日头条""每日环球视野""一点资讯""KEEPWELL""豆瓣"等资讯类平台或者推荐资讯类阅读平台等都具有传递信息，讨论公共话题，表达思想等特点，具有网络公共领域属性。关于募捐平台性质的认识则需要从慈善募捐权本身的性质入手进行分析。

关于慈善募捐权的性质，国内的讨论主要形成两种观点。这

---

[1] 参见［美］迈克尔·舒德森：《好公民——美国公共生活史》，郑一卉译，北京大学出版社2013年版，第11页。

[2] See Hans Verstraen, "The Media and the Transformation of the Public Sphere", *European Journal of Communication*, Vol.11, 1996, p348.

[3] 参见汪波：《中国网络公共空间：镜像、异化与理性建构》，载《南京农业大学学报（社会科学版）》2011年第4期。

两种观点均从介绍美国法中对募捐权性质的认识开始,都认为,美国慈善募捐权的性质是通过一系列案例逐渐形成的,比如 Schneider v. State, 308 U.S. 147(1939); Cantwell ET AL. v. Connecticut, 310, U.S. 296(1940); New York Times Co. v. Sullivan, U.S. 254(1964); Hynes v. Mayor of Oradell, 425 U.S. 610(1976)等。这些判例共同指向一个结论,即慈善募捐权是一种言论自由,在街头或上门募捐,是人们的言论自由权——信息交流,传播和宣传观点和意见,以及倡导宗旨——都受宪法第一修正案的保护[1]。基于对美国募捐自由权性质的认识,一种观点认为,应提升我国行政管理体系之理念,补上慈善组织募捐的"言论自由"权利。[2]另一种观点则认为,在我国是否可直接依据言论自由进行保护仍值得商榷。而是应将其纳入"第二代人权"之中,认为,其符合联合国《经济、社会及文化权利国际公约》第15条第1款规定的人人有权"参加文化生活"的权利,同时也符合我国《宪法》第47条规定的公民有参加各种文化活动的权利。[3]

上述观点对于认识慈善募捐权都具有重要的意义,关于慈善募捐权是言论自由的观点为我们认识不同制度和文化视域中的募捐权属性提供了分析路径;关于慈善募捐权是一种社会权、是参加文化生活权利的观点为我们认识我国语境中慈善募捐权属性提供了重要的思考方向。但是这些观点都存在着一定的局限性,前者未能将慈善募捐权放在社会法的视野中予以考量,后者则过于谨慎,把表达自由的价值从我国的语境中排除出去。从慈善募捐

---

[1] See Whage of Schaumburg v. Citizens for a Better Environment, 444 U.S., 1980, p620.
[2] 参见褚蓥:《自由权视角下慈善募捐管理体系之重构》,载《四川师范大学学报(社会科学版)》2013年第2期。
[3] 参见吕鑫:《慈善募捐的自由与限制——美国经验的启示》,载《浙江学刊》2011年第4期。

权的本质来看，将其视为"综合性权利"更为合适。传统的"基本权利二元划分"的观点已经远远不能适应理论的深入和社会的发展，第一代人权和第二代人权并不是非此即彼的关系。慈善募捐权从目的上来看属于社会权的范畴，其目的在于借助社会力量解决社会问题，但从实现目的的方式来看，其往往通过募捐这种表达方式推动社会对社会问题的关注并思考如何解决社会问题。从一例例的募捐实例来看，通过募捐引发社会对社会问题的关注是毋庸置疑的，如前文所提到的借助冰桶挑战而进行的募捐推动了社会对罕见病群体的关注；小朋友画廊慈善募捐项目推动了社会对精神障碍、智力障碍及自闭症患者等特殊群体的关注；免费午餐慈善募捐推动了社会对贫困问题的关注；等等。透过募捐活动，我们看到募捐权不仅仅是一种借助社会力量解决社会问题以保障社会权实现的权利，而且是一种通过募捐去引导和推动社会对社会问题关注和思考的表达权。

正是因为慈善募捐权具有表达权的属性，也使得展示慈善募捐项目的募捐平台具有了公共领域的属性。在这样的公共领域中，社会中的贫困问题、环境问题、边缘群体问题等进入人们的视野之中，不仅引发关注、引发思考，而且激发更多的人参与到解决问题的行列之中。募捐平台所具有的公共领域的属性决定了其也符合公共领域的三个特点，一是开放性，应向尽可能众多的人开放，遵循平等开放的原则；并且这种开放性在互联网上得到最大化的释放，在传统媒体上，纸质媒体版面的有限性，影音媒体播放时间上的有限性，慈善募捐项目的刊登或者播放都是极为有限的，而互联网则彻底改变了这一局限性。二是各种慈善募捐项目所引发的思考是自由的，讨论是理性的，公众的判断和选择也是自由的。三是通过对社会问题的关注，引发人们对政府解决社会问题的政策的系统的、批判性的思考。正是基于这样的理解，募捐平台与慈善组织签订契约的自由应当受到一定公共规则的限制，二者之间合理关系的形成需要法律做出明确的指引。

（三）募捐平台是款物流动的通道

募捐平台之所以与其他媒体，如广播、电视、报刊等募捐渠道极为不同，其重要原因之一就是，它能够为网民的捐赠提供通道，并且是一种即时支付的通道。同时，随着移动互联网的发展，微信支付、手Q支付的广泛使用，移动端为慈善捐赠提供了更为便捷的通道，人们通过这种方式进行捐赠的比例在急剧上升。

对于即时支付通道，捐赠人和募捐人关注的问题往往包括三个方面：

一是资金的安全问题。网络捐赠核心涉及的是资金流动，网上捐赠人捐赠的对象是慈善组织，但是必须通过慈善募捐平台这个通道才能到达慈善组织，因此捐赠人会担心捐款能否到达慈善组织，会担心资金的安全。

二是捐赠人的个人隐私问题。要进行网络捐赠必须在网络上输入个人的账户信息和支付密码，是否会因为捐赠而泄露个人的这些隐私信息，是否会影响到自己的账户安全，这也是受到特别的关注。

三是募捐者是否能分享网络募捐平台上与募捐相关的信息问题。募捐者在网络募捐平台上展示项目，捐赠人通过平台进行捐赠。这样的结果是，无论是募捐者的信息还是捐赠人的信息，都成为网络募捐平台庞大数据库中的内容。如果募捐平台不能与募捐者分享募捐所带来捐赠的相关信息，募捐者就沦落为善款的接收器而已，募捐者就无法与捐赠人建立良性的沟通关系，最终损害募捐者的长期健康发展。

二、募捐平台与平台使用者间合理关系的建构

募捐平台的特别属性决定了仅仅依靠契约自由难以形成募捐平台与平台使用者之间合理的关系，必须依赖于法律上的特别规定，规定与募捐平台的属性相一致的法律义务。

在为募捐平台规定法律义务时，需要坚持两方面的原则：一是坚持社会法原则。这就意味着本书上一章所分析的社会法的调整目标应当被遵守，即利用法律对不平衡的法律关系进行矫正，以平衡优势方与劣势方在自由契约中的不平等地位。立法实践中尤其要注意不能利用法律强化募捐平台的优势地位。二是，坚持基于募捐平台属性确定法律义务的原则。募捐平台的属性是多方面的，在立法实践中必须避免只关注到某一方面的属性，而忽略其他属性，最终导致法律义务的设定出现偏颇。根据这两个原则，募捐平台的法律义务应从以下三方面考虑设定。

(一) 募捐平台承担平台监管义务

一般来讲，常常采用二分法的方法将网络运营商划分为"网络服务提供者"（ISP）和"网络内容提供者"（ICP），据此划分，网络平台被划入网络服务提供者的范畴。实际上，平台远比 ISP 这个简单的定位要复杂得多。例如，它承担了对于那些进入它的空间或者区域之中的其他大量的经营者的管理和规训职能。[1] 这种管理和规训的职能表现为监管者身份，一方面，网络平台因其自身的技术优势和资源优势，本身就在制定规则和实施规则，具有管理者身份；另一方面，又由于公权力常常借助网络平台对网络使用者进行监管，因此又以法律赋权的方式赋予网络平台进行监管的法律义务。

网络平台对平台使用者的监管涉及事前、事中和事后三个阶段。

事前监管主要包括两个方面，一是网络平台可以利用其设置的进入平台的条件进行事前过滤，将不符合条件的排除在外。由

---

[1] 参见薛军：《理解平台责任的新思路》，载 http://fzzfyjy.cupl.edu.cn/info/1223/5233.htm，最后访问时间：2018 年 10 月 23 日。

于网络平台运营者具备网络平台使用的控制权，因此其设置的准入条件基本体现网络平台运营者的意志。超级网络平台的属性决定了其拥有的权力和承担的职责已经超越了一个普通企业正常的行为范畴，可以制定规则，可以执行权力，还可以宣称"最终解释权归本平台所有"。[1]二是法律授权要求网络平台对平台使用者的身份进行验证。各类性质的网络平台往往都会被授权承担身份验证的法律责任，如《网络商品交易及有关服务行为管理暂行办法》中即要求网络交易平台必须对使用该平台的主体进行身份审查。审查的内容包括如果有工商登记注册身份，则审查其注册身份，如果是自然人，则审查其真实身份信息。[2]我国《慈善法》中也作出了类似的规定，其第27条规定了网络募捐平台进行验证的法律义务，要求网络服务提供者、电信运营商，应当对利用其平台开展公开募捐的慈善组织的登记证书、公开募捐资格证书进行验证。《公开募捐平台服务管理办法》第3条和《管理规范》5.1对验证义务进行了重申和具体化（具体可参见表4-1）。从上述规定可以看出，法定营业资格和真实身份是事前监管的重要内容。

事中监管方式表现：平台使用者在使用平台的过程中网络平台运营方所进行的监管。一方面，其可以依据双方所签订的合同进行监管；另一方面，法律一般会授权其对违法发布或者传播的

---

[1] 参见方兴东、严峰：《浅析超级网络平台的演进及其治理困境与相关政策建议——如何破解网络时代第一治理难题》，载《汕头大学学报（人文社会科学版）》2017年第7期。

[2] 《网络商品交易及有关服务行为管理暂行办法》第20条第1款、第2款规定，提供网络交易平台服务的经营者应当对申请通过网络交易平台提供商品或者服务的法人、其他经济组织或者自然人的经营主体身份进行审查。提供网络交易平台服务的经营者应当对暂不具备工商登记注册条件，申请通过网络交易平台提供商品或者服务的自然人的真实身份信息进行审查和登记，建立登记档案并定期核实更新。核发证明个人身份信息真实合法的标记，加载在其从事商品交易或者服务活动的网页上。

第四章　网络慈善募捐社会法规制的具体展开

商品或信息采取必要的网络管理措施,我国《网络安全法》作了一般性的规定,网络运营者的监管手段包括停止传输该信息,采取消除等处置措施,防止信息扩散,保存有关记录,并向有关主管部门报告。[1]这些是网络平台承担的一般性义务,法律会针对不同类型的网络平台作出相应的规定。我国慈善法律规范之中也规定了记录、保存、报告等方面的具体的义务(具体可参见表4-1)。

事后监管方式表现为平台使用者使用平台完成交易或者其他任务之后,网络平台对其进行事后监管,一方面可以根据合同约定对平台使用者进行违约处理;另一方面根据法律的授权性规定,监管方式包括建立信用评价体系、投诉举报制度等。我国《网络安全法》对建立投诉举报制度有明确的规定,其第49条第1款规定,网络运营者应当建立网络信息安全投诉、举报制度,公布投诉、举报方式等信息,及时受理并处理有关网络信息安全的投诉和举报。我国的慈善法律规范也有相应的规定,《公开募捐平台服务管理办法》《管理规范》和《技术规范》对信用情况的采集和记录、保障举报并对举报行为予以处理等作了相应的规定(具体可参见表4-1)

表4-1：募捐平台的监管措施规定

募捐平台监管责任	具体法律依据
验证	《慈善法》第27条 《公开募捐平台服务管理办法》第3条 《管理规范》5.1
报告	《公开募捐平台服务管理办法》第5条 《管理规范》5.5

---

[1]《网络安全法》第47条规定,网络运营者应当加强对其用户发布的信息的管理,发现法律、行政法规禁止发布或者传输的信息的,应当立即停止传输该信息,采取消除等处置措施,防止信息扩散,保存有关记录,并向有关主管部门报告。

续表

募捐平台监管责任	具体法律依据
记录和保存	《公开募捐平台服务管理办法》第6条 《管理规范》5.3
信用情况采集、记录	《公开募捐平台服务管理办法》第9条
配合执法机关	《公开募捐平台服务管理办法》第7条 《管理规范》5.5
保障举报并对违法行为予以处理	《技术规范》5.1.5

总的来看，网络平台承担了大量对平台使用者的监管义务。对于募捐平台而言，国家也多利用其在监管方面的资源和便利，由其对利用平台进行募捐的慈善组织进行监管。这是网络平台发展后，国家利用平台监管的常见逻辑，也是国家为便利管理而对网络平台进行的授权。对于募捐平台所需承担的监管义务，国家当然会遵循同样的逻辑，对其进行赋权。

同时，值得注意的是，从网络平台的使用者角度来看，网络平台的监管更类似于一种"权力"，平台使用者往往被迫服从。募捐平台与平台使用者之间的关系亦如此。但是，法律为平台使用者提供的救济方式和途径并不多，这是未来立法中应关注的问题。

（二）募捐平台基于公共领域的性质承担平等开放、规则合理透明的义务

鉴于前文分析指出募捐平台具有公共领域属性，为自由表达提供重要的空间，与这一属性相关，募捐平台应当承担起平等开放、平台规则合理透明的义务。在这方面，募捐平台与商品交易平台不同，对其应当有相对严格的规定。下列义务对于平台的使用者至关重要。

1. 募捐平台承担平台平等开放的义务

在募捐平台上进行公开募捐的慈善组织类型多样，慈善项目也各有不同，但无论怎样的慈善项目，都蕴含着慈善组织所倡导的慈善理念和价值，是某种观点的表达。只要是观点的表达就极有可能与募捐平台的理念和价值不一致，毕竟募捐平台的运营者既有企业，也有非营利组织，价值、理念各不相同。这就导致募捐平台极有可能根据平台的喜好选择慈善组织。并且募捐平台的准入条件很难像网络交易平台那样确立出如资金额度之类明确的准入规则，因此募捐平台在选择使用平台的使用者时裁量权非常大。如果单纯强调"契约自由"，则会因为慈善组织的弱势地位而变成实际上的"契约不自由"，当慈善组织与募捐平台难以达成一致意见时就无法通过平台进行募捐，因此有必要通过法律的介入对募捐平台的裁量权进行有效干预，明确规定募捐平台都负有法定义务，向有募捐权的慈善组织平等开放。为保证募捐平台法定义务的正常履行，还必须规定相应的法律责任，并为慈善组织提供司法救济的途径。

2. 平台规则合理透明的义务

募捐平台具备制定平台规则的能力，其往往以格式合同方式提供给相对方，相对方要求修改、变更规则的能力并不充分。因此，法律必须介入其中，明确要求平台规制具备合理性，并且应当透明公开。对此，可以学习借鉴商务部 2014 年公布的《网络零售第三方平台交易规则制定程序规定（试行）》中关于平台交易规则的规定。其规定明确要求平台交易规则应当遵循的原则，交易规则的制定、修改的程序。《网络零售第三方平台交易规则制定程序规定（试行）》所规定的"公共、公平、公正"[1]的原则对于募捐平

---

[1]《网络零售第三方平台交易规则制定程序规定（试行）》第 4 条规定，网络零售第三方平台交易规则的制定、修改、实施应当遵循公开、公平、公正的原则，遵守法律、行政法规，尊重社会公德，不得扰乱社会经济秩序，损害社会公共利益。

台也有积极的借鉴意义。《网络零售第三方平台交易规则制定程序规定（试行）》中所罗列的要求网络零售第三方平台经营者应当公示备案的规则内容也有启发意义，包括基本规则、责任风险分担规则、知识产权保护规则、信用评价规则、消费者权益保护规则、信息披露规则、防范和制止违法信息规则、交易纠纷解决规则以及交易规则适用的规定和交易规则的修改规定等。[1]其中包含大量网络平台进行监管的规则，这里强调的是虽然网络平台有权力、有能力监管，但是监管所依据的规则必须是合理公平的，并且对外应当是公开透明的。

（三）募捐平台基于捐赠通道的性质承担平台安全义务

由于募捐平台具有捐赠通道的性质，捐赠通道的安全关乎募捐活动能否正常进行，因此平台必须具有稳定的技术手段和管理手段保障捐赠人的财产安全和信息安全，这是保障捐赠人通过平台进行捐赠的基本条件。

募捐不仅仅是属于表达自由的范畴，而且还具有直接动员的性质，动员更多的社会力量通过捐赠参与到社会问题的解决之中。捐赠的核心在于社会公众对慈善项目的物质支持，通过募捐平台捐赠意味着平台要为捐赠提供物质转移的通道。在募捐平台上的捐赠多为资金捐赠，对于资金捐赠，首先需要保障的是资金转移的安全。要求募捐平台智能作为"通道"而存在，其不能成为捐赠的接受者，捐赠款项不得在募捐平台上停留，当然包含不得代为接受，捐赠应当能够直接到达慈善组织。这方面的要求在我国的慈善法律规范中也有明确的规定。

作为捐赠通道，募捐平台还有义务保护捐赠人的信息安全，包括捐赠资金时使用的账户和密码等；现在有些慈善网络平台也开通了实物捐赠的形式，如前文所提及的京东公益募捐信息平台

---

[1] 参见《网络零售第三方平台交易规则制定程序规定（试行）》第6条。

所推出的"闲置捐赠"和"物资捐赠"。对于"闲置捐赠"来讲，主要保护捐赠人的个人信息安全，对于"物资捐赠"同样存在着对资金安全和个人信息安全的保护问题。

三、我国网络募捐平台与平台使用者间关系制度的完善方向

从与平台使用者之间的关系来看，网络募捐平台与其他网络平台有着同样的特点。网络平台本身就具有技术优势、信息优势以及资源优势，再加之法律所赋予的规则制定、规则执行以及纠纷裁决的身份，使得网络平台的绝对优势不言而喻。网络募捐平台与平台使用者之间同样存在着地位失衡的问题。有学者通过实际调研也指出募捐平台在慈善募捐活动成为募捐资源的分配者和控制者，从访谈中可以看到，至少在部分基金会的眼中，网络平台对自身的定位不仅仅是募捐信息发布者和项目的协助者，更多是募捐资源的分配者和控制者。[1]全国人大常委会对《慈善法》进行执法检查时也发现了这一现象，并指出募捐平台在行使法律所赋予的管理职权时存在过度使用管理权或者滥用管理权的问题，互联网公开募捐信息平台对慈善项目的执行成本、管理费用等要求比法律法规更加严格，限制了募捐渠道。[2]对于募捐平台与平台使用者地位不平衡及因此而带来的问题，法律制度必须予以回应，否则可能带来网络慈善募捐的畸形发展。

基于上述问题，在未来的法律完善中应当着重从以下方面着手：

（一）增加募捐平台的"平等开放义务"

在法律规范中规定募捐平台对于慈善组织必须承担"平台开

---

[1] 参见徐家良、卢永彬、吴磊、张其伟：《网络募捐的地方样本——基于上海市的调查研究》，载《社会政策研究》2017年第5期。

[2] 参见王勇：《全国人大常委会执法检查组提出要适时修改慈善法，改什么，为什么?》，载http://k.sina.com.cn/article_1881124713_701faf6901900sfys.html，最后访问时间：2020年11月1日。

放义务"是至关重要的。设置此项义务的目的在于避免募捐平台根据自己的偏好筛选慈善组织。我国的相关法律规范中并无这方面的规定，只是规定平台与慈善组织二者之间的契约自由。《公开募捐平台服务管理办法》第4条就是这样的规定，向慈善组织提供公开募捐平台服务应当签订协议，明确双方在公开募捐信息发布、募捐事项的真实性等方面的权利和义务。表面上的自由、平等带来的往往是处于劣势一方的权利受到过多的限制。本质上来看，处于优势地位的平台与处于劣势地位的慈善组织之间难以实现自由、平等的协商，因此必须有法律介入予以矫正，所谓介入，并非否定私法的地位，而是在尊重私法自治的前提下，对私法中的部分领域有限地、有条件地渗透入内，掺入强制性规范，目的是更好地保护公民个人尤其是社会上弱者群体中个人的权利。[1]

在法律之中规定"平等开放义务"的强制性内容是有必要的，尤其是我国法律规定了"指定制度"之后，明确募捐平台的平等开放义务更加重要。"指定制度"出台之前，慈善组织进行网络募捐有相对自由的选择权，其尚可以在自己的网站上进行募捐，也就是说其可以通过"用脚投票"方式选择不在平台上募捐。但是"指定制度"出台之后，慈善组织丧失了这种选择权，根据"指定制度"的要求，慈善组织必须在指定的募捐平台进行募捐才是合法的。这导致募捐平台具有了把持合法募捐通道的权力，慈善组织的募捐方案必须通过募捐平台的审核，如果无法通过募捐平台的审核，募捐就无法进行。法律制度应当对此有所回应，一劳永逸的做法是废除"指定制度"。若"指定制度"不能被废除，则必须在法律规范中规定募捐平台的"平等开放义务"。除了募捐方案违法之外，募捐平台不能额外增加不相关的条件，

---

〔1〕参见史探径：《社会法学》，中国劳动社会保障出版社2007年版，第22页。

增加慈善组织的义务,必须为每个慈善组织的每个慈善募捐项目提供平等的进入机会。

(二)推动募捐平台形成"合理、公平、公正"的平台运行规则

募捐平台针对平台的使用者具有制定平台使用规则的权利。对于这种权利,我国慈善法律规范已经给予了必要的关注,要求其基于不同的行为必须遵守相应的规则。但是现在的规定存在效力等级低,某些重要内容未制定规则以及未吸纳平台使用者参与制定规则等问题。未来的立法完善应当有针对性地解决这些问题。

1. 提高法律规范的效力等级,对募捐平台制定规则确立基本的行为准则

与其他网络平台一样,募捐平台也有制定规则的权力和能力。这种规则要求平台使用者必须遵守,平台使用者往往无法改变。正是考虑到这一特点,当前的慈善法律规范针对募捐平台的规则制定权进行了必要的限制,这些限制性规定主要集中在《公开募捐平台服务管理办法》《管理规范》《技术规范》等规范文件中。其中,《管理规范》专门规定了"平台运行"部分,集中详细规定了平台运行的规则。(具体可参见表4-2)

表4-2:募捐平台运行规则

募捐平台运行规则内容	行业标准依据
信息展示、排序、搜索规则	《管理规范》5.2 《技术规范》5.1.1
信息管理规则	《管理规范》5.3
资金管理规则	《管理规范》5.4
服务规则	《管理规范》5.6
隐私保护规则	《管理规范》5.7

续表

募捐平台运行规则内容	行业标准依据
后台管理规则	《技术规范》5.2
安全规则	《技术规范》6

从这部分规定的内容来看，非常有价值，关照到了募捐平台"公共性"的属性，为募捐平台的规制制定行为确立了行为的边界。比如，涉及慈善信息展示、排序和搜索规则时，特别规定平台应对公开募捐信息进行合理排序和展示，并提供公平公正服务，不应有竞价排名行为。[1]再如，涉及信息管理时，则要求平台应采取技术措施和其他必要措施，确保其收集的个人信息安全，防止信息泄露、毁损、丢失。[2]

但是，需要注意的问题是，募捐平台运行规则的制定要求是以行业标准方式确立的，其法律效力等级过低，不足以对网络募捐平台形成足够的压力，约束力明显不足。从对募捐平台运行规则的制度安排可以看出，规则的制定者清晰洞察募捐平台与使用平台一方面的法律地位，即表面平等，而实质上存在优势地位者和劣势地位者。这意味着不能仅仅靠二者之间的契约来形成彼此之间的权利、义务关系，公权力在一定程度上加重优势地位者的义务成为必要，《管理规范》《技术规范》中大量的募捐平台运行规则就是对募捐平台加重义务的确立。但是，《技术规范》《管理规范》仅仅是行业标准而已。对于这类运行规则要求仅仅规定在行业标准之中显然是不恰当的，应当在行政法规，甚至法律之中予以相应的规定。

---

[1] 《慈善组织互联网公开募捐信息平台基本管理规范》5.2.3。
[2] 《慈善组织互联网公开募捐信息平台基本管理规范》5.3.1。

2. 完善募捐平台的运行规则的内容

现有的法律规范虽然已经意识到了必须用法律的手段矫正募捐平台和平台使用者之间的失衡关系，对募捐平台制定规则作出一系列的限制性规定。但是仍然存在一些问题，包括内容不够完善和不全面的问题，对此应当继续细化，应当完善现有制度中的规则。如在展示和排序规则中，若不能确立展示顺序依据的合理性，并向公众公开，平台就完全可以根据自己的喜好控制募捐项目展示时的排序。在现有的规定中，虽然要求排序规则应"保障用户的关键字检索义务"，遵循了排序"公开"的要求。但是，对于登录页面上慈善项目的展示并未规定"公开排序依据"；对检索依据的"关键词"也未规定合理性的要求。而提供哪些"关键字"作为检索依据非常重要，法律应当要求其遵循"合理"的要求，以满足各种不同需求的检索需求。再如，信用情况采集与记录规则，现有法律规范规定客观、公正地进行采集与记录，这的确非常必要，但是"透明"要求并没有规定。平台在采集与记录之前应当明确告知对哪些信用内容进行采集、记录，不能在平台使用方不知情的情况下进行采集和记录。另一方面，应当对现有规范未加规定，但是实践中需要的平台运行规则加以规定，以保证平台规则全面覆盖。除了表4-2所列举的规则之外，还应当增加慈善项目创意的保密规则、知识产权保护规则、隐私保护规则、平台与慈善组织间发生纠纷的解决规则以及对平台规则进行修改的条件及程序规则等。这些规则对于慈善组织使用互联网公开募捐信息平台而言都非常重要，关系慈善组织募捐权能否顺利实现。募捐平台只是慈善组织募捐的通道，真正建立关系的应当是慈善募捐组织与捐赠人。但是，由于募捐平台有较慈善组织更为广泛的影响力和更强大的数据信息分类和分析能力，募捐平台常常"喧宾夺主"，成为慈善募捐活动的主角，并极有可能在慈善组织和捐赠之间成为隔离者。因此必须用法律的手段矫正募捐平台的强势地位，禁止募捐平台独享各类捐赠数据信息，保证慈善组织对于与自己组织相关的捐赠信息数据能够全部获取，并保证捐赠人能够方便地与慈善组织建立联系。

3. 吸纳平台使用者参与确立募捐平台的运行规则

现有的慈善法律规范虽然为募捐平台规则制定确立了明确的要求，但很显然，法律赋予了募捐平台过大的裁量权。诸如"合理""公平""公正"等词汇过于抽象，募捐平台因此制定规则和解释规则都有非常大的裁量权。在法律规范中使用抽象词汇进行是常见现象，这往往需要在实践中与具体化场景相结合确定其具体含义。而具体化场景的存在是募捐平台与平台使用者共同参与其中的，因此平台规则是否真正符合抽象原则的要求，平台的使用者也应当有发言权。只有平台的使用者才能够真切地感受到是否"合理"，是否被公平、公正地对待。但是现在的运行规则来看，法律并没有在程序上保障平台使用者参与到规则的制定和解释之中，平台使用者的意见被忽视或者被排斥在规则设计之外，他们的意见未能得到听取，这对平台使用者而言这显然是不公平的。在未来完善相关立法时，应当考虑规则制定时的程序正义，强制要求平台使用者参与到规则制定中，尤其是要吸纳慈善组织的参与。

(三) 为平台使用者提供有效的救济途径和手段

网络募捐平台与平台使用者往往被看作是契约关系，一般来讲，只有成为契约方才能够针对违约方的违约行为进行起诉。但是网络慈善募捐平台具有了准公共权力行使者的身份，如果其进入门槛设置不合理，社会主体连成为平台使用者的机会都没有，此时按照传统的诉讼模式则无法提起救济。因此，应当考虑这一新的变化趋势，设立相应的救济途径。另外，如果网络募捐平台与平台使用者发生纠纷的根源是平台制定的运行规则本身，那么对于纠纷的解决就应建立在对运行规则进行审查的基础上。对规则进行审查的机制与解决纠纷双方当事人纠纷的机制存在着一定的差别，并不能适用同样的方式，因此有必要设计符合规则审查特点的机制，从根本上保障平台使用者的权利。

第三节 公权力合理介入网络慈善募捐行为的分析与构想

网络慈善募捐只不过是慈善组织借助互联网进行募捐的方式之一而已，完全源于社会的需求而自发形成的，本来属于平等主体之间的关系。但是我国的法律将网络慈善募捐也纳入了公权力监管的范围之内，规定了在法律制度中极为罕见的"指定制度"。对于这种制度该如何认识，公权力到底怎样介入监管更为适宜，要弄清楚这些问题应当首先分析国家公权力介入私法关系有哪些类型，形成不同的公权力介入私法关系的方式的理论基础是什么。弄清楚这些问题才能对指定制度这种公权力的介入方式是否合理有清晰的认识。

一、国家公权力介入私法关系的类型及其理论分析

在现代法治社会，国家公权力既不可能完全放任私法关系，也不可能完全控制私法关系，国家公权力一般都要区别不同类型的私法关系采取不同的对待方式。一般来讲，公权力是否介入私法关系，以及介入私法关系的程度，主要依赖于私法关系在实现个人目的时是否与公共利益、社会利益以及第三人合法权益发生了关系，发生了怎样的关系。根据不同的关系，公权力介入的方式和程度都有所不同，具体的类型可以分为以下五种。

（一）国家权力完全不介入的私法关系

当平等主体之间的关系不影响任何公共利益、社会利益，也不影响第三人合法权益时，公权力并不介入私法关系。在公权力不介入的空间内，个人完全可以根据自己的意志和需要自主地活

动，完全属于公民自治空间。这是个人日常生活的常态，是个人之间进行自由活动和交往的根本保证。公民对普通物的物权，公民与相对方所形成的不涉及公共利益、他人利益的债权就是典型例子。

从人类是否需要国家的历史逻辑和理论逻辑上来看，完全自由自治的个人空间是先于国家权力而存在的，只是由于人并非天使，人性中的欲望、贪婪、自私等导致社会的争斗，甚至会出现暴力相向的现象；同时也会出现公共事务无人照管的问题，因此有了对公共权力的需要，正如洛克在《政府论》里所言，上帝确曾用政府来约束人们的偏私和暴力。公民政府是针对自然状态的种种不方便情况而设置的正当救济办法。[1]政府基于人类社会发展的需要而产生了，理论上、逻辑上个人自由是先于国家权力而存在的，但是在近代之前，专制国家对个人的控制和约束却达到了令人难以忍受的地步，远远超越了国家权力是用来抑制个人偏私和暴力的目的，将本属于个人自治范围内的纳入国家控制的范围之内。这成为近代以来宪法确立的根本原因所在。近代以来社会的发展目标就是不断扩大个人自治的空间，要求国家权力退回到其应有空间，把本来属于个人的自由空间还给个人。

同时，需要注意的是，近代以来，即使国家公权力介入的领域，也不再以简单、粗暴的方式一刀切似地禁止或者干预，而是采用制度化方式，区别不同的干预目的而确定公权力的介入方式。并且公权力禁止或者干预均采用明示的方式，这意味着禁止或者干预都需要立法的明确规定，对于个人自由而言也就形成了"法无禁止即自由"的共识。

（二）国家"间接"介入私法关系：行政确认制度

国家以"间接"方式介入私法关系表现为国家并不直接禁止

---

[1] 参见[英]洛克：《政府论（下）——论政府的真正起源、范围和目的》，叶启芳、瞿菊农译，商务印书馆1964年版，第10页。

或者限制私法主体之间的交往和活动,个人并不会因为未按照公权力的要求去做而被公法惩罚,而是以某种方式促进个人与公权力发生关系。公权力采用的方式包括是否获得私法效力和公法义务豁免的方式来激励个人主动与公权力发生关系。比如房产登记制度和婚姻登记制度等就是以登记会获得私法效力的方式进行激励;英美国家关于非营利组织的登记制度则以登记会获得纳税义务豁免的方式进行激励。在法学理论上一般将这些行为抽象为"行政确认"。

行政确认是指行政主体依法对行政相对人的法律地位、法律关系或者有关事实进行甄别,给予确定、认可、证明(或者否定)并予以宣告的具体行政行为。[1] 行政确认涉及的内容有很多,主要涉及对法律事实、对公民权利义务等方面的确认,而即使是对法律事实的确认也是为了法律关系的产生、消灭或者变更做准备的,因此,从根本上来看,行政确认都是事关公民权利、义务做出的认定。

需要注意的关键问题是,对于行政确认的事务,本属于私人自治范围内的事务,公民行使自己的权利本不会对公共利益、社会秩序以及其他公民的合法权益产生不利的影响,国家凭什么把这类事务纳入国家干预的范围之内呢?其主要原因在于,一是现代社会由于信息繁多且在一定情况下信息具有不对称性,这导致不占有相关信息一方处于不利地位。鉴于此种原因,国家公权力介入公民权利空间,确认相关信息并向社会公示。当然,涉及这类权利的信息主要针对的是对相关利害人产生重大影响的信息,比如公民对房屋、土地等不动产的物权信息。二是由于公民行为的多样性导致公民主体身份的多样性,公民往往以不同的主体身

---

[1] 参见姜明安主编:《行政法与行政诉讼法》,北京大学出版社、高等教育出版社1999年版,第283页。

份与其他人发生不同的法律关系，并产生不同的法律上的权利义务关系。一般而言，是否进入某些法律关系之中主要基于公民自由意志的决定，但是公民某些特殊的主体身份则会对他人是否选择进入相对某种法律关系之中产生决定性影响，因此这些特殊主体身份的信息的获得是至关重要的，比如对公民婚姻关系状态的确认就是这方面的典型例子。三是，对于因结社而形成的非政府组织的行政确认是一种特殊的现象，这类组织的出现不仅不危及公共利益、公共秩序，而且有助于社会问题的解决，增加社会和谐度，同时结社也属于公民基本权利的内容，因此，国家权力本不需要介入的。但是达到一定规模的非政府组织仍然存在许多不可控的风险，为了实现对一定规模非政府组织的监管，就采用了豁免纳税义务的方式激励非政府组织主动寻求公权力的登记确认。

行政确认其实是公权力以"委婉"的方式对个人自治空间的介入，其特点主要表现在以下方面：（1）法律会以极其明确的方式设置行政确认的条件，行政确认中公权力的裁量权趋于零；（2）当事人有稳定的预期，只要达到法律设定的条件，就应获得公权力的确认；（3）不申请确认而进入到某一领域的社会主体并不会带来公法上的不利后果，因此当事人并不会被给予行政处罚或者刑事制裁。其带来的法律效果主要表现为获得私法效力和豁免公法义务等。

（三）国家设置程序上的负担义务：行政备案制度

行政备案是在政府放松对社会管制的过程中出现的。很多原本属于行政许可的事项由于不符合市场自由竞争的规律被取消之后，公权力认为还有很多数据需要掌握、了解，仍然需要对私主体的行为给予一定程度的监管，因此需要对个人从事特定事务的相关数据、材料等进行存档备案，以保证行政主体掌握整体发展状态，保证行政主体监督检查有据可查。《广州市行政备案管理办法》中就将行政备案的性质界定为"存档备查"。该办法中对行政备案给出了法律定义,是指行政机关为了加强行政监督管理,依法要求公民、法人和其他组织报送其从事特定活动的有关材料,并将报送材料存档备查的行为。[1]

为什么需要行政备案制度呢?其核心的目的在于:获得市场主体信息,保障国家能够对市场的发展有宏观层次的掌握;同时对事人的信息行为进行公示让他人知晓、保护公众利益;并且可以通过获得市场主体的信息,实现事后监管的目的。从这些目的可以看出,进行行政备案并不是因为个人对他人合法权益或者社会公共利益造成任何危害或者潜在的不利影响,只是公权力保证其获知信息实现宏观层面调控或者实现事后监管的目的而已。因此,行政备案制度就是公权力基于自身的需求而施加于个人的义务而已。但这种义务并不影响实体权益,而仅仅具有程序上负担的意义,[2]也不影响当事人与他人的民事交往和私法关系。

行政备案虽然表现出了公权力对私法主体的要求,但是其并没有介入具体的私法关系之中,其特点表现在:(1)法律会以极其明确的方式设置行政备案的内容,一般备案的内容只涉及当事人的信息而已。备案主要是对备案信息的准确性和真实性有要求。(2)法律对当事人的义务规定较为明确,当事人能够形成合理预期。(3)从法律后果来看,仅因违反程序性要求,即未备案或者备案信息不准确、真实而承担公法责任,主要是完成备案或者整改等行政责任,对于当事人的民事活动不产生影响。

(四)国家"直接"介入私法关系:行政许可制度

国家以行政许可方式介入私法关系所表现出来的"介入"程度非常强。行政许可的前提是存在"普遍禁止",即普遍禁止公民进入某些特定领域,要想进入这些特定领域则需要根据法律设

---

[1]《广州市行政备案管理办法》第 2 条。
[2] 参见朱宝丽:《行政备案制度的实践偏差及其矫正》,载《山东大学学报(哲学社会科学版)》2018 年第 5 期。

置的条件进行申请，申请获得公权力许可之后，在这些领域内的行为才是合法的。

公权力之所以要设置普遍禁止，然后又通过许可方式向部分人开放呢？其原因在我国的《行政许可法》中有一定的体现。《行政许可法》第11条规定，设定行政许可，应当遵循经济和社会发展规律，维护公共利益和社会秩序，促进经济、社会和生态环境协调发展。该法第12条规定了可以设定行政许可的事项，通过对这些事项的分析可以发现，许可的事项或者是直接涉及国家安全、公共安全、公共利益、经济宏观调控、生态环境保护以及直接关系人身健康、生命财产安全等的活动、行业、职业或者设备、产品等，或者因为资源有限，或者需要确定主体资格等。从立法政策学的角度来看，一般而言，可以将行政许可分为社会规制（涉及公共安全和公共秩序的许可）和经济规制（涉及经济准入的许可）两种类型。经济性规制，是指就特定的产业，概括地对规定收入、收费、服务内容等市场成果的基本要素进行的规制。社会性规制，是指为了实现环境保护、消费者保护、劳动安全卫生等特定的社会目标，而就企业的经济活动的一部分，进行纵贯产业的规制。[1]由此可以看出，通过行政许可实现国家权力对特定私生活领域的介入是为了避免个人活动不受限制带来社会整体难以弥补的损失，或者给社会秩序和安全带来不利的影响，通过公权力的审查，保证符合条件的主体进入特定领域以满足整个社会的特定需要。

行政许可表现出公权力直接介入个人自治空间的明示态度，其特点主要表现在以下方面：（1）法律赋予公权力进行审查的权力，对于公民能否获准许可赋予行政主体较大的裁量权。不过，

---

[1] 参见杨建顺：《行政规制与权利保障》，中国人民大学出版社2007年版，第343页。

对公权力运行的程序一般也会做明确的要求,尤其是不准许可时,必须明确告知相对人不许可的理由。(2)法律设置行政许可的条件,并且我国的法律规定特定的行政许可方式必须由一定位阶的法律进行规定。当事人可根据法律规定的条件申请获得行政许可,是一种常态化的许可制度。至于能否有明确的预期,则往往根据许可类型的不同有一定的差别:第一种类型是对于不涉及资源有限的领域,一般规定符合法律规定的条件即可获得许可,因此此种类型中当事人的预期明确;第二种类型是对于涉及资源有限的领域,一般来讲往往存在申请人之间的竞争,因此行政主体往往会在申请之间进行挑选,因此当事人无法提前预知竞争结果。(3)对于违反许可规定的当事人行为被视为"违法行为",给予公法上的惩罚,或者是行政处罚,或者是刑事制裁。这一法律结果所体现的正是公权力"直接"介入私法关系的特点。

(五)国家完全禁止的私法关系

对于明确产生社会危害性的行为,国家往往非常明确予以禁止。曾经在国家之前,个人行为的边界并不是清晰的,个人被侵害也只能依赖同态复仇的方式来实现。从维护社会安全和秩序的角度来看,同态复仇带来社会混乱和无序状态,导致人人恐慌的结果,在这种情况下,国家的出现也就成为必然。国家出现之后取得了惩罚的垄断权,对于危害社会公共安全的行为和他人生命、财产安全的行为,国家出面进行惩罚。这种惩罚权以法律设置绝对禁止事项为前提,个人从事被禁止的事项就会接受公法的惩罚。这意味着,在法律绝对禁止领域,私法关系不得形成,比如绝对禁止个人对他人的生命和自由进行随意处置。一旦个人违反了法律规定的绝对禁止的规定,则国家会采用行政处罚或者刑罚的方式进行制裁。

二、指定制度的批判:基于公权力合理介入私法关系的理论

从国家合理介入私法关系的理论来看,从不介入到完全禁止,公权力对于社会的态度表现出根据私法关系性质的不同而表现出是否介入、介入程度的不同。但是，无论是行政确认，还是行政备案、行政许可，都存在以下有着社会共识的特征：（1）不论哪种制度，都是一种常态化的管理方式，当事人可以根据法律规定的条件进行相应的准备，并提出申请；（2）对于当事人的申请会获得公权力怎样的对待，法律为当事人提供了合理的预期，这种预期往往体现在法律往往会明确规定当事人进行申请的条件。即使行政主体裁量权较大的行政许可，除了因资源有限而设定的行政许可外，一般许可并没有数量上的限制，只要当事人满足许可条件都能够通过许可。

以国家合理介入私法关系理论为分析视角，可以发现我国《慈善法》上所规定的"指定制度"存在着较大的问题，超越了国家对私法关系介入的边界，与社会主义法治发展方向不一致，与慈善法的社会法属性不相容。

《慈善法》上规定的"指定制度"是指：民政部作为网络募捐平台的指定者，由其发布指定申请通知，并由其根据申请者的申请对网络募捐平台资格的获得进行确定的制度。"指定制度"是一种极为特殊的制度，存在诸多不合理之处：

1. "指定制度"并非一种常态化的制度设计，当事人无法根据法律设定条件进行申请。从迄今为止有过的三次募捐平台的遴选来看，何时启动遴选、何时进行申请，都由指定主体来决定；至于申请的条件是什么、程序是什么，都是指定主体以通知的方式向社会公布的。尤其在程序设计中，仅强调民政部将本着公开、公平、公正原则，组织民政部门和网信部门代表、社会组织领域代表或专家、互联网领域专家、新闻传媒代表组成评审委员会进行评审。[1]没有体现公开原则的程序，没有理由说明制度，也未设置听证程序，同时也没有为当事人提供救济程序。由此看来，指定主体的裁量权非常大，且未设置来自程序、相对人、其他国家机关、社会的监督机制。

从国家合理介入私法关系的理论来看，指定制度中所体现出来的国家对私法关系的介入是简单粗暴的，不符合合理介入的理论。在其他领域中极少见到"指定制度"，只有在非政府组织管理领域内能见到这种制度的痕迹。在接受捐赠主体方面曾经有过指定制度，以前在发生重特大自然灾害时，政府往往会指定接受捐赠的公益慈善组织。政府之所以形成此种做法，其原因大概是历史上公益慈善组织属于"官办非政府组织"，在出现重特大自然灾害接受捐赠之后，政府要对捐赠物资进行统一调度，政府对"官办非政府组织"进行调度极为便利。[2]但即使是这种制度，也已经随着时代的发展和社会的进步被否定了。2012年7月13日召开的全国民政工作年中分析会上宣布，发生重特大自然灾害进行社会捐赠动员，除政府有关部门依法直接接受捐赠外，民政部门不再指定个别或少数公益慈善组织接受捐赠。[3]在各个领域内

---

〔1〕 参见《民政部办公厅关于遴选慈善组织互联网公开募捐信息平台的通知》，载 http://www.cac.gov.cn/2016-07/21/c_1119256793.htm，最后访问时间：2019年5月10日。

〔2〕 如在玉树地震时，民政部下发过指定募捐主体的通知。2010年4月17日民政部下发《关于做好玉树"4.14"地震抗震救灾捐赠工作的通知》，其中明确了受捐主体：一是各级民政部门；二是15家有着官方背景的社会组织和公募基金会，分别是中国红十字会总会（含中国红十字基金会）、中华慈善总会、中国扶贫基金会、中国老龄事业发展基金会等。按照文件规定，其他已开展救灾募款的机构组织，均须将所募捐款转交上述机构。载 http://news.cntv.cn/china/20100418/102163.shtml，最后访问时间：2019年5月10日。

〔3〕 参见张维：《民政部门不再指定慈善组织接受捐赠》，载《法制日报》2012年7月14日，第6版。秦淮川：《不指定慈善组织受捐，小进步大意义》，载《法制日报》2012年7月16日，第7版。

都没有"指定制度",非政府组织管理领域也已经废止"指定制度"的时代背景下,针对募捐平台的准入设置"指定制度"是突兀且与法治发展的基本方向相背离的。法治最基本的内涵是为社会提供合理的预期,国家合理介入私法关系的制度设计也朝着这一方向发展,现代社会虽然不否定公权力对私法关系的介入,但是特别强调适度合理介入,并为当事人提供合理的预期。"指定制度"无法为当事人提供合理的预期,同时也存在着一系列问题,杜钢建教授对此曾明确指出,允许互联网劝募本来是《慈善法》的亮点,但是由于用行政手段规定必须在政府指定的互联网平台上劝募,与互联网去中心化的规律相冲突,很难落实,也容易因为法不责众,给监管部门带来巨大压力。[1]

2. 指定制度难以与慈善法的社会法属性相融洽,对于利用募捐平台进行募捐的慈善组织而言,限制了其自主选择的权利范围。慈善法的社会法属性前文已经论及,从社会法的特点来看,公权力的介入是矫正强势和弱势之间的不平衡关系,为弱势方提供更多可以抗衡强势方的支持。在网络慈善募捐关系中,网络募捐平台与利用其平台的慈善组织相比,其显然处于优势地位。即使在指定制度未出台之前,已经出现资源向有竞争优势的募捐平台集中的趋势。2015 年中慈联选择国内 4 家网络捐赠平台的数据进行分析,这 4 家是当时国内占比非常大的网络捐赠平台,主要分别为(新浪)微公益平台、腾讯公益、蚂蚁金服公益平台、淘宝公益。分析显示其中腾讯公益上的捐赠额最大、涨幅也最大,较 2014 年度增长了 437.38%。蚂蚁金服公益平台的捐赠金额增长 33.47%,淘宝公益实现 54.56%的增长。腾讯公益筹集金额占 4 大平台总筹款额的比例由 2014 年的 23.64%上升至 55.90%,体现了捐赠人对网络

---

[1] 参见杜钢建:《解读〈慈善法〉:公益慈善转型推动国家治理转型》,载 http://www.icixun.com/2016/0504/5406.html,最后访问时间:2019 年 4 月 3 日。

平台选择的日益集中。[1]并且,网络平台的自身特点决定了,其扩展的速度快速而迅猛,一旦平台规模形成后可以不断通过内生化繁衍的方式强化自己的竞争优势,一些国外学者对此提出了"平台垄断"的概念,即形成了互联网时代的托拉斯。[2]在这种情形下,公权力应当考虑的是如何避免出现垄断现象。因为一旦出现垄断,利用其平台的慈善组织就会非常被动,会导致其丧失实质上的选择权。尤其是,慈善组织不能利用自己的网络资源进行慈善募捐,必须受制于平台的话,其进行慈善募捐而带来的传播效应往往落在了募捐平台上,对于慈善组织的自身传播并无益处;另外,慈善组织在募捐方案中的创意甚至需要平台进行审查,无法处于保密状态。即使有创意,发布在平台上时,社会公众心里会更多将之与平台联系在一起。特别不能接受的是,慈善组织的"观点表达"也会受较大的限制,当慈善组织所要表达的观点与平台意见不一致时,就很难与平台签订发布募捐信息的协议,因此《公开募捐平台服务管理办法》关于网络募捐平台应当与慈善组织签订协议的规定[3]实际上无法保障慈善组织与平台平等协商的地位,慈善组织往往处于被动接受的地位。当实际生活的不平等地位已经显现出来的时候,公权力最重要的职责就是进行矫正,真正实现法律关系双方真实意志的表达,而非强化这种不平等的结构,但是"指定制度"恰恰充当着强化不平等的作用。"指定制度"将一少部分网络平台纳入指定范围,导致平台资源

---

[1] 参见《2015 年度中国慈善捐助报告出炉》,载 https://www.17xs.org/news/center/? id=235&type=1,最后访问时间:2019 年 5 月 10 日。

[2] 参见方兴东、严峰:《浅析超级网络平台的演进及其治理困境与相关政策建议——如何破解网络时代第一治理难题》,载《汕头大学学报(人文社会科学版)》2017 年第 7 期。

[3]《公开募捐平台服务管理办法》第 4 条规定,广播、电视、报刊以及网络服务提供者、电信运营商向慈善组织提供公开募捐平台服务应当签订协议,明确双方在公开募捐信息发布、募捐事项的真实性等方面的权利和义务。

的稀缺，进入指定范围内的平台具有决定是否发布慈善募捐信息、发布什么内容募捐信息的独断权力，使得慈善组织在与这些平台交往时沦为更加弱势的地位。由此可以看出，"指定制度"与慈善法的社会法属性完全不符，人们所言的网络上的"人人公益"背后仍然隐藏着许多受制于网络资源的限制而带来的不平等。

在我国的非营利组织法领域内，政府对非营利组织的管理本身就存在着很多制度上的问题，诟病最多的莫过于准入制度中业务主管单位的审批制度。行政审批制度被批判的核心问题就在于其与法治精神的违背：审批的结果产生公法上的效力，但是不具有预期性，审查批准的标准一般内部掌握，并不对外公布，还有就是相对人无法对不利的结果提起救济。而这些问题在"指定制度"中都存在，而且更加严重，当事人不能基于满足法律规定条件而申请，只能在公权力机关发布申请遴选的通知后才能进行申请。公权力这种对社会的管理方式固然有效率，但是简单粗暴，是国家对社会发展的不当介入。基于上述分析，我们可以总结出"指定制度"的诸多问题，在未来修改慈善法时必须清除这一制度，构建符合法治发展要求的公权力介入制度。

三、公权力规制网络慈善募捐的理性回归

当公权力介入私法关系时，必须设计合理的介入制度。在对网络慈善募捐进行介入时，必须充分考虑介入的目的是什么，介入所面对的私法关系的性质什么，需要怎样的介入方式能够既到达介入的目的，又不至于造成对私法关系的不当干预。

公权力介入网络慈善募捐的核心目的主要在于：一是矫正网络慈善募捐关系主体之间的不平衡关系；二是保证网络慈善募捐的安全、可靠。就第一个目的来看，由于慈善组织相较募捐平台处于弱势地位，因此应当保证其有充分的选择权，保证有充分的选择空间，用慈善组织"用脚投票"的权利抑制平台的任性行

为，更为关键的是应当保留慈善组织自身的网站可以进行网络募捐的权利。我国的《慈善法》及《慈善组织公开募捐管理办法》中虽然规定在慈善组织在民政部统一或者指定的慈善信息平台发布公开募捐信息，并可以同时在以本慈善组织名义开通的门户网站、官方微博、官方微信、移动客户端等网络平台发布公开募捐信息。但是从该条的表达中可以看出，在募捐平台发布是决定性因素，在门户网站、官方微博等网络平台发布是附随的，慈善组织并不掌握主动权，还是要与募捐平台达成一致意见并发布时才可以在自己的平台上进行发布。在未来的修改中应当考虑慈善组织可以在自己的门户网站、官方微博等网络平台上直接发布募捐信息；就第二个目的来看，保证网络慈善募捐的安全、可靠，主要需要关注募捐平台对资金安全、个人隐私安全是否有足够的技术保障和制度保障。

鉴于上述目的的要求，在制度安排上首先应当同时开放慈善网络平台与慈善组织自己的门户网站、官方微博等网络平台。对这两种不同的募捐渠道，应当根据其平台的属性设计不同的制度。在制度的设计中，不仅要满足公权力介入网络慈善募捐的核心目的，还应当保证该制度能为当事人带来稳定的预期，符合法治精神。就募捐平台而言，采用行政许可制度是合理的；就慈善组织自己的门户网站、官方微博等网络平台而言，采用行政备案制度是合理的。对于这两种制度，具体考虑如下：

对募捐平台之所以采用行政许可制度，其原因在于：募捐平台属于第三方服务，是为慈善募捐组织与捐赠人建立的募捐通道，其本身并不具有募捐权，也不是慈善募捐的主体。但这类平台上有大量的募捐组织的募捐项目，涉及众多慈善募捐组织和捐赠人，其社会影响面非常广。这意味着对这类平台需要加强安全风险控制，包括网站技术风险和通过平台流动的资金风险控制，需要加强对当事人隐私信息的保护，由此看来，其在一定程度上涉及公众利益和他人的合法权益。因此，满足一定条件的主体进入该领域成为必然。同时，由于该领域并不涉及自然资源有限的问题，不需要设计特许制度，只需要设计一般许可制度即可。许可的核心内容就是风险防控的技术水平和管理制度。用许可这种常态化管理手段替代指定这种任意性管理方式是法治设计建设的基本要求。通过许可方式也可以实现对相对人的常态化监管，并且设置科学许可条件，使更多的符合条件的平台进入许可空间，可以保证慈善募捐组织有更多的选择空间。

确立行政许可制度要求必须建立与许可相关的监管机制。一般来讲，在许可制度中建立的是一种动态监管机制，包括事前、事中和事后监管。首先，在事前监管阶段，要及早出台网络募捐平台的资质认定标准。在制定资质认定标准时，民政部应该秉持开放和包容的态度，遵循底线监管的思路，在明确底线的基础上为网络募捐平台发展预留充足的空间。其次，在事中监管阶段，要尽快细化网络募捐平台的运营规范。按照科学、规范、透明的原则，民政部门要建立对网络募捐平台的随机抽检制度和运营评估制度，并对网络募捐平台的募捐信息审核制度、信息披露制度、定期报告制度、服务操作规程等作出硬性要求。最后，在事后监管阶段，要及时构建网络募捐平台的激励惩戒规则。通过建立诚信档案、黑名单制度、联合惩戒机制、退出机制，对候选网络募捐平台和网络募捐平台进行激励或惩戒。[1]尤其是退出机制的设置非常重要，对于没有履行公法义务的网络募捐平台应当强制性退出。

对慈善组织在自己的门户网站、官方微博等网络平台上进行网络募捐采用行政备案制度的原因在于：在这种募捐方式中，慈

---

[1] 参见叶托：《网络募捐平台发展亟待监管跟进》，载《光明日报》2016年10月3日，第6版。

善组织本身具有募捐权，网络募捐仅仅是其募捐的方式之一，实质上仍然是慈善组织与捐赠人之间的关系，这种关系相对简单，并不涉及第三方利益。我国《慈善法》中对募捐方案本身就有进行"备案"的规定，该法第 24 条第 2 款规定，募捐方案应当在开展募捐活动前报慈善组织登记的民政部门备案。并对备案的募捐方案的内容要求得极为详细，包括募捐目的、起止时间和地域、活动负责人姓名和办公地址、接受捐赠方式、银行账户、受益人、募得款物用途、募捐成本、剩余财产的处理等。利用自己的网络进行募捐仅仅是一种特殊的募捐方式而已，因此在向民政部门备案募捐方案时，合并备案募捐方式就可以达到有效监管的目的，更有利于实现公权力对募捐活动的监管。

法律层面规定慈善组织在自己的网站、官方微博等网络平台上进行网络募捐非常重要，不仅在制度上提供给慈善组织以更多的选择权，而且对于保护慈善组织的募捐方案创意，推动其与捐赠之间互动，实现慈善组织的慈善理念的传播等都有积极的意义。因此，在未来慈善法的完善进程中，应当在募捐平台之外，赋予慈善组织通过自己的网站、官方微博等网络平台上进行募捐的权利。

小　结

网络慈善募捐的社会法规制针对在网络慈善募捐中不同主体之间的关系，这主要从三个方面展开：

一是网络慈善募捐中慈善组织与捐赠人、受益人的关系。对这种关系的分析既要关注慈善募捐本身的特点，也要关注网络介入后网络慈善募捐的特点。对慈善募捐行为进行分析，关键要看慈善组织的属性及募捐的财产的性质，这决定善款最后的归属。两大法系对此认识的进路是不同的，在我国，宜把慈善组织视为"财团法人"的范畴内，并将慈善捐赠看作"独立目的财产"。这是慈善组织与捐赠人、受益人发生社会关系的基础，也是公权力对其进行规制的基础。对网络慈善募捐行为进行分析，可以发现其有着与网络相关的诸多特点。网络的介入使捐赠人的非理性捐赠、误捐现象增多，与此相适应，法律规制的核心应是保证捐赠人能够基于慈善组织的信息公开形成理性的捐赠意愿，并确认捐赠人的真实意志以及善款的处理等问题；另一方面，对于受益人来讲，关键的问题是其隐私信息如何保障。

二是募捐平台与平台使用者间的关系。要构建二者之间的合理关系，必须界定清楚募捐平台的属性。募捐平台具有公共空间的属性，也具有公共领域属性，这些属性决定了募捐平台与慈善组织签订契约的自由应当受到一定公共规则的限制。不应当只规定募捐平台承担监管义务，而是应当关注其对于平台使用者的"平等开放义务"，并要求其确立"合理公平"的平台运行规则。基于这些分析，本书提出了相关的制度修改建议。

三是公权力介入网络慈善募捐行为的问题，核心是公权力如何合理地介入。对公权力介入私法关系的理论进行系统梳理，可以发现在法治社会公权力介入的方式大致有五种，即国家权力完全不介入方式；国家"间接"通过行政确认的方式介入方式；国家以行政备案方式实现程序上的管理；国家"直接"以行政许可方式介入；国家完全禁止。基于公权力介入私法关系的理论去分析《慈善法》上的"指定制度"，可以发现这种制度完全不符合慈善法治的要求，不是一种常态化的制度，不具有可预期性的特点。更为严重的是"指定制度"强化了网络募捐平台与慈善组织之间的不平等关系，因为这一制度将一少部分网络平台纳入指定范围，导致平台资源的稀缺，进入指定范围内的平台具有决定是否发布慈善募捐信息、发布什么内容募捐信息的独断权力，使得慈善组织在与这些平台交往时沦为更加弱势的地位。鉴于此，本书主张取消"指定制度"，建立"行政许可"和"行政备案"制度。

第四章 网络慈善募捐社会法规制的具体展开

研习案例:"置顶费"事件

【事件介绍】

在《慈善法》出台之前,已经出现了大量的慈善网络平台。一家由民间自发创建的网络爱心互助平台"施乐会"曾因"置顶费"事件而被广泛关注和讨论。

"施乐会"是2007年4月浙江金华市的几个青年人创建的网站。据介绍,施乐会网站类似于淘宝网购模式,但不同的是,它是家专门从事网络慈善的平台。在这个平台上,求助人"出售"困难,捐助人"购买"行善。[1]但是,该平台向通过网络进行求助的求助人收取"置顶费"的做法却带来很大争议。"置顶费"是指向求助者收取的一种费用,收取费用后可以保证求助者的求助信息处于施乐会网站的醒目位置,从而获得更多的关注。[2]最初置顶费是施乐会网站自己收取,被质疑后,通过较为隐蔽的形式进行收取,开始通过第三方公司"46网络营销中心"收取。但是据《成都商报》报道,施乐会与"46网"是一套人马,两块牌子,"置顶费"最后都进入施乐会的腰包。施乐会会长承认曾收取这一费用,但辩解称,施乐会是商业化运作,收"置顶费"是为了维持正常运营。但是,有案例显示,求助者通过网络求助获捐21万元,而置顶费就高达18万元,求助者只能拿到3万元左右。[3]

---

[1] 参见《网络慈善机构施乐会涉嫌骗捐:募捐21万 拿走18万"置顶费"》,载http://xibu.youth.cn/yw/201208/t20120831_2399715_1.htm,最后访问时间:2021年8月10日。

[2] 参见刘素楠:《施乐会置顶费调查:曾"12名员工4年筹集2364万元"》,载《南方都市报》2014年11月19日。

[3] 参见《网络慈善机构施乐会涉嫌骗捐:募捐21万 拿走18万"置顶费"》,载http://xibu.youth.cn/yw/201208/t20120831_2399715_1.htm,最后访问时间:2021年8月10日。

■ 网络慈善募捐创新及法律回应

【法理分析】

"置顶费事件"虽然发生在"个人网络求助"领域内，但是对于思考网络慈善募捐在募捐平台上的收费、排序问题具有同样的意义，因为此类问题在网络慈善募捐领域内同样会存在。

借助网络的力量打破原来仅在熟人领域内的捐赠，这种创新所带来的力量值得肯定，因此，对"置顶费"的思考并不在于否定这种创新的方式，而是思考如何规范好此类网站，如何为此类网站的运行建立合理的规则。针对这一事件，需要思考的内容包括以下方面：

1. 募捐平台能否收取"置顶费"？

在涉及对募捐平台进行规范的问题之中，首先需要解决的就是募捐平台能否收费的问题。收费是否被允许应结合公权力是否限制慈善募捐平台出现进行分析。

第一种情况是，如果慈善募捐平台并没有受到公权力的限制，其作为市场自发运行的产物，遵循市场的规律，收取成本费用是正常的现象。这就好比慈善组织在传统媒体上刊登慈善募捐信息一样，传统媒体是否收取一定的费用并不需要法律做出专门的安排，双方进行协商即可。

在2007年时，慈善募捐平台还没有形成统一指定的制度，处于社会尝试创新阶段，出现了多种多样的网络募捐方式，既有第三方平台的募捐，也有慈善组织开发的自己的网站和平台上募捐，这种情况下竞争是多元的，慈善组织网络募捐的选择是自由的。此时是否收费完全可以通过市场手段进行调节。此案中施乐会说，施乐会是一个民间组织，其也需要运行成本。[1] 这种对成本的需求完全依循市场选择的手段，各个平台可以根据其需求和能力决

---

〔1〕 参见刘素楠：《施乐会置顶费调查：曾"12名员工4年筹集2364万元"》，载《南方都市报》2014年11月19日。

238

定是否收费，最终由慈善组织决定是否选择在这样的平台上进行募捐。

第二种情况是，如果慈善募捐平台必须由国家公权力指定才可出现，就不应再授予其收取费用的权利。因为指定制度的实质是剥夺了慈善组织选择募捐平台的权利，如果慈善募捐平台收取费用，就意味着国家用公权力的方式为这些指定的募捐平台提供谋取钱财的垄断性地位；另一方面，指定制度限制了大量的进入者，尤其是限制了慈善组织自己的网站和平台的募捐资格，而第三方慈善募捐平台成为慈善组织募捐必须仰赖的渠道，不经过这样的渠道就会成为非法行为。这意味着，慈善募捐平台对于慈善募捐形成独占性地位。在这种情况下向慈善组织收取费用显然对慈善组织来讲是不公平的。当然，从当前的实践来看，募捐平台往往也承诺不收取费用，如联创网在募捐页面的收费说明中明确不收取平台运营费：使用联劝网平台的在线募捐及捐赠功能，享受上线指导及筹款工具使用等一系列线上平台的支持协助，联劝网不收取平台运营费。[1]但是，从我国的相关法律规定中可以发现，在指定制度之下，法律并未禁止收费。也就是说，在慈善募捐平台受到公权力强力限制的情形下，仍然容许慈善募捐平台向慈善组织网络募捐进行收费。这从基本法理上来讲并不合理。建议未来立法如果执意要采用指定制度，应当明确规定慈善组织有权免费使用慈善募捐平台进行募捐。

至于是否能够收取"置顶费"的问题，这是建立在慈善募捐平台能够收取费用的基础上展开讨论的。是否允许收取"置顶费"应结合平台的排序规则是否公开来分析。如果平台不在募捐页面公布排序规则，则"置顶费"就不应当被收取，因为这实质

---

[1] 参见《联创网公开募捐互联网平台服务承诺》，载 https://www.lianquan.org/servicepromise.html，最后访问时间：2022年4月2日。

上忽略了捐赠人的知情权；如果平台在募捐页面公布了排序规则，且排序规制中明确表明排序是依据收取费用的高低而确定的，则可以收取"置顶费"。当捐赠人了解到在排序中募捐项目的先后排序基于"置顶费"的多少而形成，其仍然要对排序在前者进行捐赠的话，他就是基于透明的信息而做出的理性的判断，符合慈善募捐"自愿无偿"的基本法理。从这一法理分析来看，本案中施乐会收取"置顶费"的最大问题是其向捐赠人隐瞒了排序规则，捐赠人对其收取"置顶费"的操作并不知情，侵害了捐赠人的知情权。

从我国现有的制度来看，指定制度之下并没有禁止慈善募捐平台收取费用，只是对收取"置顶费"进行了一定的规制，即强调"不应有竞价排名行为"的行为。这是在《管理规范》之中规定的，要求平台应对公开募捐信息进行合理排序和展示，并提供公平公正服务，不应有竞价排名行为。笔者则认为，由于现在对慈善网络募捐采取指定制度，因此收费本身就有问题，更毋论收取"置顶费"了。

2. 排序规则如何规定是合理的？

"置顶费"问题的背后其实是募捐平台上慈善项目的排序问题。在网络平台上，虽然空间足够大，可以让众多慈善募捐项目在上面展示，但是，在平台上的排序先后对捐赠人的影响非常大。因此，网络募捐平台上募捐项目排序的先后就变得特别重要。排序在前的项目无疑会受到更多的社会关注，更容易募集到更多的款物，而排序在后的项目可能无法吸引人们的注意。这就意味着，慈善网络募捐平台上排序规制的合理性至关重要。

募捐平台在对募捐项目进行排序时无疑有自身的一套排序安排，比如可以依据募捐时间进行排序；可以根据募捐领域进行排序；可以根据募捐热度进行排序，还可以依据交费的多少进行排序等。这些排序实际上蕴含在募捐平台确定的算法之中。虽然慈善组织通过网络募捐平台进行募捐时双方要签订协议,但是对于排序规则,慈善组织显然并不具备协商能力;并且在慈善组织和网络募捐平台之外还存在第三人,即捐赠人,而排序会很大程度上影响到第三人的捐赠意愿。正因如此,法律有必要对募捐平台的排序算法进行必要的规制,为确立明确合理的排序算法规则提供指引和约束,不能任由募捐平台凭借自己的自由裁量权决定排序的先后,包括不能根据平台自身的偏好进行排序,不能根据与平台的关系远近进行排序等。

在确立募捐平台的合理排序规则时,立法主要应当考虑两方面的要素:

第一,就排序规则的内容来看,应当在法律之中规定"合理排序"的规则。《管理规范》中明确作了这样的规定,即平台应对公开募捐信息进行合理排序和展示,并提供公平公正服务,但是"合理"是一个抽象概念,很难形成对募捐平台明确具体的规制。算法本身提供了解决这一问题的方式,法律应当要求募捐平台为使用者提供不同角度的搜索关键词,使用者可以根据自己的偏好进行搜索,根据算法形成的不同的排序结果。这样就可以满足各种不同的需求。同时,对于用户首次登录页面显示的排序结果应当明确告知排序的依据,以满足用户的知情权。

第二,就排序规则设计的程序来看,应当保证慈善组织参与的程序性权利。在募捐平台上所排序和展示的是慈善组织的募捐项目,慈善组织的排序需求是什么,这应当是募捐平台应当了解的内容;并且排序依据是否合理,慈善组织也应当有发言权。从这些方面考虑,法律应当规定募捐平台在确定排序规则时有保障慈善组织参与的义务。

第五章 余论：网络慈善募捐的善治之路

网络慈善募捐是互联网在慈善领域内的重大拓展，我国《慈善法》确立了其合法的地位，其创新做法也得到了肯定。从这方面而言，《慈善法》的确贡献不小。但是，从前文的论述也可以发现，《慈善法》中还存在诸多关键性问题需要重新审视，需要继续深入推动网络慈善募捐法律制度的完善。同时，还需要注意的是，要保障网络慈善募捐的健康合理有序发展，并通过网络慈善募捐发挥慈善事业的第三次分配作用，仅仅实现慈善法治是远远不够的。法律之外的因素也必须纳入其中，形成法律内外要素的合力才能推动网络慈善募捐善治目标的实现。

网络慈善募捐法治之外的要素对于慈善事业的发展同样重要，有的要素决定着慈善组织自身的发展走势，如行业自律、社会监督等；有的要素甚至决定着慈善事业整体的发展走势，如慈善文化这一要素。期待制度内外的因素结合起来共同推动我国慈善事业的发展、昌盛。

第一节 网络慈善募捐善治的行业自律和社会监督

行业自律和社会监督都属于法律之外不具有法律约束力的要素。虽不具有法律约束力，但是对于网络慈善募捐健康发展而言非常重要。是确保慈善网络募捐长久生命力的重要基础所在，是形成社会与慈善组织良性互动发展的根基所在。

一、推动网络慈善募捐善治的行业自律

行业自律常常被认为是一种与政府监管并列的市场治理手段，在商业领域内受到很高的重视，对此学界有深入讨论。[1]而网络慈善募捐领域内的行业自律问题研究相对贫乏，与近些年我国网络慈善募捐的快速发展不相匹配。从社会和谐发展来看，网络慈善募捐的行业自律更为重要和迫切。网络慈善募捐属于慈善事业的重要组成部分，"慈善"本身就代表了社会中"善"的形象，属于"自带光环"型领域，因此，人们往往对慈善领域内的行为有更高的期待。慈善组织和网络募捐平台如果不能回应这些期待，不仅可能影响慈善事业的发展，甚至冲毁整个社会对"善"的认识，影响人们之间的信任。网络慈善募捐因为网络的介入而使其传播速度快、覆盖范围广，这意味着网络慈善募捐中的小瑕疵也可能会带来慈善领域的大风波，因此，推动网络慈善募捐善治的行业自律尤为重要。

（一）推动网络慈善募捐实现善治的行业自律的价值

关于行业自律的认识，一般是指某个行业为了特定目的而形成的自我行为的控制。有学者曾对商业领域的行业自律进行了界定，行业自律是私人部门的特定产业或职业，为了满足消费者需求、遵守行业道德规范、提升行业声誉及扩展市场领域等目的，对自我行为进行的控制。[2]这一界定对于非营利组织领域的行业

---

[1] 对中国知网收录的文章以"行业自律"为关键词进行搜索，截至2012年12月12日，共搜到2016篇文献，对其进行分类发现，其中绝大多数的行业自律研究涉及营利领域，涉及非营利领域的文章不超过10篇。

[2] See Larry Irvin, "Introduction to Privacy an d Self-regulation in the Information Age", 载 http://www.ntia.doc.gov/reports/privacy/intro.htm, 转引自常健、郭薇：《行业自律的定位、动因、模式和局限》，载《南开学报（哲学社会科学版）》2011年第1期。

自律也有参考价值。非营利领域的行业自律同样也是一种自我行为的控制，行业自律的价值主要体现在以下方面：

1. 避免出现"公地"悲剧

有学者对行业自律的价值进行解释时，提出了行业"无形公地"的概念，认为，行业自律有助于避免出现"公地"悲剧。巴内特（Michael L. Barnett）和金（Andrew A. King）做过这样的分析：什么能够解释自律的频繁出现？一个解释是行业中的各个企业共享"无形公地"——将他们的命运捆绑在一起。当"无形公地"被破坏的时候，可能给共享它的企业的成功和生存带来严峻的威胁，而行业自律正是作为解决这种公共问题的手段而发挥作用。[1]这一分析非常形象，有很强的说服力。"公地"悲剧是英国加勒特·哈丁教授提出来的一种理论模型。"公地"是一种大家都有权利使用，并且无权阻止其他人使用的资源。若人们竭尽所能使用"公地"而不维护，"公地"这种资源就会因资源过度使用而枯竭。慈善网络募捐中也存在类似于"公地"的部分，这就是慈善行业的整体形象和公众期待。在网络慈善募捐中，不仅慈善组织，而且网络慈善募捐平台的行为都会对慈善行业的整体形象产生影响。进行行业自律有助于保持慈善行业的整体形象，避免出现劣币驱逐良币的结果。

2. 体现行业集体价值共识

行业自律从本质上来看是从行业内部提出的自我约束的要求，虽然压力可能来自外部，但最终表现为内部的积极回应。行业自律往往以行业自律公约方式表现，体现了行业内部各方主体的意志，符合各方主体的需求。行业自律公约中所体现的价值很显然并非行业内某一个主体的价值诉求，而是整体的行业诉求，包含

---

[1] See Michael L. Barnett, Andrew A. King, "Good Fences Make Good Neighbors: A Longitudinal Analysis of an Industry Self-regulation Institution", *Academy of Management Journal*, Vol. 51, No. 6, 2008.

了行业的集体价值共识。这种价值共识对于慈善网络募捐而言极其重要，不仅引导行业整体的发展走向，而且也引导行业内单个组织的价值向集体价值靠拢。当单个的组织认同集体价值时，这种自我约束较之外部法律的强制约束力更有作用。

3. 为行业内单个组织发展的可预期性提供保障

对行业内的单个组织而言，其发展规划和行动策略往往是在权衡"成本"和"收益"的基础上做出的。如果有的组织不择手段采用低成本的方式获得较高的收益，将会使因遵守一定规则而付出较高成本的组织无所适从，导致恶性竞争的形成，从而影响整个行业的发展，而最终的影响会落到行业内单个的组织身上。行业自律就是要让所有的行业内组织在做出发展规划和行动策略时都能清晰判断影响其收益的因素有哪些，对未来都形成合理的预期。对那些与网络慈善募捐相关联的主体而言，其收益并非指经济收益，而是指通过募捐而激发的捐赠额以及组织的社会形象。当每个组织珍视行业整体形象，形成行业自律守则并遵守时，单个组织合理的预期也就有了保障。

（二）我国与网络慈善募捐相关联的行业自律的现状

与网络慈善募捐相关联的主体主要涉及慈善组织和网络募捐平台。从实践来看，这两类主体均在积极推动各自领域及交叉领域的行业自律发展。

从慈善组织的行业自律来看，这是一个老话题。有学者对中国慈善组织的行业自律史做过详细的梳理，将其分为三个阶段，分别是萌芽阶段、初步发展阶段以及大规模集体行动阶段。[1]对于这种分期，笔者表示认同。从2005年至今大规模集体行动仍处于持续发展中。较有影响的是2008年4月发布的《中国公益性非

---

[1] 具体的历史分段梳理可参见陈超阳：《我国非营利组织自律的演化：基于集体行动的视阈》，载《天津行政学院学报》2012年第2期。

营利组织自律准则》。这部准则条款数目较多，共 80 多个条款，内容也很全面，包括使命、利益冲突、内部治理、筹资、财务、项目、人员、非营利组织间的协作关系、信息公开等九个方面。其中涉及筹资方面的自律，主要包含五方面内容，（1）筹资来源和筹资方式必须与组织的使命和价值观保持一致；（2）筹资活动中所提供的相关信息和资料应当真实、可靠、不误导他人；（3）筹资成本应当公开透明；（4）筹资行为应当尊重捐赠人的合法利益，包括捐赠意愿、隐私权和知情权；（5）筹资活动中应当有规范的捐赠合同，明确双方的权利义务。[1] 2009 年 7 月，中国 111 家非公募基金会共同发布了《中国非公募基金会自律宣言》，其中有专门的关于筹资的自律要求，即非公募基金会的筹资来源和筹资方式应与基金会的使命和价值观保持一致。筹资活动中所提供的相关信息和资料应当真实、可靠。不公开向非特定对象筹资。筹资行为应当尊重捐赠人的合法利益，包括捐赠意愿、隐私权和知情权。[2] 2018 年前后，一些地方的社会组织联合发布地方社会组织自律公约或者倡议书，如 2018 年上海的社会组织联合发起了《上海社会组织自律公约》；四川的慈善组织联合推出了《四川慈善行业自律倡议书》等。

从网络募捐平台[3]的自律来看，这是一个新话题。2016 年

---

[1] 参见《中国公益性非营利组织自律准则》，载 https://www.renrendoc.com/paper/109919377.html，最后访问时间：2021 年 10 月 20 日。

[2] 参见《中国非公募基金会自律宣言》，载 https://gongyi.qq.com/a/20101027/000026.htm，最后访问时间：2021 年 10 月 20 日。

[3] 本书第一章对网络求助与网络慈善募捐进行了区分。这二者的不同在实践中也在慢慢地厘清。网络个人求助平台，尤其是大病求助平台主要集中在爱心筹、轻松筹、水滴筹等，这些平台也在出现了一些社会不良事件的背景下联合推动行业自律，2018 年爱心筹、轻松筹、水滴筹等联合签署发布了《个人大病求助互联网服务平台自律倡议书及自律公约》。对此，民政部门也乐见其成，指出民政部将引导平台修订自律公约，针对群众关切持续完善自律机制，也将动员其他平台加入自律。参见《民政部回应德云社演员众筹事件：将引导平台修订自律公约》，载 https://

第一批获得民政部指定的募捐平台共同发起自律承诺。承诺将积极履行法定职责和义务,规范信息发布标准,畅通信息沟通渠道,完善技术水平,创新服务方式,提高服务能力,充分尊重和维护募捐对象的合法权益,绝不恶意泄露捐赠人、受益人个人隐私;不断提高自律意识,完善自律规则,自觉接受政府和社会监督,共同推进我国互联网募捐事业健康、有序发展。[1]

在网络募捐中,募捐平台成为慈善组织进行募捐的重要通道,募捐平台从而具有了聚合效应,大量的慈善组织聚合在了募捐平台上。同时,募捐平台利用平台优势推进各种募捐创新方式,慈善组织也纷纷被纳入这些创新方式之中。募捐平台也因此成为慈善组织募捐自律规则的制定者,如2020年8月24日,腾讯联合190余家主流公益机构签署发布了《99公益日透明守信共建公约》。这一公约主要针对网络筹款行为,承诺以符合透明合规、诚实守信的方式开展筹款,并倡导各个组织自觉维护公益慈善行业形象。[2]

推动网络慈善募捐善治的行业自律在不同的层面得以推动,说明与公益慈善相关的各方主体已经深刻感受到了行业自律的重要性和迫切性。相信行业自律方面的建设会不断地深入、不断完善。但是,从现有发展情况来看,仍然存在不少问题有待进一步解决。

(接上页)finance. sina. com. cn/roll/2019-05-08/doc-ihvhiews 0557012. shtml,最后访问时间:2019年5月10日。由于网络求助不属于本书研究范围,因此后文的行业自律部分并不涉及网络个人求助平台。

[1] 参见《首批慈善组织互联网募捐平台发起自律承诺》,载 http://gongyi. cnr. cn/list/ 201609 04/ t20160904_ 523109849. shtml,最后访问时间:2021年10月20日。

[2] 参见《99公益日透明守信共建公约发布》,载 http://cmstop. cms. cnxz. com. cn/p/ 1643794. html,最后访问时间:2021年10月20日。

(三) 推动网络慈善募捐善治的行业自律的发展

从当前推动网络慈善募捐善治的来看,最大的问题主要在于:一是行业自律尚未能发挥实际的作用;二是针对网络募捐而形成行业自律内容还存在欠缺,如募捐伦理部分如何反映在行业自律内容中;募捐平台的自律内容到底应当包括哪些等。针对这些问题,需要不断深入探索。

1. 推动行业自律全面发挥其应有的作用

我国的《慈善法》关注到了行业自律的问题,该法第96条规定,慈善行业组织应当建立健全行业规范,加强行业自律。但从《慈善法》的整体内容来看,遗漏了对网络募捐平台行业自律的规定。《慈善法》确立了网络募捐平台的垄断性地位,并且其在网络募捐中与慈善组织的地位相比占据明显的优势地位,推动网络募捐平台加强行业自律无论如何都是必要的。从实践来看,仅仅有第一批获得民政部指定的募捐平台共同发起了自律承诺,第二批、第三批被指定的募捐平台是否加入其中至今尚未见行动。自律虽然特别强调组织的自愿,但是如果法律不做引导和推动,恐怕也是制度上的漏洞。

一般来讲,行业自律是软法,不具有强制性,但是如果软法"软"到完全没有任何影响力,"有"和"没有"是一样的效果,行业自律的目标就无法实现,结果必然是不遵守自律的组织能暂时获得利益,但最终污染整个行业的生存环境。慈善领域内这样问题尤其突出。因此,如何发挥软法所具有的行业指导、行业约束以及舆论引导的作用就变得至关重要。从其他国家的经验来看,大部分国家的做法是通过行业自律组织来推进行业自律展开。行业自律组织通过制定行业自律的高标准内容,鼓励慈善组织加入。对于加入的行业组织要求遵守行业自律准则,对于可能触碰准则要求的行为提前预警并进行内部磋商,及时避免负面事件出现,以便为慈善组织树立良好的社会形象,从而获得社会公众的认可。

第五章　余论：网络慈善募捐的善治之路

如澳大利亚非营利组织的自律就体现了这样的做法。澳大利亚的非营利组织的自律机构是海外援助委员会，该机构发布非营利组织的行为准则。此准则的所有签署组织都必须遵守此行为准则，所有违反与遵守这一准则的情况都根据此准则进行评判。此行为准则规定了非政府发展组织应遵守的管理、经营、财务控制与财务报表的标准。[1]从澳大利亚的经验来看，自律组织化机构的存在是推动自律实现的组织保障。

我国的《慈善法》对此也有清醒的认识，其第19条第2款对慈善行业组织作出规定，慈善行业组织应当反映行业诉求，推动行业交流，提高慈善行业公信力，促进慈善事业发展。其中所规定的"提高慈善行业公信力"显然包含自律的内容。但从实践来看，慈善组织的行业组织建设和实际作用尚不理想。较早的尝试是2010年基金会中心网的成立，其提出的使命是建立基金会行业信息披露平台，提供行业发展所需的能力建设服务，促进行业自律机制形成和公信力提升，培育良性、透明的公益文化。[2]从中可以看出，"促进行业自律机制"是其重要的使命之一。基金会中心网所关注的信息披露固然是推进慈善组织自律的重要内容，但是慈善组织的很多行为无法通过信息披露表达出来，在一定程度上制约其促进行业自律目标的实现。当前开始有了慈善领域内的行业组织的成立，如2019年出现全国首个公益慈善基金会行业组织，即深圳市基金会发展促进会[3]。这类组织出现有助于行业自律的推进。行业自律方面有很多值得探索的空间，期待此类

---

[1] 参见王忠平：《建立中国非营利组织的自律体系探讨》，载《当代经济》2008年第5期。

[2] 参见基金会中心网简介，载 http://new.foundationcenter.org.cn/about/about_cfc.shtml，最后访问时间：2021年10月30日。

[3] 参见《全国首个公益慈善基金会行业组织"深基会"成立》，https://ishare.ifeng.com/c/s/7pUOP4fK69x，最后访问时间：2021年10月30日。

组织更多出现，探索出符合我国慈善组织发展的自律机制和模式。

2. 推动行业自律中网络募捐行为准则内容的完善

自从网络慈善募捐推出"配捐"方式以来，"套捐"就如影随形，挥之难去。有报告称：近九成（88.6%）受访者，都曾听说过有机构在"99公益日""套捐"的情形，"套捐"已经成为业内公开秘密。[1]"99公益日"的"套捐"现象成为网络慈善募捐之痛，腾讯公益平台也因此不断修改捐赠规则，但无论怎样修改，都难以解决套捐的问题。2020年腾讯公益平台曾对套捐类型进行了具体列举，包括挪用公益机构自有资金，为项目捐款并套取配捐；通过第三方机构找水军，将大笔金额"化整为零"后发放，进行多人多次捐赠，谋求配捐"收益"的最大化；利用黑科技手段，通过机器刷单的形式套取配捐；通过金融借贷平台借款，为项目捐款并套取配捐。一旦发现以上情况，腾讯将取消公益机构在腾讯公益平台的筹款资格、"99公益日"的参与资格，并计入失信黑名单并撤回公益项目本次在腾讯公益平台所获得的所有配捐与激励。[2]2021年的"99公益日"期间，中国福利基金会下的"不要烫伤我的童年"项目被投诉涉嫌在腾讯公益平台违规套捐。[3]这次投诉又再次引发各界对于"套捐"问题的关注与讨论。

从慈善组织针对腾讯"99公益日"的"套捐"显示，有公益组织为了获得腾讯的配捐，以机器"刷单"的方式弄虚作假。[4]

---

[1] 参见《"99公益日"异化？"套捐"拷问公益行业价值尺度》，http://china.caixin.com/2017-09-13/101144493.html，最后访问时间：2019年4月10日。

[2] 参见李庆：《腾讯：将实施"小黑屋"策略》，载《公益时报》2020年9月8日，第8版。

[3] 参见马兴帆：《"不要烫伤我的童年"项目涉嫌"套捐"》，载《公益时报》2021年9月7日，第7版。

[4] 参见《公益不是功利，"黑科技"套捐亵渎公益》，载http://www.xinhua-net.com/comments/2017-10/12/c_1121789567.htm，最后访问时间：2020年12月3日。

第五章 余论：网络慈善募捐的善治之路

一些慈善组织为了从"99公益日"获得套捐甚至不惜通过做假账的违法方式进行。这使得不少慈善组织其实背离其"慈善性"的宗旨，完全沦为"筹款工具"。对此，募捐平台应设计更为科学合理的募捐方式，而不是一味地为筹款而筹款。并且在"99公益日"的配捐活动中，获得巨大流量和社会关注度的是腾讯，本应走在募捐前台的慈善组织却被忽略，从长远看对慈善事业发展可能产生消极影响。

本书第四章所论及的公益日"套捐"问题展示出法律的局限性，"套捐"中出现的大量问题从本质上看并不违反法律，但是与慈善存在的目的有着巨大的背离。再如前文所提及的"同一天生日"慈善项目，其活动页面公布了大量受捐儿童照片。这种展示的方式是否有违募捐伦理受到很多的质疑，对未成年人信息的大量展示也在拷问募捐伦理。[1]上述现象在现实中并非孤例，这也导致人们对慈善募捐的目的及伦理问题的思考。有学者研究指出，以筹款多少作为衡量成功与否的标准，会导致行业陷入"绝对主义的发展逻辑"——只要有业绩，只要能筹款，就可以不择手段，可以罔顾伦理道德，可以忘掉慈善初心。但最终损害的是公众对慈善的信任，无信任则无慈善"。[2]的确如此，筹款特别容易导致"筹款额"标准，忽视筹款过程的"善性"和"德性"。而"善性"和"德性"无法完全依赖法律规定推进，此时行业自律就可以大有作为，发挥其应有的作用。在推动慈善募捐行业自律的建设中，慈善募捐的行为规则内容是其中的核心。

关于慈善募捐行为规则的自律内容，我国慈善领域也有很多探索。在自律领域内，慈善募捐的行为规则主要涉及慈善伦理。

---

[1] 参见《"同一天出生的你"活动已被叫停》，载 https://www.sohu.com/a/212964298_100031264，最后访问时间：2021年10月30日。
[2] 参见王银春：《套捐已成潜规则，"中国式筹款"乱象丛生怎么破?》，载 http://gongyizibenlun.com/1717，最后访问时间：2021年10月20日。

2016年，我国"公益筹款人联盟项目组"加入《国际筹款伦理守则》[1]的倡议组织，并面向中国公益慈善行业发布了第一份筹款伦理倡议。2019年《中国公益慈善筹款伦理行为准则（2019年修订版）》（以下简称《行为准则》）正式发布。该准则明确指出公益慈善筹款人应该遵循六大重要价值观，即合规、诚实、尊重、正直、透明和负责。这些规则有助于推动慈善组织掌握募捐行为的边界。如针对受益方的责任，要求慈善组织必须时刻尊重受益方，在筹款传播或相关材料的信息使用中，尊重和保护受益方的个人隐私，维护受益方的尊严；筹款方有告知受益方相关权利与义务的责任，不得出现隐瞒真实项目信息等欺骗受益方或损害受益方权利与利益的行为等。[2]《行为准则》所涉及的募捐伦理极大地丰富了慈善募捐的自律内容。慈善组织进行网络募捐时更应当特别关照这些慈善伦理要求，因为一旦出现问题，网络传播速度与传播广度的特点会给当事人带来更深的伤害。

慈善募捐需要慈善伦理的限制，这已经是慈善领域的共识。但如何能够将慈善伦理的内容贯彻到慈善募捐之中则至关重要。如在网络慈善募捐中，应当对使用受益方的资料、信息和照片等可能带来的影响做全方位评估，包括对当下的影响，对未来生活的影响，等等。尤其是在使用未成年人、弱势群体的相关照片、信息时，更要有详细的评估考量。考虑慈善募捐伦理的贯彻，应当考虑加强

---

[1] 第一部《国际筹款伦理守则》（International Statement of Ethical Principles in Fundraising）于2006年10月在第四届国际筹款峰会上通过。该守则主张不同地区的筹款人继续遵守当地关于筹款伦理的要求，而守则本身仅关注全球筹款人应共同遵守的基本守则和价值观。参见《专家：要倡导公益慈善筹款伦理 筹款人不应拿提成》，载 https://baijiahao.baidu.com/s?id=1652750136200469991&wfr=spider&for=pc，最后访问时间：2021年10月30日。

[2] 参见《面对筹款困境，公益组织、筹款人该如何抉择？》，载 https://www.thepaper.cn/newsdetail_forward_5247075，最后访问时间：2021年10月30日。

慈善募捐行业自律组织发展后，由自律组织推动和维护，推动慈善组织共同遵守。相比较法律要求而言，慈善伦理是对慈善组织的更高要求，因此，若能得到更好的推动和贯彻必定对慈善组织的发展，乃至慈善事业的发展都有重大意义。

同时，还需要注意的是，对于网络慈善募捐而言，募捐平台成为监督慈善组织遵守法律和遵守伦理规则的重要维护者。但是，由于募捐平台也参与到了慈善募捐的过程之中，对其也应当有一定的行业自律规则进行约束。尤其是其制定的募捐规则本身是否合理，规则的稳定性和可预期性如何保证等都需要有行业规则进行约束。募捐平台作为资源的聚散地，其应当关注如何推动慈善组织遵守慈善伦理规则，而非相反。因此，募捐平台也应当更多地倾听慈善组织、受益人乃至社会大众的声音。如关于"99公益日的配捐机制"，不少观点就指出，"99公益日"虽由腾讯发起，却早已不是腾讯一家的事情，既然是大家的事，就需要有一套各方认可的，协商共治的机制。[1]在募捐平台的伦理规则中，除了包含其确立的针对慈善组织各种规则应当具有合理性、稳定性和可预期之外，其自身在网络募捐中的行为也应当受到伦理规则的限制，包括在服务中对捐赠者、受益者、慈善组织的各种信息、数据的收集、分享和使用、安全保护以及隐私保护，平台规则的透明度等都需要有行业自律性准则。随着网络平台越来越强大，所获取的信息和数据越来越多，必须在法律之外通过行业自律加强对其约束。

二、推动网络慈善募捐善治的社会监督

一般来讲，社会监督是针对制约公权力或者与公权力有关联

---

[1] 参见《腾讯99公益日新规解读：反摊派，反套捐，联结各方整治筹款乱象》，载 https://xw.qq.com/cmsid/ 20210711A07QST00，最后访问时间：2021年10月30日。

关系的组织而言的。有学者对此做过相应的界定,社会监督是指权力系统外部的公民、非政府组织等主体,依照国家现行的宪法和法律、法规规定,借助多种渠道、多种方式对公权力或利益相关的组织、团体开展监督。[1]但实际上这一界定有一定的局限性,社会监督对于非营利组织,尤其是慈善组织,同样是必不可少的。究其原因:慈善组织设立的目的本身就是解决社会问题;慈善组织活动领域也均在公益领域内,我国《慈善法》第3条所确立的公益活动的范围即体现此点;并且慈善组织所利用的是社会资源,公益活动所指向的受益人是不特定的人。正是这些要素的存在决定了慈善组织是一个面向社会开放性的组织,负有社会责任和使命的组织,这决定了社会监督的正当性。而网络慈善募捐是慈善组织在互联网时代极为重要的社会动员力量,是社会黏合的重要通道,是聚集社会资源的重要平台。网络的无与伦比的动员能力和参与的便捷性正在将越来越多的人吸引进来,社会大众通过捐赠也自觉、不自觉地进入了慈善领域之内。因此,对其进行社会监督更为必要。

对网络慈善募捐进行社会监督主要应当在两个方面发力:

第一,推动社会公众参与监督。我国《慈善法》对此明确予以肯定,该法第97条第1款规定,任何单位和个人发现慈善组织、慈善信托有违法行为的,可以向民政部门、其他有关部门或者慈善行业组织投诉、举报。为落实社会公众监督制度,民政部于2016年颁布《社会组织登记管理机关受理投诉举报办法(试行)》,其中特别强调要建立方便社会公众投诉举报的渠道,该法第6条规定,登记管理机关应当向社会公布投诉举报渠道,方便投诉举报人(以下简称举报人)投诉举报。实践中,社会公众的投诉

---

[1] 参见肖应辉:《我国社会监督研究》,中共中央党校2011年硕士学位论文。

第五章　余论：网络慈善募捐的善治之路

举报对于网络慈善募捐的监督的确发挥了重要的作用。如 2021 年引起广泛关注的长沙市善吟共益助学服务中心的违规募捐，就是网友投诉举报后，民政部门根据投诉举报发现的线索而做出的查处。[1] 类似的案例有很多，彰显社会公众监督的重要作用。

第二，加强具有独立性专业性的第三方机构的监督。社会监督虽然满足了社会公众的监督需求，但是社会公众个体的力量毕竟分散、有限，而且并不专业。这意味着建立专门性、专业性的监督制度成为必要。这种监督制度在很多国家发展成为一种主流做法。此种监督制度的核心是专门监督机构的出现。专门监督机构的核心属性要求其与慈善组织保持独立关系，不具有任何利益关联关系，并且有专业化的监督手段。比如美国的"BBB 明智捐赠联盟"[2]"福音教会财务责任委员会"；德国的"社会福利问题中央研究所"和天主教联盟等机构[3]都属于此种机构，被称为慈善评估机构。这些慈善评估机构的性质也是非营利组织，实际上采取了"非营利组织监督非营利组织"的方式。这种独立的第三方机构监督的方式也获得了社会公众的认可，对于公众选择捐赠对象有重要的影响力。如美国"BBB 明智捐赠联盟"根据其公布的 20 条严格的评价标准，对全国筹款的慈善机构进行严格的评估。实证研究表明，在控制了一些重要因素后，遵守 20 条评价标

---

[1] 该案之所以受到广泛关注，原因在于长沙市善吟共益助学服务中心的法定代表人是被称为"最美支教女老师"的龙晶晴。同时，该案也对认定互联网募捐有重要的推进意义。在该案中，长沙市善吟共益助学服务中心公益未取得公开募捐资格，但是通过互联网媒体发布二维码收款信息，面向社会公众进行资金募集，被应认定为公开募捐行为。参见《依法公开募捐，让善心不被辜负》，载 https://weibo.com/ttarticle/p/show？id＝230940472800 9222390309，最后访问时间：2021 年 10 月 30 日。

[2] "BBB 明智捐赠联盟"是美国"更好事务局委员会"与"全国慈善信息局"于 2001 年合并而成。

[3] 参见张冉：《国外慈善组织声誉建设成功实践探析：基于政府实施的视角》，载《兰州学刊》2014 年第 12 期。

准的慈善组织具有较高的捐赠收入水平。[1]这种监督由于具有专门性、独立性而被民众所认可,并进而推动慈善组织根据评估标准规范其行为,同时由于其具有经常性,逐渐成为一种制度化可持续的监督方式,能够督促慈善组织长期稳定地关注自身的组织建设,保障组织合法合规运作。

我国对于第三方监督也一直有较高的关注,规定了相应的制度:2010 年民政部颁布《社会组织评估管理办法》;2016 年颁布的《慈善法》中规定了相应的条款,其第 95 条第 2 款规定,民政部门应当建立慈善组织评估制度,鼓励和支持第三方机构对慈善组织进行评估,并向社会公布评估结果。2021 年民政部又通过《全国性社会组织评估管理规定》,单独对全国性社会组织的评估作出了规定。但是从我国的发展情况来看,评估机构尚不具备独立第三方的特点,更多表现为政府负责、主导的特色。虽然《慈善法》中规定鼓励和支持第三方机构对慈善组织进行评估,但是从《社会组织评估管理办法》和《全国性社会组织评估管理规定》规定的内容来看,均规定民政部门负责社会组织评估工作的领导。《社会组织评估管理办法》中规定各级人民政府民政部门按照登记管理权限,负责本级社会组织评估工作的领导;《全国性社会组织评估管理规定》第 4 条第 1 款规定,民政部负责全国性社会组织评估工作,设立全国性社会组织评估委员会承担全国性社会组织评估工作。监管和评估都由政府负责,未能形成政府监管和社会监督的合力。

独立的第三方社会组织进行专业化监督具有政府监管所不具有的优势。一方面,政府监管主要涉及法律的底线要求,其不应当在法律底线之外提出过高的要求;而第三方评估则不然,可以

---

〔1〕 参见樊子君、李灿、赵秋爽:《"BBB 明智捐款联盟"的评价标准体系》,载《财政研究》2014 年第 2 期。

第五章　余论：网络慈善募捐的善治之路

把一些属于自律的要求、慈善伦理的内容要求纳入到评估标准之中。通过科学设置评估指标，指引慈善组织进行常态化组织建设和设置行为规则。另一方面，第三方评估组织由于没有公权力背景，若要得到社会认可和威信，只能凭借专业化评估水平和有信服力的评估结果来获取，因此评估组织必然专注于提升专业化评估水平，真正形成对民众有价值的评估结果。我国的第三方评估机构发育不足，有待政府加强培育，而不是直接替代。

无论是社会公众监督，还是独立第三方机构监督，前提都是慈善组织运作过程的信息公开和透明。慈善组织进行慈善募捐时更是如此，只有充分的募捐信息以及以前项目的执行情况的充分披露，才有可能对其进行必要的评价。当然信息披露是否充分本身也会成为独立第三方机构的评价指标之一。这也有助于督促慈善组织在慈善募捐时进行充分的信息披露。

第二节　网络慈善募捐善治的基础：慈善文化的培育

慈善文化对于一国慈善事业的影响至深至远，这种文化具有传承性又具有当代性，因此一方面，应当积极挖掘传统中的慈善思想资源，譬如儒家的"仁爱""大同"的思想，佛家的"修善功德""慈悲观念"等[1]都是重要的可承接的传统思想资源；另一方面，也应当适应当代社会新的慈善理念与价值，比如慈善观念的扩大，不再局限于扶贫济困、扶老助残的狭隘观念，扩展到了"大慈善"的范围之内等。这些慈善理念，慈善文化的形成是网络慈善募捐的健康发展的土壤，有助于促进网络慈善募捐进入到良性发展氛围内。

---

[1] 具体关于中国古典慈善思想的论述可参见周秋光、曾桂林：《中国慈善简史》，人民出版社2006年版。

一、慈善文化是推动网络募捐善治的根基所在

对于网络慈善募捐而言，网络平台的技术支持使得慈善募捐得到了更为广泛的宣传，使更多的社会力量被吸纳其中。当更多的资源被动员起来时，慈善募捐善治就愈发显得重要，它会直接形成民众的感受，影响民众对慈善的态度。在推动慈善募捐善治的进程中，法律制度的建设、外部力量的监督等要素固然重要，而培育符合当代社会发展的慈善文化则更为重要，是推动慈善募捐善治的根基所在。

首先，慈善文化是滋养网络慈善募捐不背离慈善目的的根本保障。一般来讲，慈善文化是关于友善、仁慈和爱的意义和价值系统，至于在行动层面的捐赠或施舍，物质层面的捐赠物或救济金以及组织和动员慈善活动的慈善组织，则属于慈善文化的外在呈现。[1]慈善文化中所蕴含的友善、仁慈与爱指引人们感同身受地理解弱势群体、边缘群体；关注人类自身生存状态，包括生存自然环境和社会环境；关注人类共同的未来命运等。对于以慈善事业为使命的慈善组织而言，更应当是慈善文化的维护者、践行者，将其贯穿于慈善活动的每一个环节，其中当然包括慈善网络募捐环节。如果在慈善网络募捐环节仅仅关注募款额，不关注在募款过程中的手段是否符合法律要求，是否符合慈善伦理，那么这种行为本身就是与慈善目标相背离的。前文谈到的一些慈善组织在腾讯配捐活动中采取的不当套捐行为就受到了很多质疑：当把宣传的重点放在有钱配捐的时候，大家会淡忘了公益理念和社会价值，眼中就只有钱了。一些公益组织的项目未说清楚运作思路，未说明项目对解决这一社会问题起到哪些作用，只是不停地刷脸、刷屏、刷群，好像筹款的目标不是为了帮助目标群体，而

---

[1] 参见韩俊魁：《中国慈善文化自觉》，载《文化纵横》2021年第6期。

是为了拿到配捐。[1]这种本末倒置的做法实际上已经抛弃了慈善自身的价值和意义。

慈善组织通过慈善募捐创新推进慈善事业发展，实现慈善募捐目的是值得肯定的。同时，慈善组织应当重视，通过网络慈善组织募集款项的目的在于实现慈善组织的宗旨，并且因为慈善组织的特殊主体身份，其募集行为本身就向外传递是否具有"慈善性"的信息，因此不仅要追求善的目的，还要用善的手段实现善的目的。要使慈善组织慈善宗旨贯穿到其行动的各个环节之中，慈善文化是必不可少的渗透和滋养。当慈善文化渗透到慈善组织血脉之中，成为慈善组织真诚的信奉，在每个环节都不丧失对"慈善性"的关照就会成为慈善组织的自然行为。

其次，慈善文化的弘扬与传播有助于促进更多的民众关注并参与慈善事业，使民众成为慈善募捐获得善治的参与者和监督方。慈善文化是人类在长期的慈善行动和慈善事业发展过程中形成的思想价值观念和行为规范的总和，[2]是人类文明进步的重要内容之一。慈善文化与社会大众的慈善观、慈善参与之间存在着互动关系，一方面，它扎根于人人互助和他助的道德情怀，形成于社会民众的朴素行动之中，是社会中友善、仁慈和爱的价值观的汇集和传承；另一方面，慈善文化的弘扬和传播又有助于推动民众自觉参与慈善活动，成为慈善事业发展的主体力量。这样的主体力量是慈善事业发展必不可少的，不仅表现为民众积极回应慈善组织的募捐，向慈善组织进行慈善捐赠；而且表现为民众对慈善募捐及慈善组织将慈善募捐款使用于慈善宗旨事业活动的监督。

---

[1] 参见《"互联网+筹款"：公益进入全民时代》，载 https://finance.china.com.cn/roll/20150922/3354063.shtml，最后访问时间：2019年7月20日。

[2] 参见毕天云：《慈善文化的民族性及其意义》，中华慈善文化论坛（无锡）暨首届市长慈善论坛，载 http://www.sociology.cass.cn/shxw/xstl/xstl32/P020070227404521255349.pdf，最后访问时间：2021年10月28日。

这对于慈善组织的健康发展,对于慈善募捐的合理设计和使用,都有着积极的推动意义。在慈善文化的滋养下,慈善组织实现慈善宗旨与社会民众参与慈善活动之间必然会形成良性互动关系。总的来看,慈善文化是推进社会和谐发展的积极力量,是社会和谐发展不可或缺的组成部分。

最后,慈善文化是支持慈善网络募捐制度合理建设的基础。关于慈善文化的重要性,我国《慈善法》有鲜明的态度,其第1条开宗明义规定,为了发展慈善事业,弘扬慈善文化,规范慈善活动,制定本法。从制度和文化的关系来看,慈善制度的设计本身具有弘扬慈善文化的作用,而同时慈善文化又构成为制定相关制度的基础。没有文化土壤支撑的制度形同虚设,慈善事业的定位与制度安排必须尊重社会的文化基础。[1]慈善网络募捐是随着互联网的发展而出现的新事物,对其进行制度规范是制度上创新。要保证这种制度创新具有科学合理性,必须将其纳入慈善文化的框架内进行考量,必须符合慈善文化中的价值观。现在慈善网络募捐制度中有些具体制度设计存在严重的问题,重要原因之一就是未能回应慈善文化的基本要求。慈善募捐是慈善组织存续和发展的重要保障,也是其与社会进行交流的必要通道,制度设计上不应当设置太多的不合理的障碍,而是应当为其提供更多的制度便利。慈善文化所呈现出来的价值观具有激发慈善心,促进更多的社会力量参与慈善活动的作用。慈善制度是慈善文化的直接载体,慈善制度应当把慈善文化所体现的价值观融入其中,这样的制度才具有其合理性,也才能真正发挥制度弘扬慈善文化的价值。

二、培育慈善文化,促进慈善网络募捐走向善治

我国有着悠久的文化传统,慈善文化是传统文化的重要组成

---

[1] 参见杨方方:《慈善文化与中美慈善事业之比较》,载《山东社会科学》2009年第1期。

第五章　余论：网络慈善募捐的善治之路

部分。慈善观念深深扎根于中华民族的土壤之中，乐善好施与扶危济困的慈善观念有着深厚的思想基础。中国传统慈善文化的核心是中国几千年历史积淀下来的儒家思想以及此思想下的儒、道、佛三家相互结合、相互融合的思想。[1]儒家的"仁爱"思想，道教和佛教中劝人向善以及因果业报之说等均支撑着慈善文化的发扬壮大。传统慈善文化的源远流长以及民众对慈善文化的广泛接受为现代社会慈善文化的培育发展提供了深厚的基础。

现代社会慈善文化是在继承传统慈善文化的基础上发展起来的，对于二者之间的关系应客观辩证地看待，若抬高现代文化而遗弃传统文化，就会因缺乏历史感和情感主义而迷失自我，若抬高传统文化而一味批判现代文化，只会抱残守缺而无法与时俱进。[2]现代慈善文化所关注的慈善进入更为开阔的空间，有了更为丰富的涵义，其开始摆脱单一道德价值判断的束缚。[3]现代慈善文化包含了关注自身生存空间、关注社会问题、公益目标等价值。《慈善法》中关于慈善的界定其实就体现了传统慈善向现代慈善的转变。从立法的价值选择来看，大慈善的体系结构出现在《慈善法》中，从"济贫救困"扩展到"教育、科学、医疗、文化、体育等事业的发展，防治污染和其他公害，保护和改善生态环境"等，[4]可以看出，慈善的范围得以大大拓展，渊源超出了

---

[1] 参见蒙长江：《中国传统慈善文化的历史沿革及现实挑战》，载《西南民族大学学报（人文社科版）》2005年第1期。大量的研究者持此观点，如王卫平、黄鸿山：《中国传统慈善文化与和谐社会建设》，载《苏州科技学院学报（社会科学版）》2006年第3期。周秋光、徐美辉：《道家、佛家文化中的慈善思想》，载《道德与文明》2006年第2期。邵明春：《中国传统慈善思想基础探析》，载《湖北广播电视大学学报》2010年第2期。

[2] 参见韩俊魁：《中国慈善文化自觉》，载《文化纵横》2021年第6期。

[3] 参见石国亮：《论慈善与道德的关系及其他》，载《浙江社会科学》2014年第2期。

[4] 参见《慈善法》第3条规定。

传统慈善的范围。这意味着慈善不再仅仅是对弱势和边缘群体的同情心和道德感，而且也包含了对自己生存的地方、对国家、对社会事务的全面关注。当这种慈善文化得到传播、得到认同时，网络慈善募捐中慈善项目的多样性就会大大增加，而不再仅仅局限于某些特定领域；在网络募捐过程中通过网络进行深入讨论的互动也会增多，对捐赠之后的继续跟踪监督也会增多，而不再仅仅是捐钱、捐款了事。通过慈善组织的多元发展，社会公众的全面参与，慈善事业才能蓬勃发展。

只有得到更多社会的认同，现代慈善文化才能真正发挥其作用，也才能推动形成政府引导，多元化专业化组织成为主体力量，社会公众自觉参与的慈善事业发展格局。要实现这样的目标，需要在社会生活方方面面加强宣传，进行培育。

首先，把慈善文化的培育纳入到学校教育之中。《慈善法》对此也有明确的规定，学校等教育机构应当将慈善文化纳入教育教学内容。而这里更应当强调从小学教育就应当加强这方面的培育。从小培养学生的慈善意识，引导并鼓励孩子们参与适合其年龄的慈善活动、志愿活动。使孩子们在参与慈善活动中逐渐形成现代慈善观，增强对公共事务的关注度。从小学到高等教育，设计连贯性的慈善文化培育课程，更有助于慈善文化的培育。现代慈善观的形成是一个外化到内化的过程，是一种理念认同、情感激发、品格锻造、行为养成、习惯固化的过程。从小开始，连续不间断地进行培养能够使慈善观念扎根于人们心中，成为人的内在精神。

其次，为慈善组织开展慈善活动提供便利条件，为普通民众参与慈善活动提供便利机会；同时对慈善事业做出贡献的参与者树立榜样标杆，进行广泛宣传，推进整个社会形成尊崇慈善，关注慈善领域发展的良好风尚。

现代社会慈善活动朝着越来越专业化的方向发展，制度设计时必须考虑这方面的特点，为慈善组织的专业化活动提供制度便利，但同时也要引导专业化的慈善活动能够获得社会力量的支持。在专业化和社会化之间达至平衡，才能更好地传播现代慈善理念，培育现代慈善文化。引导民众直接参与到慈善活动中，引导民众参与公共事务的讨论、参与对慈善活动执行的监督。这些对于民众慈善习惯的形成，慈善素养的养成，慈善文化的培育都意义重大。

对积极参与慈善事业，在慈善领域做出突出贡献者进行表彰奖励，不仅是对典型人物和组织的肯定和支持，也能为社会树立榜样，发挥典型人物和组织的示范和引领作用。2015年民政部、人力资源和社会保障部联合发布了《关于建立和完善慈善表彰奖励制度的指导意见》。该意见的出台有助于推动形成覆盖全国、层级明确、各具特色的慈善表彰奖励体系，为促进慈善事业健康发展、引领更多社会公众投身慈善作出贡献。[1]这些慈善典型的积极引领，激发民众的学习和效仿，见贤思齐，有助于慈善理念的广泛传播。这对于弘扬慈善精神、培育民众慈善文化有着不可低估的作用。

最后，应当加大对慈善活动的宣传，发挥宣传作用，培育慈善文化。我国《慈善法》第88条第3款对此也有相应的规定，广播、电视、报刊、互联网等媒体应当积极开展慈善公益宣传活动，普及慈善知识，传播慈善文化。在传播慈善文化方面，媒体的作用显然不容低估，尤其是随着互联网的快速发展，网络媒体的传播速度更快，传播范围更广。鼓励各种类型的媒体以不同的方式对慈善活动进行宣传，让民众感知更多的慈善力量，推进慈善文化的培育。

---

[1] 参见《民政部：要建立和完善慈善表彰奖励制度》，载 http://ccn.people.com.cn/n/2015/0820/c36 6510 27491589.html，最后访问时间：2022年6月5日。

小　结

推动网络慈善募捐的健康发展，实现网络慈善募捐的善治，仅仅依靠法律规制是不够的，在构建完善的法律制度之外，还需要有其他要素，另一方面也需要制度之外的要素予以配合。

总结本书所提出的网络慈善募捐制度的完善方向，核心点在于：必须在社会法的框架内对网络慈善募捐进行规制。我国《慈善法》中太多的规定与社会法属性的要求南辕北辙。虽然其中为募捐平台设置了公法义务，也引入了公权力监管的制度，但是其中大量的做法与社会法的要求相违背，在很大程度上加剧了实质上地位不平等主体之间的地位悬殊。因此，对此要做彻底的改变。

实现网络慈善募捐的健康发展，除了法律制度的完善外，还需要有其他要素配合推进。这些要素包括行业自律的构建、慈善伦理的遵循以及根本上的现代慈善文化的培育。

研习案例：知乎"大V童瑶"网络诈骗案件

【案情介绍】

2015年5月前后，有知乎网友通过知乎平台发布长文，称自己系一名患有先天性心脏病的女大学生，家境平平，遭遇手术失败，生无可恋，不愿继续靠药物维持生命。此后，一名为"童瑶"的知乎"大V"推荐该文，并称自己亲自去看望了前述网友，希望为其募捐。由于"童瑶"拥有近6万粉丝，发起募捐后不少网友纷纷献出了自己的爱心。

此后，有大量网友发现破绽，指出求助和募捐的两个知乎账号其实为同一人所有，该男子姓童，籍贯为江苏省苏州市，现年25岁。对此，知乎网友向知乎网站进行了举报。

知乎方面回应是，确已收到了"童瑶"疑似谎称患病、在知乎社区募捐、涉嫌诈骗的举报，希望曾捐款转账的用户及时告知知乎捐款金额、捐款方式及捐款账号等。截至2016年1月21日知乎方的回复称：共收到超过400位用户反馈的捐款信息，总金额已超过7万元。[1]后此案经公安机关侦查，并由检察院提起公诉。经人民法院审理后，"童瑶"被判犯诈骗罪，判处有期徒刑四年。[2]

【法理分析】

知乎"大V童瑶"诈骗案已经成为伤害个人网络求助信用度的一个标志性案件，甚至波及网络慈善募捐的声誉，因为很多人常常把个人网络求助与网络慈善募捐混淆在一起。"童瑶"利用网络，编造煽情故事，劝说社会公众为自己捐款，在此类行为中虽然利用了民众爱心，但是并非网络慈善募捐，而是典型的个人网络求助行为。对于个人网络求助行为，捐赠人的捐款的性质就属于民法调整的民事捐赠，而非慈善法调整的慈善捐赠。

在实践中，公众特别关注如何预防网络个人求助中不真实信息的出现，真正让民众放心地释放爱心。但是从现有的规范来看，对于民事求助而形成捐赠中的欺诈行为没有太多预防的方式。直接的规定只有2016年民政部会同有关部门出台的《公开募捐平台服务管理办法》第10条规定，个人为了解决自己或者家庭的困难，通过广播、电视、报刊以及网络服务提供者、电信运营商发布求助信息时，广播、电视、报刊以及网络服务提供者、电信运营商应当在显著位置向公众进行风险防范提示，告知其信息不属于慈善公开募捐信息，真实性由信息发布个人负责。此规定只是强调了网络救助平台的风险提醒义务，但是并没有规定平台对个

---

[1] 参见《男网友扮"知乎女神"诈捐15万？400用户反馈被骗》，http://www.chinanews.com/cul/2016/01-21/7726717.shtml，最后访问时间：2017年12月10日。

[2] 参见《"童谣案"判决书：骗1900人24万，获有期徒刑4年》，https://zhuanlan.zhihu.com/p/33947713，最后访问时间：2022年6月8日。

人发布的信息的真实性进行审查的义务。

值得关注的是,实践发展中,个人网络求助信息发布较多的众筹平台,爱心筹、轻松筹、水滴筹等平台对于个人网络求助中出现的诸多问题受到很多批评,开始采取自律行动,2018年联合签署发布"个人大病求助互联网服务平台自律倡议书及自律公约",该公约一共提到9个方面的内容,分别是:(1)倡导与公募慈善组织对接;(2)加强求助信息前置审核;(3)构建全流程风险管理制度;(4)搭建求助信息公示系统;(5)建立多方联动共商机制;(6)抵制造谣炒作等恶意行为;(7)建立失信筹款人黑名单;(8)推动行业自律共建共治;(9)积极加强正能量传播。[1]民政部门也意识到个人网络求助对慈善事业发展的影响,指出个人求助不属于慈善募捐,不在民政部法定职责范围内,但由于影响到慈善领域秩序规范,下一步民政部将引导平台修订自律公约,针对群众关切持续完善自律机制,也将动员其他平台加入自律。[2]

行业自律对于推动个人网络求助健康规范发展无疑有着积极的推动意义。在这方面,管理机构应当乐见其成,积极推动行业自律的发展,在行政监管之外,发挥行业自律的积极作用。但是,仅仅外部监督和行业自律远远不够,还应当考虑如何针对网络个人求助的特点,发挥互联网自身的功能,引用各种力量进行监督。

个人求助的确是民法调整范围之内,但现实空间里的个人求助与网络空间的个人求助存在一定的区别,停留在原有的规范思

---

[1] 参见《个人大病求助互联网服务平台自律倡议书、自律公约》,载https://baijiahao.baidu.com/s?id=1614928848742207552&wfr=spider&for=pc,最后访问时间:2019年5月10日。

[2] 参见《民政部回应德云社演员众筹事件:将引导平台修订自律公约》,载https://finance.sina.com.cn/roll/2019-05-08/doc-ihvhiews0557012.shtml,最后访问时间:2019年5月10日。

维中已经远远不能适应互联网时代的发展。现实空间的个人求助往往发生在面对面之间，捐赠通过口头方式形成契约，虽然也会发生骗捐现象，但是涉及被骗人群和金额都非常有限。而网络空间的个人求助发生时，求助人和捐赠人仅仅通过网络发生互动，捐赠人无法直接面对求助人判断真伪，也无法掌控捐款财产的使用状况和善款剩余的处理状况，并且一旦发生骗捐，社会影响面会非常大，会直接影响到社会慈善事业的发展。鉴于这些不同，应当考虑利用互联网本身的功能，减少个人网络求助中出现的问题和纠纷。首先，应当加大个人求助平台的责任，确立此类平台的监管职能。虽然个人网络求助是民事行为，但是这类平台是为个人网络求助提供中介服务的，这种中介服务已经具备了组织化、专业化的特点，因此对其进行监管就有了必要。其次，现在的法律规范虽然规定了"网络平台的风险防范提示义务"，但这对于普通的捐赠人而言，往往意义不大。普通捐赠人一般难以区分个人求助和慈善募捐之间的差别，并不清楚二者不同的法律后果。由此看来，应当改变现有的只进行"风险防范提示"的做法，而是应当让网络平台增加更多的义务，一是增加告知义务，告知捐赠人基于个人求助的捐赠和基于慈善募捐的捐赠的法律后果有何不同；二是增加签约功能，针对个人求助开通求助方与捐赠人的签约功能，既然是民事赠与，赠与合同就显得极为必要。一方面可以提供格式合同，捐赠人电子签字即发生法律效力；另一方面在格式合同中也可以通过修改条款的功能，双方协商一致对其中某些条款进行修改，然后共同签字产生法律效力。互联网在这方面的功能应当强化和深入挖掘。最后，积极推动独立第三方评估机构的监督。通过这类主体的介入对网络救助平台进行监督，形成客观中立的报告结果，帮助捐赠人进行选择，减少捐赠者和社会公众的核查成本。这种方式有助于推动网络个人求助的良性发展。

网络慈善募捐创新及法律回应

知乎"大V童瑶"诈骗案虽然是一个网络个人求助的案例,但是对于思考如何保障网络慈善募捐良性发展具有重要的参考价值。同时,也有助于思考如何利用网络的特点帮助普通人区分个人求助和慈善募捐之间的不同,推动普通人在社会捐赠和慈善捐赠之间进行理性的选择。

参考书目

中文著作：

- 陈金罗等:《中国非营利组织法的基本问题》,中国方正出版社2006年版。
- 赵磊:《公益信托法律制度研究》,法律出版社2008年版。
- 丁元竹:《社会治理现代化的探索》,国家行政学院出版社2016年版。
- 邓飞:《免费午餐:柔软改变中国》,华文出版社2014年版。
- 何宝玉:《信托法原理研究》,中国政法大学出版社2005年版。
- 赖源河、王志诚:《现代信托法论》,中国政法大学出版社2002年版。
- 李德建:《英国慈善法研究》,法律出版社2017年版。
- 刘京主编:《中国散财之道:现代公益基金会发展报告》,中国社会出版社2011年版。
- 卢咏:《公益筹款》,社会科学文献出版社2014年版。
- 蒋军洲:《慈善捐赠的世界图景——以罗马法、英美法、伊斯兰法为中心》,法律出版社2016年版。
- 马长山:《国家、市民社会与法治》,商务印书馆2002年版。
- 孙善根:《民国时期宁波慈善事业研究(1912-1936)》,人民出版社2007年版。
- 佟丽华、白羽:《和谐社会与公益法——中美公益法比较研究》,法律出版社2005年版。
- 秦晖:《政府与企业以外的现代化——中西公益事业史比较研究》,浙江人民出版社 1999 年版。
- 张军建：《信托法基础理论研究》，中国财政经济出版社 2009 年版。
- 周秋光、曾桂林：《中国慈善简史》，人民出版社 2006 年版。
- 解鲲：《英国慈善信托制度研究》，法律出版社 2011 年版。
- 杨道波、李永军：《公益募捐法律规制研究》，中国社会科学出版社 2011 年版。
- 杨团主编：《慈善蓝皮书：中国慈善发展报告（2016）》，社会科学文献出版社 2016 年版。
- 杨团主编：《慈善蓝皮书：中国慈善发展报告（2017）》，社会科学文献出版社 2017 年版。
- 朱友渔：《中国慈善事业精神——一项关于互助的研究》，商务印书馆 2016 年版。
- 资中筠：《散财之道——美国现代公益基金会述评》，上海人民出版社 2003 年版。
- 资中筠：《财富的责任与资本主义演变：美国百年公益发展的启示》，上海三联书店 2015 年版。
- 彭柏林等：《当代中国公益伦理》，人民出版社 2010 年版。
- 郑功成：《当代中国慈善事业》，人民出版社 2010 年版。
- 马伊里、杨团主编：《公司与社会公益》，华夏出版社 2002 年版。
- 王名、刘国翰、何建军：《中国社团改革：从政府选择到社会选择》，社会科学文献出版社 2001 年版。
- 王名等：《民间组织通论》，时事出版社 2004 年版。
- 王世刚主编：《中国社团史》，安徽人民出版社 1994 年版。
- 徐麟主编：《中国慈善事业发展研究》，中国社会出版社 2005 年版。
- 徐宇珊：《论基金会——中国基金会转型研究》，中国社会出版社 2010 年版。
- 余晖等：《行业协会及其在中国的发展：理论与案例》，经济管理出版社 2002 年版。
- 俞可平：《中国公民社会的兴起与治理的变迁》，社会科学文献出版社 2002 年版。

- 周祖城编著：《企业伦理学》，清华出版社2005年版。
- 王振耀主编：《以法促善：中国慈善立法现状、挑战及路径选择》，社会科学文献出版社2014年版。
- 史尚宽：《民法总论》，正大印书馆1980年版。
- 贾西津：《第三次改革——中国非营利部门战略研究》，清华大学出版社2005年版。
- 杨建顺：《行政规制与权利保障》，中国人民大学出版社2007年版。
- 邵金荣：《非营利组织与免税——民办教育等社会服务机构的免税问题》，社会科学文献出版社2003年版。
- 史探径：《社会法学》，中国劳动社会保障出版社2007年版。
- 王雪琴：《慈善法人研究》，山东人民出版社2013年版。
- 褚蓥：《新募捐的本质：新理念、新方法、新募捐》，知识产权出版社2015年版。
- 张静：《法团主义——及其与多元主义的主要分歧》，中国社会科学出版社1998年版。
- 周志忍、陈庆云主编：《自律与他律——第三部门监督机制个案研究》，浙江人民出版社1999年版。
- 韦祎编著：《中国慈善基金会法人制度研究》，中国政法大学出版社2010年版。
- 民政部政策法规司编：《中国慈善立法课题研究报告选编》，中国社会出版社2009年版。
- 王振耀主编：《现代慈善与法治社会：2014年度中国公益事业发展报告》，社会科学文献出版社2015年版。
- 北京市互联网信息办公室、首都互联网协会编：《互联网公益影响力》，北京日报出版社2015年版。
- 《非营利组织法译汇（三）：英国慈善法》，金锦萍译，社会科学文献出版社2017年版。
- 《国外慈善法译汇》，张燨等译，中国政法大学出版社2011年版。
- 韩俊魁等：《中国公众捐款——谁在捐，怎么捐，捐给谁》，社会科学文献出版社2021年版。

- 卢玮静等：《互联网募捐平台：价值与运作机制》，清华大学出版社 2021 年版。
- 周俊、王法硕编著：《慈善文化与伦理》，北京大学出版社 2021 年版。
- 周中之：《慈善伦理：文化血脉与价值导向》，上海三联书店 2021 年版。
- 陈为雷、毕宪顺：《中外慈善事业比较研究》，中国政法大学出版社 2020 年版。
- 李芳：《慈善性公益法人研究》，法律出版社 2008 年版。

译作：

- ［美］迈克尔·舒德森：《好公民——美国公共生活史》，郑一卉译，北京大学出版社 2013 年版。
- ［美］劳伦斯·J. 弗里德曼、马克·D. 麦加维编：《美国历史上的慈善组织、公益事业和公民性》，徐家良、卢永彬等译，上海财经大学出版社 2016 年版。
- ［德］哈贝马斯：《公共领域的结构转型》，曹卫东等译，学林出版社 1999 年版。
- ［美］乔·马尔科尼：《公益营销》，邱裴娟译，机械工业出版社 2005 年版。
- ［美］贝奇·布查特·阿德勒：《美国慈善法指南》，NPO 信息咨询中心译，中国社会科学出版社 2002 年版。
- ［美］莱斯特·M. 萨拉蒙等：《全球公民社会：非营利部门视界》，贾西津、魏玉等译，社会科学文献出版社 2002 年版。
- ［英］安东尼·吉登斯：《超越左与右——激进政治的未来》，李惠斌、杨雪冬译，社会科学文献出版 2000 年版。
- ［美］乔尔·J. 奥罗兹：《基金会工作权威指南：基金会如何发掘、资助和管理重点项目》，孙韵译，机械工业出版社 2002 年版。
- ［美］贝希·布查尔特·艾德勒、大卫·艾维特、英格里德·米特梅尔：《通行规则：美国慈善法指南》，金锦萍、朱卫国、周虹译，中国社会出版社 2007 年版。
- ［美］彼得·弗朗金：《策略性施予的本质：捐赠者与募捐者实用指

南》，谭宏凯译，中国劳动社会保障出版社 2013 年版。
- ［美］金姆·克莱恩：《成功筹款宝典》，招晓杏、张嘉译，广东人民出版社 2016 年版。
- ［美］菲利普·科特勒、南希·李：《企业的社会责任》，姜文波等译，机械工业出版社 2011 年版。
- ［法］勒内·达维德：《当代主要法律体系》，漆竹生译，上海译文出版社 1984 年版。
- ［美］奥利维尔·聪茨：《美国慈善史》，杨敏译，上海财经大学出版社 2016 年版。

论文：

- 高薇：《互联网争议解决的制度分析——两种路径及其社会嵌入问题》，载《中外法学》2014 年第 4 期。
- 褚蓥：《美国募捐法律关系中自由权勃兴的双重路径》，载《清华大学学报（哲学社会科学版）》2015 年第 3 期。
- 褚蓥：《自由权视角下慈善募捐管理体系之构》，载《四川师范大学学报（社会科学版）》2013 年第 2 期。
- 张书明：《关于网络募捐的监管问题》，载《山东师范大学学报（人文社会科学版）》2007 年第 4 期。
- 高飞、路遥：《美国基金会的历史、发展及其社会影响评析》，载《北京行政学院学报》2010 年第 1 期。
- 吕鑫：《慈善募捐的自由与限制——美国经验的启示》，载《浙江学刊》2011 年第 4 期。
- 李韬：《慈善基金会缘何兴盛于美国》，载《美国研究》2005 年第 3 期。
- 任文启：《呼之欲出的社会公益募捐法》，载《西部法学评论》2008 年第 3 期。
- 杨珊：《论慈善公益组织的法律地位》，载《西南交通大学学报（社会科学版）》2013 年第 6 期。
- 龚旭：《美国私人基金会及其支持科学事业的考察》，载《自然辩证法通讯》2003 年第 4 期。

- 朱传一：《募集社会福利基金的新战略——美国募捐问题及其争议》，载《美国研究》1991年第1期。
- 王长春、李静：《试析慈善组织的法律地位》，载《天津商业大学学报》2009年第3期。
- 徐家良、卢永彬、吴磊、张其伟：《网络募捐的地方样本——基于上海市的调查研究》，载《社会政策研究》2017年第5期。
- 高薇：《互联网时代的公共承运人规制》，载《政法论坛》2016年第4期。
- 杨思斌：《我国慈善事业发展的法治困境及路径选择》，载《法学杂志》2012年第3期。
- 杨道波：《我国慈善募捐规制立法的发展、评估与改革》，载《广西社会科学》2011年第10期。
- 王俊秋：《论构建和谐社会中的慈善事业监督体系》，载《社会科学家》2008年第5期。
- 周秋光：《关于慈善事业的几个问题》，载《求索》1999年第5期。
- 赖伟军：《慈善募捐规制中的国家与社会：兼论〈慈善法〉的效度和限度》，载《中国非营利评论》2019年第1期。
- 王勤瑶、江俊伟：《慈善募捐事业：发展历程、问题与对策》，载《中共山西省委党校学报》2013年第5期。
- 袁志丽：《完善我国慈善募捐法律制度的设想》，载《湖北警官学院学报》2015年第6期。
- 刘志敏、沈国琴：《公权力介入公益募捐行为的正当性及其边界》，载《国家行政学院学报》2014年第4期。
- 商文成：《第三次分配：一个日益凸显的课题》，载《兰州学刊》2004年第4期。
- 贾西津：《资格还是行为：慈善法的公募规制探讨》，载《江淮论坛》2017年第6期。
- 李炳安、李慧敏：《公共慈善募准入：规制与放任——以我国地方公共慈善募准入制度为参考》，载《江海学刊》2015年第3期。
- 袁毅：《中国众筹的概念、类型及特征》，载《河北学刊》2016年第

2 期。
- 杨睿宇、马箫:《网络公益众筹的现状及风险防范研究》,载《学习与实践》2017 年第 2 期。
- 毕素华:《网络民权社会与公共慈善精神的培育》,载《理论探讨》2013 年第 6 期。
- 侯江红、徐明祥、张侃侃:《基于网络的非营利组织募捐模式研究》,载《四川行政学院学报》2010 年第 6 期。
- 张荣:《网络社会中的公共性难题》,载《社会科学研究》2014 年第 6 期。
- 张银锋、侯佳伟:《中国微公益发展现状及其发展趋势分析》,载《中国青年研究》2014 年第 10 期。
- 竺效:《"社会法"概念考析——兼议我国学术界关于社会法语词之使用》,载《法律适用》2004 年第 3 期。
- 董保华、郑少华:《社会法——对第三法域的探索》,载《华东政法学院学报》1999 年第 1 期。
- 张守文:《社会法论略》,载《中外法学》1996 年第 6 期。
- 竺效:《法学体系中存在中义的"社会法"吗?——"社会法"语词使用之确定化设想》,载《法律科学(西北政法学院学报)》2005 年第 2 期。
- 郑少华:《经济法的本质:一种社会法观的解说》,载《法学》1999 年第 2 期。
- 覃有土、韩桂君:《略论对弱势群体的法律保护》,载《法学评论》2004 年第 1 期。
- 汤黎虹:《社会法论纲——基于社会法历史逻辑和理论逻辑的辩考》,载《福州大学学报(哲学社会科学版)》2014 年第 1 期。
- 赵廉慧:《慈善法的性质及其基本教学范畴》,载《中国法学教育研究》2016 年第 2 期。
- 贾霄燕、荣冀川:《新中国慈善立法的基调演变:以慈善组织为切入点的分析》,载《河北法学》2014 年第 8 期。
- 冷传莉:《募捐行为法律性质之探讨》,载《贵州大学学报(社会科学版）》2004年第4期。
- 沈国琴：《基于慈善法社会法属性的慈善网络募捐关系的应然走向分析》，载《学术交流》2019年第3期。
- 赵旭东：《论捐助法人在民法中的地位》，载《法学》1991年第6期。
- 夏利民：《捐助法人的制度价值——兼评〈民法总则〉法人分类》，载《中国律师》2017年第6期。
- 罗昆：《捐助法人组织架构的制度缺陷及完善进路》，载《法学》2017年第10期。
- 杨思斌：《慈善组织财产的法律定性及立法规范》，载《华东理工大学学报（社会科学版）》2016年第5期。
- 金锦萍：《寻求特权还是平等：非营利组织财产权利的法律保障——兼论"公益产权"概念的意义和局限性》，载《中国非营利评论》2008年第1期。
- 赵廉慧：《慈善财产的性质和社会法法理》，载《国家行政学院学报》2016年第6期。
- 姚俭建、黄丹：《关于构筑中国特色慈善事业监督体系的思考》，载《社会科学》2004年第10期。
- 汪波：《中国网络公共空间：镜像、异化与理性建构》，载《南京农业大学学报（社会科学版）》2011年第4期。
- 方兴东、严峰：《浅析超级网络平台的演进及其治理困境与相关政策建议——如何破解网络时代第一治理难题》，载《汕头大学学报（人文社会科学版）》2017年第7期。
- 周江洪：《日本非营利法人制度改革及其对我国的启示》，载《浙江学刊》2008年第6期。
- 方福祥：《明清杭嘉湖慈善组织的特征分析——兼论公共领域与市民社会》，载《浙江社会科学》2007年第6期。
- 葛云松：《中国的财团法人制度展望》，载《北大法律评论》2002年第00期。
- 信春鹰、张烨：《全球化结社革命与社团立法》，载《法学研究》1998年第3期。

- 卜治溢：《浅析公益信托力求近似原则及其限制》，载《行政与法（吉林省行政学院学报）》2006 年第 S1 期。
- 吴健：《评公益信托之力求近似原则》，载《当代法学》2002 年第 12 期。
- 李喜燕：《慈善义务的分离性困境及其制度克服的思考——从"舆论逼捐"说起》，载《华中科技大学学报（社会科学版）》2016 年第 2 期。

外文材料：

- Bruce R., Hopkins & Alicia M. Beck, *The Law of Fundraising*, John Wiley, 2002.
- Bruce R., Hopkins, *The Tax Law of Charitable Giving*, Wiley, 2010.
- Roger Bennett, *Nonprofit Marketing and Fundraising: A Research Overview*, Routledge, 2019.
- Kerry O'Halloran, *Charity Law and Social Inclusion: An International Study*, Routledge, 2007.
- Kerry O'Halloran, *Charity Law*, Round Hall Sweet & Maxwell, 2000.
- Ted Hart, James M. Greenefield, Michael Johnston, *Internet Strategies: Best Practices for Marketing, Communications, and Fundraising Success*, John Wiley & Sons, 2005.
- Mal Warwick, Ted Hart, Nick Allen, *Fundraising on the Internet: The ePhilanthropy Foundation. Org's Guild to Success Online*, Jossey-Bass, 2002.
- Wesley Lindahl, *Principles of Fundraising: Theory and Practice*, Jones & Bartlett Learning, 2009.
- Alex Moazed, Nicholas L. Johnson, *Modern Monopolies: What It Takes to Dominate the 21st Century Economy*, St., Martin's Press, 2016.

后记

有一种偏爱，叫作欲罢不能。在各种研究话题中，我对本书主题的偏爱欲罢不能。之所以偏爱这个话题，是因为这个话题中包含了时尚、温暖与趣味。网络是一个时尚话题，这是不消说的；慈善中包含了"爱""关心""怜悯"的要素，慈善带来温暖，也是为人所感同身受的；说到"趣味"，则源于对慈善捐赠的直接参与。在研究的同时，我会时不时打开不同的慈善募捐页面，浏览、观察，并向自己关切的慈善项目进行捐赠。因此我有机会直接感受不同募捐模式的不同特点，也从中体会到"快乐慈善""拇指慈善""人人慈善""多元参与慈善"并非虚言。

"网络慈善募捐"带来的时尚感、温暖感与趣味感使得研究路上充满快乐，而更加拨动人心弦的是"网络慈善募捐"背后的理论问题。在对"网络慈善募捐"的研究中处处可见市场-国家-社会关系。国家对慈善募捐主体、慈善募捐权的态度决定着社会有多大的能力解决社会自身的问题，也决定着能有多少市场资源进入社会领域之中。进入互联网时代，"网络慈善募捐"背后市场-国家-社会关系呈现出新的形态，如何推动三者形成合理关系仍然是一个重要的理论问题。当触及"网络慈善募捐法治建设"时，则不得不碰触法学中的一个基础理论问题，即公法、私法和公私混合法的关系。这个问题若研究不清楚，就无法深入展开对本书所涉及问题的讨论。总的来看，网络慈善募捐法治建设是一

后 记

个充满张力的研究领域,它关联着国家、市场和社会之间关系的合理界分,它关联着公法、私法的边界和衔接,它关联着最新技术使用过程中对原有规范的解构和对新规范的建构。当然,这些研究的理论价值都源于慈善这个话题本身所具有的理论张力。因此,从学术研究的角度来看,关于慈善的研究是一个学术"富矿",待更多的研究者深入挖掘。

不过,实事求是地说,网络慈善募捐法治建设的研究,甚至慈善法治的研究在学界都属于非常小众的话题,关注者并不多。因此,在这样一个高度重视下载率、引用率的时代,仍然坚持对慈善法治进行研究的学者是难能可贵的,我总是对他(她)们报以最高的敬意。从他(她)们的研究中,我学习到了很多,本书的很多灵感也得益于对这些研究的学习。对于这些坚持者,我要真诚地说声:谢谢!

说到感谢,这往往是后记里面重要内容之一。我也想在此表达我由衷的感谢之情。

特别感谢北京市社会科学基金的项目资助,本书即为资助项目的成果。

特别感谢齐小力教授、陈欣新教授、贺海仁教授、王四新教授、赵雪纲副教授、齐红副教授以及韩俊魁副教授,诸位教授在书稿写作之初和写作过程中给予了智力支持和点拨,提出了很多宝贵的意见。这些真知灼见帮助我拨开理论研究中的层层迷雾,终得顺利完稿。感谢我的研究生汪沛颖、勾伟明、周升慧等同学在资料收集和整理等方面给予的支持。

特别感谢北京大学非营利组织法研究中心,作坊式的亲密宽松的研究环境带来自由的交流和深度的思考。研究中心各位的老师卓越不凡成为我学习的榜样。研究中心的每次开会讨论中,陈金罗教授的观点总是高屋建瓴;金锦萍教授的观点总是极具建设性;刘培峰教授的观点则总是回归问题的本质,这些观点都让人脑洞大开，让我受益良多。最重要的是在这里我获得了无比珍贵的友谊。陈金罗教授还应我的请求欣然为本书作序。这些我都铭记于心！

沈国琴

北京·北蜂窝路·一念居

2023 年 7 月 1 日